云南大学"一带一路"沿线国家综合数据库建设项目
中国周边外交研究省部共建协同创新中心　联合推出

"一带一路"沿线国家综合数据库建设丛书 ｜ 林文勋 主编

企聚丝路
海外中国企业高质量发展调查
南非

赵冬 朱力轲 等 著

Overseas Chinese Enterprise and
Employee Survey in B&R Countries
SOUTH AFRICA

中国社会科学出版社

图书在版编目（CIP）数据

企聚丝路：海外中国企业高质量发展调查 . 南非 / 赵冬等著 . —北京：中国社会科学出版社，2020.10

（"一带一路"沿线国家综合数据库建设丛书）

ISBN 978 - 7 - 5203 - 5827 - 9

Ⅰ.①企…　Ⅱ.①赵…　Ⅲ.①海外企业—企业发展—研究—中国
Ⅳ.①F279.247

中国版本图书馆 CIP 数据核字（2019）第 291714 号

出 版 人	赵剑英
责任编辑	马　明
责任校对	王福仓
责任印制	王　超

出　　版	中国社会科学出版社
社　　址	北京鼓楼西大街甲 158 号
邮　　编	100720
网　　址	http://www.csspw.cn
发 行 部	010 - 84083685
门 市 部	010 - 84029450
经　　销	新华书店及其他书店

印　　刷	北京明恒达印务有限公司
装　　订	廊坊市广阳区广增装订厂
版　　次	2020 年 10 月第 1 版
印　　次	2020 年 10 月第 1 次印刷

开　　本	710 × 1000　1/16
印　　张	19.5
字　　数	281 千字
定　　价	95.00 元

《"一带一路"沿线国家综合数据库建设丛书》
编 委 会

总　　序

　　党的十八大以来，以习近平同志为核心的党中央准确把握时代发展大势和国内国际两个大局，以高瞻远瞩的视野和总揽全局的魄力，提出一系列富有中国特色、体现时代精神、引领人类社会进步的新理念新思想新战略。在全球化时代，从"人类命运共同体"的提出到"构建人类命运共同体"的理念写入联合国决议，中华民族为世界和平与发展贡献了中国智慧、中国方案和中国力量。2013 年秋，习近平主席在访问哈萨克斯坦和印度尼西亚时先后提出共建"丝绸之路经济带"和"21 世纪海上丝绸之路"的重大倡议。这是实现中华民族伟大复兴的重大举措，更是中国与"一带一路"沿线国家乃至世界打造政治互信、经济融合、文化包容的利益共同体、命运共同体和责任共同体的探索和实践。

　　大国之路，始于周边，周边国家是中国特色大国外交启航之地。党的十九大报告强调，中国要按照亲诚惠容理念和与邻为善、以邻为伴周边外交方针深化同周边国家关系，秉持正确义利观和真实亲诚理念加强同发展中国家团结合作。① 当前，"一带一路"倡议已从谋篇布局的"大写意"转入精耕细作的"工笔画"阶段，人类命运共同体建设开始结硕果。

---

　　① 习近平：《决胜全面建成小康社会　夺取新时代中国特色社会主义伟大胜利——在中国共产党第十九次全国代表大会上的报告》（2017 年 10 月 18 日），人民出版社 2017 年版，第 60 页。

在推进"一带一路"建设中，云南具有肩挑"两洋"（太平洋和印度洋）、面向"三亚"（东南亚、南亚和西亚）的独特区位优势，是"一带一路"建设的重要节点。云南大学紧紧围绕"一带一路"倡议和习近平总书记对云南发展的"三个定位"，努力把学校建设成为立足于祖国西南边疆，面向南亚、东南亚的综合性、国际性、研究型一流大学。2017 年 9 月，学校入选全国 42 所世界一流大学建设高校行列，校党委书记林文勋教授（时任校长）提出以"'一带一路'沿线国家综合数据库建设"作为学校哲学社会科学的重大项目之一。2018 年 3 月，学校正式启动"'一带一路'沿线国家综合数据库建设"项目。

一是主动服务和融入国家发展战略。该项目旨在通过开展"一带一路"沿线国家中资企业与东道国员工综合调查，建成具有唯一性、创新性和实用性的"'一带一路'沿线国家综合调查数据库"和数据发布平台，形成一系列学术和决策咨询研究成果，更好地满足国家重大战略和周边外交等现实需求，全面服务于"一带一路"倡议和习近平总书记对云南发展的"三个定位"。

二是促进学校的一流大学建设。该项目的实施，有助于提升学校民族学、政治学、历史学、经济学、社会学等学科的建设和发展；调动学校非通用语（尤其是南亚、东南亚语种）的师生参与调查研究，提高非通用语人才队伍的科研能力和水平；撰写基于数据分析的决策咨询报告，推动学校新型智库建设；积极开展与对象国合作高校师生、中资企业当地员工的交流，促进学校国际合作与人文交流。

项目启动以来，学校在组织机构、项目经费、政策措施和人力资源等方面给予了全力保障。经过两年多的努力，汇聚众多师生辛勤汗水的第一波"海外中国企业与员工调查"顺利完成。该调查有如下特点：

一是群策群力，高度重视项目研究。学校成立以林文勋书记任组长，杨泽宇、张力、丁中涛、赵琦华、李晨阳副校长任副组长，各职能部门领导作为成员的项目领导小组。领导小组办公室设在社科处，由社科处处长任办公室主任，孔建勋任专职副主任，陈瑛、许庆红任技术骨干，聘请西南财经大学甘犁教授、北京大学邱泽奇教授、北京大学赵耀辉教授、北京大学翟崑教授为特聘专家，对项目筹备、调研与成果产出等各个环节做好协调和指导。

二是内外联合，汇聚各方力量推进。 在国别研究综合调查数据库建设上，我校专家拥有丰富的实践经验，曾依托国别研究综合调查获得多项与"一带一路"相关的国家社科基金重大招标项目和教育部重大攻关项目，为本项目调查研究奠定了基础。国际关系研究院·南亚东南亚研究院、经济学院、民族学与社会学学院、外国语学院、政府管理学院等学院、研究院在问卷调查、非通用语人才、国内外资料搜集等方面给予大力支持。同时，北京大学、中国社会科学院、西南财经大学、广西民族大学等相关单位的专家，中国驻各国使领馆经商处、中资企业协会、企业代表处以及诸多海外中央企业、地方国有企业和民营企业都提供了无私的支持与帮助。

三是勇于探索，创新海外调研模式。 调查前期，一些国内著名调查专家在接受咨询时指出，海外大型调查数据库建设在国内并不多见，而赴境外多国开展规模空前的综合调查更是一项艰巨的任务。一方面，在初期的筹备阶段，项目办面临着跨国调研质量控制、跨国数据网络回传、多语言问卷设计、多国货币度量统一以及多国教育体系和民族、宗教差异性等技术难题和现实问题；另一方面，在出国调查前后，众师生不仅面临对外联络、签证申请、实地调研等难题，还在调查期间遭遇地震、疟疾、恐怖袭击等突发事件的威胁。但是，项目组克服各种困难，创新跨国调研的管理和实践模式，参与调查的数百名师生经过两年多的踏实工作，顺利完成了这项兼具开源性、创新性和唯一性的调查任务。

四是注重质量，保障调查研究价值。 项目办对各国调研组进行了多轮培训，强调调查人员对在线调查操作系统、调查问卷内容以及调查访问技巧的熟练掌握；针对回传的数据，配备熟悉东道国语言或英语的后台质控人员，形成"调查前、调查中和调查后"三位一体的质量控制体系，确保海外调查数据真实可靠。数据搜集完成之后，各国调研组立即开展数据分析与研究，形成《企聚丝路：海外中国企业高质量发展调查》报告，真实展现海外中国企业经营与发展、融资与竞争、企业形象与企业社会责任履行状况等情况，以及东道国员工工作环境、就业与收入、对中国企业与中国国家形象的认知等丰富内容。整个调查凝聚了 700 多名国内外师生（其中 300 多名为云南大学师生）的智慧与汗水。

《企聚丝路：海外中国企业高质量发展调查》是"'一带一路'沿线国家综合数据库建设"的标志性成果之一。本项目首批由 20 个国别调研组组成，分为 4 个片区由专人负责协调，其中孔建勋负责东南亚片区，毕世鸿负责南亚片区，张永宏负责非洲片区，吴磊负责中东片区。20 个国别调研组负责人分别为邹春萌（泰国）、毕世鸿（越南）、方芸（老挝）、孔建勋和何林（缅甸）、陈瑛（柬埔寨）、李涛（新加坡）、刘鹏（菲律宾）、杨晓强（印度尼西亚）、许庆红（马来西亚）、柳树（印度）、叶海林（巴基斯坦）、冯立冰（尼泊尔）、胡潇文（斯里兰卡）、邹应猛（孟加拉国）、刘学军（土耳其）、朱雄关（沙特阿拉伯）、李湘云（坦桑尼亚）、林泉喜（吉布提）、赵冬（南非）和张佳梅（肯尼亚）。国别调研组负责人同时也是各国别调查报告的封面署名作者。

今后，我们将继续推动"'一带一路'沿线国家综合数据库建设"不断向深度、广度和高度拓展，竭力将其打造成为国内外综合社会调查的知名品牌。项目实施以来，尽管项目办和各国调研组竭尽全力来完成调查和撰稿任务，但由于主、客观条件限制，疏漏、错误和遗憾之处在所难免，恳请专家和读者批评指正！

《"一带一路"沿线国家综合数据库
建设丛书》编委会
2020 年 3 月

目　　录

第 一 章

南非宏观政治经济形势分析

第一节 南非政治形势评估

一 南非的政党政治

政党政治通常指一个国家通过政党行使国家政权的形式，包括各政党为实现其政纲和主张而展开的一切政治活动和斗争。政党政治主要表现在三个方面：常态层面，即各政党以各种方式参与政治活动，就国内外重大政治问题发表意见，对国家政治生活施加影响；核心层面，即各政党争取成为执政党，然后通过领导和掌握国家政权来贯彻实现各自的政纲和政策，使自己所代表的阶级或阶层、集团的意志变为国家意志；党际层面，即各政党处理和协调自身与国家以及与其他政党、社会团体和群众之间的关系。

（一）常态层面

在当前和可预期的未来，南非政党政治常态层面的三大问题是经济停滞、土改缓慢和反腐不力。事实上，这三大问题也是南非朝野最为关注的问题。关于南非经济状况，可参见本章第二节，在此不再赘述。

1. 土改缓慢

南非的土地问题深深地根植于数百年的殖民历史以及持续近半个世纪的种族隔离制度。到1994年结束种族隔离制度时，占南非总人口9%的白人掌握了70%以上的土地，而占总人口77%的黑人仅拥有约4%的土地。在后殖民化语境中，尤其是在新南非政治中，土地的再分配问题，是南非政坛无法避开且必须解决的问题。事实上，进入新南非时期以来，历届南非政府都在推动土地改革，但囿于社会经济结构性问题以及黑白种族冲突等，土改进程缓慢。截至2018年2月，占南非总人口8%的白人，仍持有农业用地的72%；而占总人口89.6%的黑人，仅持有农业用地的27%。①

2017年3月，为挽救自身的执政地位，南非总统雅各布·祖马（Jacob Zuma）宣布重组内阁，呼吁修改宪法，授权政府直接没收白人土地分配给黑人。此举加剧了南非政府与白人农场主间的激烈对抗，使南非陷入自种族隔离结束以来的新政局不稳状态。2017年底，在左翼政党"经济自由斗士"（EFF）等反对派的政治与舆论压力之下，深陷贪腐丑闻的祖马政府通过了"无偿征地"的法案。西里尔·拉马福萨（Cyril Ramaphosa）上任以来，有关土地改革的讨论再度成为热点，拉马福萨誓言将白人农场主自17世纪以来拥有的土地归还给该国的黑人。

2018年7月31日，在为期两天的非洲人国民大会（ANC）会议结束后，拉马福萨声称，"很明显，我们的人民希望宪法可以更明确地规定，征用土地而不给予补偿"。他表示："非国大重申，通过一项全面的土地改革计划将使南非更多的土地得到充分利用，让数百万南非人能够富有成效地参与到经济活动中去，从而促进经济增长。"②2018年8月初，拉马福萨政府宣布准备修宪，以保障"无偿征地"政策的实施。"无偿征地"政策的出台，招致欧美大国的一致批评和反对，而农业投资者则对南非农业望而却步。无疑，这将对南非经济

---

① 陆文：《从土改到反腐——南非部长纵论"拉马福萨新政"》（2018年9月4日），2019年8月2日，财新网（http://international.caixin.com/2018-09-04/101322103.html）。

② 谷智轩：《南非推动宪法改革：无偿征收白人的土地，还给黑人》（2018年8月1日），2019年8月2日，观察者网（https://www.guancha.cn/internation/2018_08_01_466538.shtml）。

造成重大打击。2018 年 12 月 21 日，南非政府公布了土地改革法案草案。草案规定，如果土地处于被雇佣劳力使用或占有、纯粹出于投机目的持有、被国有企业持有或是处于被废弃使用等状态下，法律便允许该土地被无偿征收。①

2019 年 7 月 28 日，南非公布了土改的最新方案。根据该方案，该国白人的土地将会被大规模征收，而且不会得到任何补偿。按照该方案，需要征收的土地类型包括：白人荒废的土地；单纯用于商业投机的土地；用于出租的土地；以及城市内尚未被使用的土地。2019年 10 月，该方案将被提交给议会进行审议。考虑到非国大保持着议会多数议席的地位，预计这份土改方案将顺利通过。

2. 反腐不力

腐败问题。南非前总统祖马自 2009 年上台以来，就一直深陷腐败指控。事实上，针对祖马的腐败指控，早在他担任副总统期间即已充斥。2005 年 6 月，祖马因涉嫌腐败被解除副总统职务。同年 12 月，他又被指控犯有强奸罪。虽然官司缠身，但是作为非国大的左翼领导人，从政经验丰富的祖马在南非具有广泛的影响力。2007 年 12 月，祖马以绝对优势当选为非国大主席。按照非国大传统，党的领袖也就是总统候选人。2007 年 12 月 27 日，南非总检察院对祖马进行立案调查，涉及的罪名包括欺诈、腐败、洗钱和敲诈等。2009 年 4 月，代理总检察长的姆普舍（Mpshe）认为这些指控是对祖马的政治迫害，宣布停止调查并放弃起诉。2009 年 5 月，祖马当选为南非总统。

2014 年 3 月，南非监察专员办公室发布调查报告，认定祖马位于家乡夸祖鲁 – 纳塔尔省恩坎德拉的私宅改造装修过度，耗费公共财政约 2300 万美元，而祖马"默许"这一奢侈装修，应对此负责并应自掏腰包支付约 360 万美元。祖马并未响应调查报告的建议，而是通过

---

① 《南非土地改革法案草案进入公众意见征求阶段》（2018 年 12 月 22 日），中华人民共和国驻南非共和国大使馆经济商务参赞处，2019 年 8 月 2 日，http：//za. mofcom. gov. cn/article/jmxw/201812/20181202819228. shtml。

调查报告和政府发言等形式为自己洗清"责任"。2014 年 5 月，祖马连任总统。2016 年 2 月，南非最大反对党民主联盟（DA）和经济自由斗士联手将祖马告上宪法法院，要求祖马按照监察专员办公室的意见支付装修款。3 月 31 日，南非宪法法院做出裁决，称祖马违宪并要求他向公共财政偿还应自付的装修费用。4 月 1 日，祖马发表道歉讲话，表示接受宪法的裁决，并承诺支付相关款项。此后，祖马面临来自党内和议会的多次不信任投票。

2017 年 8 月，祖马以微弱优势挫败了由反对党联手发起的第八次不信任案。2017 年 12 月，拉马福萨当选为非国大主席，党内要求祖马提前结束其第二个任期的呼声越来越高。2018 年 2 月 12 日，非国大全国执行委员会要求祖马在 48 小时内辞职。14 日晚，祖马发表讲话，宣布立即辞职。同日，南非警方突击搜查与祖马关系密切的南非印度裔商业豪门古普塔家族（Gupta family）在约翰内斯堡的住所并逮捕三人。古普塔家族于 2003 年结识时任副总统祖马后，双方关系日益密切。祖马的妻子、儿子和女儿都曾在古普塔家族企业任职。2018 年 3 月 6 日，南非决定对前总统祖马涉欺诈等 16 项罪名提起诉讼。

拉马福萨上台后虽然承诺要打击腐败、建设清廉政府，但到目前为止成效有限。2018 年 11 月 13 日，陷入腐败丑闻的内政部部长吉加巴（Gigaba）被迫辞职。吉加巴涉嫌与印度裔古普塔家族相勾结、窃取南非国家资源。全球腐败晴雨表指数（Global Corruption Barometer）2019 年 7 月发布的数据显示，在受调查的南非人中，70% 的人认为政府的反腐力度不够，64% 的人认为在过去的一年时间里腐败现象有增无减，49% 的人认为警察机构最为腐败，45% 的人认为地方政府的官员非常腐败，44% 的人认为国会议员腐败，37% 的人认为公司高管都是腐败的。甚至，30% 的人认为非政府组织和宗教组织的领袖也是腐败的。①

---

① 《南非人认定过去一年腐败有增无减》（2019 年 7 月 12 日），2019 年 8 月 2 日，南非华人网（http://www.nanfei8.com/news/nanfei/2019-07-12/63730.html）。

（二）核心层面

2018年2月15日，南非议会选举非国大主席、副总统西里尔·拉马福萨为新总统。次日，新任总统拉马福萨发表首次国情咨文，强调杜绝腐败、加强基础建设、减少失业等是新任政府的首要目标。

拉马福萨上台后，迅速整饬祖马留下的烂摊子，准备迎接2019年大选。祖马当政期间，南非失业率节节攀升，经济发展停滞，社会治安恶化，罢工活动频繁，非国大被指"治国无方"。鉴于此，选前曾有人预言，反对党将在此次大选中进一步扩大影响力，甚至夺取两个至三个省的执政权。

2019年5月8日，新南非迎来第6次全国大选。南非独立选举委员会（IEC）公布的数据显示，登记参加竞选的党派达到了48个。5月11日，南非独立选举委员会公布了大选正式结果：执政党非国大以57.5%的总得票率，赢得南非国民议会全部400个议席中的230个。根据南非选举法，获得半数以上选票的政党即成为执政党，其领导人将就任总统。此次大选结果表明，非国大再次获得为期五年的单独执政机会，现任总统拉马福萨也得以连任。需要指出的是，非国大在本次大选中的得票率，创下了其执政25年历史以来的最低纪录。标榜"不分种族"的最大反对党南非民主联盟赢得20.7%的选票和84个议席（略低于上届），黑人极左翼政党经济自由斗士党赢得10.7%选票和44个议席（明显高于上届），成为议会第三大党。

此次大选，尽管得票率和议席数双双创下新低，但非国大有惊无险，成功地保住了执政地位。有分析认为，南非年轻人的低投票率，是导致此次大选非国大胜出的关键，因为老一代南非人仍然对非国大结束种族隔离制度的历史功绩记忆犹新。这种说法不无道理，但政策倾向上的巨大差异，也是影响选举结果的重要根源。如南非两大反对党的经济政策主张可谓南辕北辙。民主联盟标榜"经济自由"，主张将南非打造成非洲最重要的工业化中心，但经济自由斗士党则强调矿业和银行业的国有化，以及"彻底土改"。与这两大反对党剑走偏锋的主张形成对照的是，"建国党"非国大的路线和主张要更为温和，自然也更能吸引民众的普遍支持。

（三）党际层面

从党际层面来看，南非的政党政治主要表现为非国大传统的一党独大地位被削弱，反对党实力不断壮大。尤其值得注意的是，非国大的挑战者主要来自其内部。2008 年 11 月，以莫修瓦·莱科塔（Mosiuoa Lekota）为首的部分前内阁和地方政府高官脱离非国大，组建了人民大会党（COPE）。在 2009 年 4 月的大选中，该党赢得 30 个议席，成为议会第三大党。2012 年 4 月 25 日，非国大青年联盟主席朱利叶斯·马勒马（Julius Malema）被开除出党。2013 年 7 月，时年 32 岁的马勒马成立了经济自由斗士党。同年 11 月，马勒马入选非洲最具影响力人物榜单。在这份由《新非洲》杂志评出的 100 位最具影响力人物榜单中，马勒马与南非前总统姆贝基（Mbeki）等人并列。在 2016 年地方选举中，经济自由斗士党一跃成为南非第三大党。

自赢得 1994 年 4 月的大选以来，非国大已经在南非连续执政 25 年之久。从“国父”曼德拉（Mandela）到力推“黑人经济振兴”的姆贝基，从“过渡总统”莫特兰蒂（Motlanthe）到“多妻总统”祖马，再到“商人总统”拉马福萨，南非政坛始终不变的底色是种族和解，始终不变的主题是土地改革，而新增的主题则是经济停滞、贪腐严重、失业严重和治安恶化。无论是执政的非国大，还是在野的反对党，其政策选择都无法超越上述主题，都很难提供不同的政策选择，只能在左、中、右三者之间摇摆。在如何正确回应当今南非经济社会发展过程中出现的种族对立、土地囤积、社会分化、贪腐横行、失业严重和治安恶化等问题上，无论是连续执政的非国大政府，还是剑走偏锋的反对党，从根本上来看，都无法提出正确、适当的政策选择。

在可预期的未来，非国大以及南非其他政党所面临的政策选择与供给危机，将持续存在甚至不断升级。令南非政治精英棘手的是，南非经济的停滞使中央政府捉襟见肘，可供支配的财政资源极为有限，可供选择的政策余地不断缩小。在这种背景之下，必然引发的结果是非国大的合法性和权威性不断被侵蚀，而各在野党则不断通过极端化的政治旗帜和路径攻击非国大，以扩大自身的政治影响力。简而言之，在可预期的未来，南非各政党之间的竞争将日趋白热化，并有可能伴随政治极端化的倾向。

二 南非政治的稳定性

近年来，东西方的许多政党（尤其是反对党）挟持民意，对抗传统精英政治，其政党理念主张和活动方式日益民粹化。民粹主义已经席卷欧美，在南非似乎也有抬头的迹象。如南非一些反对党的政治领袖借助民众对现政府和执政党的不满，批判南非政府的腐败、国企的低效、官员的无能，其反传统、反权威的举动受到民众欢迎，从而赢得较高支持率。值得警惕的是，南非种族矛盾凸显，黑人占总人口的3/4。这意味着，南非的反对党只需挑动种族情绪，获得黑人民众的支持即可赢得大选。

随着政党博弈愈演愈烈，为迎合舆论或取悦特定选民，政客往往特立独行走极端，导致缺乏理性和包容的"否决政治"盛行，从而加剧了政治极化和朝野矛盾。近年来，非国大与在野党之间，甚至在非国大内部的政治分歧不断扩大，政治极化日渐明显。经济自由斗士崛起于2012年发生的马里卡纳矿工暴力事件。该事件发生后，马勒马因替矿工发声并谴责非国大而被开除出党。马勒马一战成名，遂另起炉灶，成立了经济自由斗士党并自任党魁。由于反对党热衷于通过煽动罢工、种族暴力等手段扩大自身影响力，如今南非执政党与反对派已是势同水火。祖马执政九年，曾经遭遇8次不信任投票案，且最终被非国大领导层联手逼宫，被迫辞职。政治分歧的扩大，甚至发展到议员互殴的程度。2016年5月17日，经济自由斗士党成员闯入议会，与议员互殴，朝野哗然。2017年2月10日，南非议会再次出现议员互殴的闹剧。

就可预期的未来而言，虽然面临来自内外的诸多挑战，非国大的执政党地位仍然是较为稳固的。毕竟，种族隔离制度的废除等历史功绩，以及相对温和的政治举措和政策倾向，仍然令非国大足以凝聚足够多的支持力量。同时，南非的两大反对党，一个"太白"（被指有强烈的白人色彩），一个"太左"（民粹主义色彩日益浓厚）。考虑到两大反对党政见相左，结盟的可能性很小，虽然它们各自的支持率呈上升趋势，但是暂且不会威胁到非国大的执政地位。

第二节　南非经济与社会形势评估

一　总体形势

南非是非洲工业化程度最高的经济体，但近年来其经济陷入长期的低迷状态。在 2008 年国际金融危机之后的十年间，南非 GDP 增长率不到 2%。受金融危机冲击，南非宏观经济出现衰退，部门经济萎缩。2010 年 6 月 11 日至 7 月 11 日，世界杯足球赛在南非 9 个城市的 10 座球场举行，这也是世界杯首次在非洲地区举行。2010 年 12 月，南非正式加入"金砖国家"合作机制。2012 年，尼日利亚首次超越南非成为非洲第一大经济体并保持至今。

南非的四大经济支柱产业为矿业、制造业、农业和服务业，其中深井采矿技术位居世界一流水平。过去十多年来，南非的矿业一直在衰落，2019 年第二季度南非矿业生产下滑超过 10%。南非拥有世界上最大的铂族金属矿藏，占全球总产量的 70% 左右。作为长期的全球黄金第一大生产国，南非如今只能勉强挤进全球排行榜前十位。地质调查局数据显示，南非黄金产量继续下降，已落后于加纳成为非洲第二大黄金生产国。居高不下的开采成本、经常性的罢工以及不利的地质条件，是南非黄金产量萎缩的主要原因。统计数据显示，2019 年 4 月南非矿业生产同比收缩 1.5%，环比下降 2.3%，行业收缩率连续第六个月扩大。黄金产量同比下降近 19.7%。分析称，矿工和建筑工会领导的金矿罢工是黄金行业萎缩的主要原因，其中，德里方丹、克洛夫和比阿特丽克斯矿区共计约 15000 名工人罢工近五个月，于4月底重返工作岗位。[①] 雪上加霜的是，目前南非是全球矿业生产率最低的国家。在目前的南非，无论是矿业投资者、矿山所有者，还是矿业工人，都面临资源枯竭、电力短缺、频繁罢工、事故频发等各种各样的问题。2019年2月，南非矿业委员会（Minerals Council South Africa）表示，该国当月至少有15家矿业公司遭遇大规模罢工。2019年4月底，南非采矿业巨头西班伊（Sibanye）公司位于吕斯滕堡的白金矿发生事故，约1800名工人被困。

目前，在南非经济中具有举足轻重地位的几家国有企业如南非航空公司、南非国家电力公司持续亏损，挣扎于破产边缘。2011年以来，南非航空公司持续亏损，资金链近乎断裂，只能依靠大量的政府补助才能维持营运。因此，该公司常年被信用评级机构定义为导致政府资金枯竭的罪魁祸首。南非国家电力公司是世界上第七大电力生产和第九大电力销售企业，供应南非90%和全非60%的用电量。过去十年来，南非国家电力公司营收直线下滑，燃煤供应不足、电力销量下降、债务积压，并卷入腐败丑闻。截至2018年9月，南非国家电力公司的总债务已高达4200亿兰特（约2000亿元人民币），占南非总债务的15%。南非国家电力公司运营的糟糕状况仍未结束。2019年7月，该公司发布的2019财年报告显示，公司税后净亏损207亿兰特，市政债务增至约200亿兰特。[②]

自2015年下半年起，受异常的厄尔尼诺现象影响，南非遭遇30年来最严重的旱灾，该国经济尤其是工农业生产受到较大影响。2015年和2016年成为南非有气象记录以来最干旱的两年，缺水危机席卷南非，尤其是其南部和西部地区。持续旱灾导致农业大幅减产，并造

---

① 《南非采矿业持续萎缩　行业困境进一步加深》（2019年6月14日），中华人民共和国驻南非共和国大使馆经济商务参赞处，2019年8月3日，http：//za. mofcom. gov. cn/article/jmxw/201906/20190602872880. shtml。

② 《国家电力公司Eskom公布2019财年税后净亏损207亿兰特》（2019年7月31日），中华人民共和国驻南非共和国大使馆经济商务参赞处，2019年8月4日，http：//za. mofcom. gov. cn/article/jmxw/201907/20190702886543. shtml。

成南非经济下行。谷物产量减少约 1/3，国内食品价格随之上涨，居民生活成本飙升。2016 年 3 月，南非统计局公布的数据显示，2 月通货膨胀率年同比达到 7%，较 1 月的 6.2% 有明显上涨，达到 2009 年 5 月以来的最高值。经济学家预测，南非 2 月居民消费价格指数约在 6.7%。继 1 月增长 0.8% 之后，2 月环比再次增长 1.4%。①

2017 年 3 月 31 日，祖马对内阁进行重大改组，撤换了 10 名部长和 10 名副部长，其中包括久负盛名的财长戈尔丹（Gordhan）。这一人事变动直接导致南非金融市场动荡，其货币兰特在五日内暴跌了 8%，而国际评级公司标普（S&P）和惠誉（Fitch）则将南非的主权信用评级降至垃圾级。这也是南非自 2000 年以来首次失去标普的投资级评级。2017 年 12 月 20 日晚，南非执政党非国大新任主席拉马福萨发表首次演讲。在演讲中，拉马福萨承诺对南非经济进行彻底改革，确保农业生产和粮食安全，创造就业机会并保障收入的公平分配，在此基础上为更高水平的社会经济转型创造空间。②

南非统计局公布的数据显示，南非 2018 年第一季度和第二季度 GDP 连续萎缩，标志着南非经济陷入技术性衰退。这是 2008 年国际金融危机以来南非首次陷入技术性衰退，也是继巴西之后第二个陷入技术性衰退的金砖国家。数据显示，造成 GDP 萎缩的主要原因是农业，下滑 29.2%，其对经济增长率的贡献为 - 0.8%。运输业和贸易亦有不同幅度的下滑。③ 南非官方公布的数据显示，南非 2018 年全年实际 GDP 增速仅有 0.8%。无须与金砖国家或新兴经济体相比，即使

---

① 刘畅：《南非通货膨胀加剧　达到七年来最高水平》（2016 年 3 月 30 日），2019 年 8 月 4 日，人民网（http：//world. people. com. cn/n1/2016/0330/c1002 - 28238065. html）。

② 王琳：《南非执政党新主席首次演讲：承诺彻底改革经济》（2017 年 12 月 22 日），2019 年 8 月 4 日，第一财经网（https：//www. yicai. com/news/5385587. html）。

③ 《南非经济自 2008 年金融危机以来首次陷入技术性衰退》（2018 年 9 月 5 日），中华人民共和国驻南非共和国大使馆经济商务参赞处，2019 年 8 月 4 日，http：//za. mofcom. gov. cn/article/jmxw/201809/20180902783381. shtml。

从全球来看，这样的增速也是相当低的。南非 2018 年 GDP 总量为 3680 亿美元，约合 2.42 万亿元人民币；而同期我国深圳的 GDP 总量为 2.42 万亿元人民币，香港的 GDP 总量为 2.40 万亿元人民币。从人均 GDP 来看，南非人均 GDP 约为 6410 美元，而同期中国人均 GDP 约为 9700 美元，中国深圳人均 GDP 约为 29200 美元。

二 拉马福萨政府的新举措

拉马福萨于 2018 年 2 月接任总统并顺利赢得了 2019 年大选。执政一年半以来，拉马福萨政府延续了"经济挂帅"的政策基调，总体保持政策连续性和稳定性，南非经济社会形势逐渐改善，投资者信心逐渐恢复。

2018 年 9 月 21 日，拉马福萨政府公布了一系列经济刺激计划以提振南非疲软的经济，其中基础设施将是政府投资的重点领域。经济刺激计划涉及农业、旅游业、制造业、医疗等多个领域，规模达 500 亿兰特（约合 35 亿美元）。2019 年 6 月 20 日，拉马福萨总统发表国情咨文，指出本届政府将重点关注"实现经济转型和创造就业机会""提升国民教育、技能和健康水平""巩固社会工资""改善人民居住环境和地方政府办公条件""提升社会凝聚力和打造安全社区""打造一个有能力、有道德和发展力的国家"以及"建设一个更好的非洲和世界"七大优先事项，并在下一个十年内完成"无人挨饿""经济增长速度超越人口增长速度""解决 200 多万年轻人的就业问题""提升教育质量""暴力犯罪减半"五大目标。① 总体来看，拉马福萨政府的经济政策将专注于以下领域：

（一）实现经济转型

在采矿、可再生能源开发、制造业、农业等领域加大吸引外资力

---

① 王曦：《南非总统发表国情咨文 重点关注七大优先事项》（2019 年 6 月 21 日），2019 年 8 月 5 日，中国新闻网（http://www.chinanews.com/gj/2019/06 – 21/8870847. shtml）。

度；克服制约经济增长的现实因素，出台《竞争修正法案》，为小型企业创造新机会；鼓励制成品出口和服务贸易；着手降低电力、通信、运输成本，发挥自由贸易区潜力；扩大内需，提高政府和私营部门本土采购比例，支持私营部门发展。

南非统计局数据显示，2018年6月矿业产出同比增长2.8%，超出经济学家此前预期。2019年2月，法国石油巨头道达尔（Total）公司宣布在南非海岸发现首个重大深水油田，即距南非海岸线175公里的布鲁帕达油田。估计该油田储量约为10亿桶石油，足以为缺乏原油储备的南非供应近四年的原油，并对该国陷入困境的经济起到重大提振作用。目前，南非约60%的石油产品依赖于进口原油。2019年6月，南非能源部部长曼塔舍（Mantashe）表示，南非能源部正在制定新的石油和天然气资源开发法案，确保政策的确定性，为上游石油行业提供监管支持，并刺激该行业的发展。由于监管制度不完善、电力需求疲弱、基建老化、贪腐等问题的影响，南非的电力行业已经陷入举步维艰的困境。拉马福萨总统执政后，迅速采取措施，任命了新的能源部长，重组了南非国营电力公司董事会、签署了多份购电协议、发布了新的电力规划，为南非电力行业的复苏和振兴提供了动力。

（二）支持就业创造和劳动力技能提升

将就业税收激励计划实施期限再延长十年，并继续落实"青年就业服务计划"；注重发展农业、旅游业、海洋经济等劳动密集型产业，积极开发未利用土地，积极吸引游客赴南非观光；加强服装及纺织竞争力计划；大力推进小企业孵化计划。

自2000年以来，南非失业率从未低于20%。南非统计局发布的信息显示，在南非1030万名年龄在15岁到24岁的年轻人中，有310万人没有接受过就业、教育或培训。[1] 目前，在南非劳动力市场中普遍存在劳动者就业技能错配问题。南非亟须提高教育和培训水平，劳

---

[1] 李志伟：《非洲寻求破解青年就业难题》（2018年4月26日），2019年8月5日，人民网（http://ydyl.people.com.cn/n1/2018/0426/c411837-29951091.html）。

动者亟须提高制造业领域的劳动技能，南非经济亟须提升制造业竞争力。为了应对青年就业问题，拉马福萨在 2017 年竞选非国大主席时提出了"青年就业服务计划"。根据该计划，企业将为年龄在 18 岁至 35 岁的青年设立为期一年的带薪实习职位，最低工资为每月 3500 兰特。该计划已于 2018 年 3 月末启动，并获得了南非一些大型企业的积极响应。尽管如此，南非的就业形势仍然极为严峻。南非统计局 2019 年 5 月发布的季度就业调查报告显示，南非第一季度失业率高达 27.6%，较 2018 年第四季度的 27.1% 小幅上升。报告显示，南非 15 岁到 64 岁年龄段的劳动人口中，共有 1630 万人实现就业，620 万人处于失业状态。① 南非统计局 2019 年 8 月初发布的季度劳动力调查报告显示，南非第二季度失业率达到 29%，为 2008 年有相关统计数据以来最高纪录。报告显示，第二季度南非有工作和积极找工作的劳动力人口数量为 2300 万人，其中失业人口总数为 670 万人，较第一季度增加 45.5 万人。在南非 9 个省中，东开普省失业率最高，为 35.4%。从行业看，贸易、服务和建筑等行业从业人员数量有所上升，家政、运输与矿业等行业则出现大规模减员。②

（三）继续完善基础设施建设

设立南非基础设施基金，并承诺巨额注资，同时改善非收费道路；加强教育与卫生基础设施建设，支持农村道路和水利基础设施项目建设。2018 年 9 月，南非政府宣布设立南非基础设施基金，并在未来三年对这一基金至少注资 4000 亿兰特（约合 279 亿美元）。拉马福萨总统表示："为在更广范围内创造更多就业，我们决定建立南非基础设施基金，它将从根本上改变基础设施建设项目的立项、建设和运营方法。"③

---

① 蔡淳：《南非多措并举应对失业难题》，《经济日报》2019 年 5 月 17 日第 11 版。

② 蔡淳：《南非期待中国传授"就业经"》（2019 年 8 月 10 日），2019 年 8 月 12 日，中国经济网（http://www.ce.cn/xwzx/gnsz/gdxw/201908/10/t20190810_ 32869558. shtml）。

③ 荆晶：《南非公布刺激计划提振经济》（2018 年 9 月 22 日），2019 年 8 月 12 日，新华网（http://www.xinhuanet.com/world/2018 - 09/22/c_ 1123469819. htm）。

（四）加快国有企业改革步伐

吸取中国国企改革相关经验和教训，反对贪腐和裙带关系，加大对国企的资金扶持，推动国企资金来源多样化，支持政企合作，扩大本土采购规模，并将南非国家电力公司等大型国企拆分。

2015 年 7 月，拉马福萨以副总统身份率团访华。访问期间，拉马福萨取经中国国有企业改革与管理，以期在南非再工业化进程中借鉴"中国模式"。拉马福萨上任之初即表示，政府正在制定国有企业改革与发展战略，寻求"新的集中化管理的所有权模式，将有助于提高战略协调，提升效率"。2019 年 2 月 7 日，拉马福萨总统在国情咨文中专门强调改革电力事业的重要性，并提议将国电公司一分为三，拆分成运营发电、输电和配电的三家企业。随即，南非内阁设立了南非国家电力公司特别委员会，直接对总统负责并汇报相关情况。该委员会由副总统马布扎（Mabuza）担任主任，委员为国企部长、能源部长、财政部长、交通部长、安全部长等人。在国情咨文中，拉马福萨强调过去一年南非在反腐领域取得了进展。他表示，"过去一年取得了有意义的进展，纠正了一些国有企业的不良管理和腐败作风，还着手应对了对关键公共机构的'霸占政府'事件"，国家机关的公信力得以恢复。[①] 2 月 18 日，南非航空公司首席执行官加拉尼表示，该公司将一分为三，拆分为国内、地区、国际三个部分；三部分分开管理，自负盈亏。

三 南非的外贸与外资情况

南非是非洲贸易大国，贸易额居非洲之首，占非洲贸易总额的 1/5 以上。自新南非成立以来，南非进出口贸易逐步增长，出口产品趋于多样化。

据南非国税局统计，2018 年南非货物进出口额为 1875.5 亿美元，

---

① 陆致远：《南非曝大案 企业行贿执法官员获暴利》，《中国纪检监察报》2019 年 2 月 18 日，2019 年 8 月 12 日，http://www.jjjcb.cn/content/2019-02/18/content_74108.htm。

比 2017 年增长 8.8%。其中，出口额 941.8 亿美元，增长 5.5%；进口额 933.7 亿美元，增长 12.2%。贸易顺差 8.1 亿美元，下降 86.7%。[①] 2019 年 1—6 月，南非货物进出口额为 868 亿美元，比 2017 年同期下降 6%。其中，出口额 433.3 亿美元，下降 6%；进口额 434.7 亿美元，下降 6%。贸易逆差 1.4 亿美元，下降 13%。6 月当月，南非货物进出口额 145.2 亿美元，下降 6.5%。其中，出口额 74.1 亿美元，下降 9.6%；进口额 71.1 亿美元，下降 3.1%。贸易顺差 3 亿美元，下降 65.3%。[②]

2018 年南非与中国双边货物进出口额为 257.8 亿美元，增长 7.8%。其中，南非对中国出口额 86.6 亿美元，下降 0.1%，占南非出口总额的 9.2%；南非自中国进口额 171.2 亿美元，增长 12.4%，占南非进口总额的 18.3%。南非对中国的贸易逆差 84.6 亿美元，增长 28.9%。[③] 中国仍然是南非第一大贸易伙伴，同时也是南非第一大出口市场和第一大进口来源地。中国从南非进口以资源性产品为主，对南非出口以机电设备、纺织品、鞋帽等制成品为主。

亚洲是南非最大的贸易往来地区，约占其贸易总量的 40%，其次是欧洲（约占 30%）、非洲（约占 20%）和美洲（约占 10%）地区。自 2009 年以来，中国连续十年成为南非第一大贸易伙伴、出口市场和进口来源地。2018 年，南非最大的五个贸易伙伴国分别是中国、德国、美国、博茨瓦纳和纳米比亚。同期，南非的五大进口来源地是中国、德国、美国、印度和沙特阿拉伯。

由于石油资源匮乏，原油和燃油产品约占南非进口总额的 10%。机电、运输设备和通信设备等产品也是南非主要进口产品。南非主要

---

① 《国别数据：2018 年 12 月南非贸易简讯》，商务部，2019 年 8 月 12 日，https：// countryreport. mofcom. gov. cn/new/view. asp？ news_ id＝63052。

② 《国别数据：2019 年 6 月南非贸易简讯》，商务部，2019 年 8 月 12 日，https：// countryreport. mofcom. gov. cn/new/view. asp？ news_ id＝65454。

③ 《国别数据：2018 年 12 月南非贸易简讯》，商务部，2019 年 8 月 12 日，https：// countryreport. mofcom. gov. cn/new/view. asp？ news_ id＝63052。

出口商品包括贵金属和宝石（铂金、黄金、钻石等）、煤炭、铁矿石、钢铁和运输设备等。南非政府贸易主管部门并未对服务贸易进行具体统计，仅有南非中央银行即南非储备银行根据国际收支平衡表对服务贸易的粗略统计。2018 年，南非服务贸易收入和支出均为约2100 亿兰特，略有逆差。

南非致力于扩大其产品在国际上的市场准入，积极参与双边经济合作、区域经济一体化、全球多边贸易谈判和绝大多数国际经济组织的活动。南非通常是其他地区与非洲国家签订自由贸易协定的优先对象。南非是关贸总协定（GATT）乌拉圭回合谈判最后文件签字国，是世界贸易组织创始成员国，是南部非洲关税同盟（SACU）成员国。2016 年 10 月，欧盟与 SACU 签署的《经济伙伴关系协定》（EPA）正式生效，南非对欧盟 98.1% 的税目、99.3% 的贸易额实行充分或部分自由化。南非是美国《非洲增长与机会法案》（AGOA）主要受益国之一，近 7000 个海关八位税目商品可免关税出口美国市场。南非自然资源丰富，矿产资源尤为丰富，深井采矿等技术居于世界领先地位。南非的基础设施良好，土地和劳动力价格较低，交通便利。南非对非洲市场的辐射影响能力在非洲大陆上首屈一指，并且利用与欧盟、美国的贸易协定辐射其他大洲市场。2017 年 7 月 10 日，南非正式签署《三方自由贸易区协议》（TFTA），成为该协议第 19 个成员国，通过降低三方交易货物的关税，为出口和区域价值链创造新的机会。2018 年 3 月，在卢旺达首都基加利举行的非盟峰会上，来自 44 个非洲国家的元首及首脑签署了建立非洲大陆自由贸易区的协议。南非、埃及、肯尼亚等非洲主要经济体首批签署了该自贸协议。《非洲大陆自由贸易区协议》（AfCFTA）于 2019 年 5 月 30 日正式生效，于 7 月 7 日正式启动。如果非盟 55 个成员最终全部签署协议，按成员数量评判，非洲大陆自贸区将成为自世界贸易组织成立以来全球最大的自由贸易区。[①]

---

① 贺文萍：《非洲大陆自贸区协议签署：非洲一体化进程的里程碑》，《21 世纪经济报道》2019 年 7 月 9 日第 4 版。

世界经济论坛《2017—2018 年全球竞争力报告》显示，南非在全球最具竞争力的 137 个国家和地区中排第 61 位。在世界银行《2018 全球营商环境报告》公布的 190 个国家和地区中，南非排第 82 位。据南非储备银行（SARB）统计，南非外资存量的 63.3% 来自欧洲，英国、美国、荷兰、比利时、卢森堡、德国、瑞士和中国是其主要投资来源地。截至 2017 年末，南非利用外资存量 1.85 万亿兰特（合 1404.7 亿美元），同比微降 0.2%，环比萎缩 3.4%。

2019 年 1 月联合国贸发会议发布的最新一期《全球投资趋势监测报告》显示，2018 年南非外国直接投资流入量增长迅猛，由 2017 年的 13 亿美元增至 2018 年的 71 亿美元，行业分布于采矿、石油炼化、食品加工、信息通信、可再生能源等。[1] 南非储备银行季报数据显示，2018 年南非吸收外国直接投资额为 707 亿兰特，同比增长 1 倍有余，达到近五年来最高水平。南非储备银行数据显示，尽管国内生产总值收缩，2019 年第一季度外国直接投资流入总额达到 117 亿兰特，而上一季度则出现流出达 82 亿兰特。此外，第一季度南非证券投资流入额为 292 亿兰特。该银行表示，南非目前严重依赖外国资金以填补其巨额预算和财政赤字，尽管拉马福萨总统承诺吸引投资、创造就业和根除腐败，但投资者对南非的商业信心仍然脆弱。[2]

四 南非经济前景展望

目前，南非经济正逐渐摆脱信心缺失和不确定性，踏上了复兴与增长之路。2018 年，南非经济回暖，第三季度成功摆脱前两季度"技术性衰退陷阱"，外资流量迅速增长，商业信心指数不断提升。南财政部预计 2019 年 GDP 增长率将上升至 1.5%，到 2021 年将适度

---

① 《2018 年非洲吸收外国直接投资增长 6%》（2019 年 1 月 22 日），2019 年 8 月 12 日，中国日报网（http：//cn. chinadaily. com. cn/a/201901/22/WS5c47a21fa31010568bdc5d74. html）。

② 《2019 年第一季度南非吸引外资由负转正》，《中国贸易报》2019 年 7 月 4 日第 A4 版。

增长至 2.1%。总体看来，2019 年南非经济企稳向好已经成为各方共识，但依然处于低速增长区间，机遇与挑战并存，复苏进程总体稳定但依然缓慢。

积极因素方面，一是南非政治保持基本稳定，为经济发展创造良好环境；二是财政支出力度继续加大，2019/2020 财年支出将达到 1.83 万亿兰特，但政府收入仅为 1.58 万亿兰特，这意味着财政赤字不可避免；三是南非对外资吸引力明显改善，仍然是整个非洲吸引境外直接投资能力最强劲的国家，吸取了撒哈拉以南非洲地区大部分外资；四是近期大宗商品特别是石油进口价格下跌，有助于南非减轻输入型通货膨胀压力。有经济学家预计，南非 2019 年全年通货膨胀率平均增幅为 4.9%。

消极因素方面，一是财政赤字高企，财政实力下滑，政策灵活性有限。南非财政部部长蒂托·姆博韦尼（Tito Mboweni）预计，2023/2024 财年，南非债务总额占比将超过 GDP 的 60%，达到历史峰值。二是为增加财政收入，南非将提高税率，在一定程度上抑制了内需。2019/2020 财年，南非政府计划通过上调个人所得税起征点、增加酒精和烟草消费税以及燃油税等措施，增加税收收入 150 亿兰特。[①] 三是国际评级机构下调南非信用评级，制约了南非资本市场活力。2019 年 5 月，国际评级机构标普警告称，将维持对南非外币和本币垃圾级的信用评级。原因是南非巨额的财政赤字、不断膨胀的债务以及国家电力公司的债务危机。四是自 2008 年国际金融危机以来，南非对外贸易整体表现欠佳。2018 年，南非对外贸易回升至 1876 亿美元，而 2019 年第一季度，南非货物进出口额同比大幅下跌 9.7% 至 420 亿美元。2018 年，南非贸易顺差为 8.1 亿美元，大幅下降了 86.7%。

---

① 王曦：《南非发布财政预算报告 2019 年 GDP 增长有望达 1.5%》（2019 年 2 月 21 日），2019 年 8 月 13 日，中新网（http://www.chinanews.com/gj/2019/02 - 21/8760275.shtml）。

在 2018—2022 年，南非的经济增长将显示出上升趋势，但由于失业率高、技能短缺、政策和政治不确定性高等制约因素，增长将保持相对较低的水平。除暂时违约外，2018—2022 年平均通胀率将达到 5.5%，达到央行的目标。抑制通货膨胀的因素包括稳健的货币政策、疲软的需求和基础设施投资带来的效率收益。"经济学家"资料处（Economist Intelligence Unit）预计，由于信心减弱和评级下调，兰特将大幅走低，2018 年兰特兑美元汇率为 15.06∶1，2019 年为 17.33∶1。此后贬值将趋缓，预计 2022 年平均汇率为 21.5∶1。经常账户赤字仍将是一个脆弱性来源，但在贸易顺差改善的推动下，2018—2022 经常账户赤字占国内生产总值（GDP）的比例将在 3.4%—4.0% 这一相当窄的范围内波动。

2017 年，受世界经济整体复苏、大宗商品价格回暖、南非国内政局确定性上升及投资者对南非信心恢复等利好因素影响，南非经济增长率反弹至 1.3%，增速与 2015 年持平。2018 年南非经济增速为 0.6%。2019 年 7 月，国际货币基金组织发布报告，将 2019 年南非经济增长预期下调 0.5% 至 0.7%。分析人士认为，南非经济增长低迷，存在再度陷入衰退风险；只有进行结构性改革、进一步开放市场，南非经济才有望复苏。2019 年 9 月 3 日，南非统计局 3 日公布的数据显示，第二季度经济同比增长 3.1%，增速超出预期。[①] 数据显示，当季南非矿业增长 14.4%，这主要得益于铁矿石、煤等产量增加。金融和贸易也实现增长，但建筑业、交通运输与农业仍为负增长。

五　社会治安形势

总体来说，南非的社会治安形势欠佳，而经济复苏缓慢则使南非的社会治安形势趋紧。

枪支泛滥是导致南非凶杀案频发的主要原因，而该国的犯罪率居

---

① 荆晶：《南非第二季度经济增长 3.1%》（2019 年 9 月 4 日），2019 年 9 月 5 日，新华网（http：//www.xinhuanet.com/world/2019 - 09/04/c_ 1124958734.htm）。

世界各国前列。南非的主要犯罪形式有入室抢劫、拦车抢劫、盗窃及强奸等。据估计，南非民众私人拥有的合法与非法枪支达到近 400 万支，远超南非军队和警察拥有的全部枪支之和。因为枪支泛滥且死刑缺失，南非平均每天都有数十人死于非命，每年谋杀案、抢劫案和入室盗窃案高达 40 多万起。南非是世界上强奸率最高的国家之一，平均每分钟有 2 名以上的女性被强奸。2014 年 5 月 5 日，时任南非总统祖马公开表示，他的一位妻子曾在家中被人强奸。南非警方 2018 年 9 月公布的最新犯罪数据显示，2017 年 4 月至 2018 年 3 月，南非有超过 2 万人死于谋杀，平均每天 57 人被谋杀，比上年同期增加了 6.9%。① 南非议会警察委员会主席伯克曼（Beukman）表示："从 2012 至 2013 财年起，南非的谋杀率就一直在上升，现在居然飙升了 6.9%，令人无法接受。这说明南非警方没有采取有效的措施打击犯罪。"② 2016 年 8 月 27 日，全非洲华裔枪械总会在约翰内斯堡成立，来自中国驻南非使领馆、华人社区、中资机构的代表近 400 人受邀出席。中国驻约翰内斯堡总领馆代总领事杨培栋在致辞时指出，南非整体治安环境欠佳，而近年来侨胞因遭抢劫尤其是持枪抢劫而死亡的事件屡见不鲜。③

南非个别地区骚乱时有发生，对包括当地中国公民在内的外国公民造成冲击，导致人身和财产安全受损。数据显示，近年来暴力仇外事件已成为南非的社会常态。目前，南非人口约 5800 万人，其中约 400 万人为移民。近年来，由于失业率居高不下，"抢走我们的财富和工作机会"的外来移民尤其是数量庞大的尼日利亚移民，沦为南非

① 高原：《南非犯罪率居高不下》（2018 年 9 月 12 日），2019 年 8 月 13 日，新华网（http://www.xinhuanet.com/world/2018 - 09/12/c_ 1123418810.htm）。

② 高原：《南非谋杀率飙升 危险程度如"战区"》（2018 年 9 月 12 日），2019 年 8 月 14 日，搜狐网（https://www.sohu.com/a/253472444_ 201960）。

③ 宋方灿：《南非成立首个华人枪械协会 华人拿枪自保》（2016 年 8 月 28 日），2019 年 8 月 14 日，中国新闻网（http://www.chinanews.com/hr/2016/08 - 28/7986327.shtml）。

民众发泄和攻击的对象。据调查机构"非洲移民和社会中心"统计数据，迄今为止，2008 年是南非针对外国人暴力事件最多的一年，超过了 100 起。从 2008 年至 2018 年的 10 年之中，除了 2011 年以外，剩余年份内，南非每年的暴力排外事件，都超过了 20 起，其中 2015 年甚至超过了 70 起。[①] 2015 年 3 月底，南非爆发大规模排外骚乱，至 4 月底基本平息。这是 2008 年以来南非爆发的规模最大的一次排外骚乱，造成至少 7 人死亡，上百人受伤，近 1 万名外国人流离失所，经济损失严重。2019 年 9 月 2 日，约翰内斯堡发生一系列针对外国人和移民的暴力排外事件，导致至少 5 人死亡，至少 189 人被捕。其中，已有一间华人商铺被暴徒洗劫一空。此次排外事件引发尼日利亚民众的愤怒，尼日利亚多地发生针对南非的抗议示威活动，而尼总统布哈里（Buhari）已派出特使前往南非实地考察和评估。由于外界对于南非安全形势的担忧，原定的南非与赞比亚男足的热身赛被赞比亚足协叫停。此次国际热身赛，本是南非队自 2019 年非洲国家杯后的首次亮相，同时也是南非队备战 2021 年非洲国家杯预选赛的热身。

六　南非的艾滋病防治情况

2016 年，南非新增约 27 万人（24 万—29 万人）感染艾滋病病毒，约 11 万人（8.8 万—14 万人）死于艾滋病。2016 年，有约 710 万名（640 万—780 万名）艾滋病病毒感染者，其中约 56%（50%—61%）正在接受抗逆转录病毒治疗。在感染艾滋病病毒的孕妇中，约 95%（76%—95%）正在接受治疗或预防，以防止艾滋病病毒传染给她们的子女。估计有 12000 名儿童由于母婴传播而新感染艾滋病病毒。在 HIV 感染者中，大约 45%（41%—50%）的人病毒载量受到

---

① 赵挪亚：《南非排外骚乱已致 5 死：有华商店铺被洗劫，我领馆发提醒》（2019 年 9 月 4 日），2019 年 9 月 5 日，观察者网（https://www.guancha.cn/internation/2019_09_04_516471.shtml）。

抑制。南非受艾滋病病毒影响最严重的主要人群包括：性工作者，艾滋病病毒感染率为57.7%；男同性恋者和其他男男性行为者，艾滋病病毒感染率为26.8%。自2010年以来，新的艾滋病病毒感染人数减少了49%，与艾滋病有关的死亡人数减少了29%。① 2017年12月1日，时任南非副总统拉马福萨表示，南非目前有710万名艾滋病病毒感染者。这个数字是全世界各个国家和地区中最多的，占到了南非全国人口的12.5%。②

南非是世界上艾滋病疫情最大的国家，全球艾滋病病毒感染者占19%，新增感染者占15%，与艾滋病相关的死亡人数占11%。南非拥有世界上最大的治疗方案，占全球接受抗逆转录病毒治疗人数的20%。该国还拥有最大的国内供资方案之一，约80%的艾滋病防治工作由政府供资。③ 南非"2017—2022年艾滋病病毒、结核病和性传播感染国家战略计划"旨在通过以下方式加快实现快车道目标的进展：减少新的艾滋病病毒感染；改善治疗、护理和支助；帮助关键弱势群体；解决艾滋病病毒、结核病和性传播感染的社会和结构性驱动因素。该计划将通过9个省级执行计划来执行。为了解决年轻妇女和少女中新感染艾滋病病毒的人数众多的问题，发起了一项名为"她征服"（She Conquers）的全国预防运动。④

艾滋病的高度流行，不仅影响到患者个人及其家庭，还对整个社会经济造成巨大的影响：改变人口结构、减缓经济增长、降低人均期望寿命、消耗大量公共资源、增加贫困人口、加大贫富差距、孤儿和

---

① UNAIDS, https：//www.unaids.org/en/regionscountries/countries/southafrica, Aug 15, 2019.

② 宋方灿：《南非艾滋病病毒感染者达710万 治疗项目世界最大》（2017年12月2日），2019年8月15日，中国新闻网（http：//www.chinanews.com/gj/2017/12 – 02/8390663.shtml）。

③ UNAIDS, https：//www.unaids.org/en/regionscountries/countries/southafrica, Aug 15, 2019.

④ Ibid..

孤老问题突出、影响社会安定、损害政府形象等。艾滋病对社会经济的影响可划分为三个阶段，即对个人和家庭的微观影响，对部门和局部地区的中观影响，对宏观经济和整个社会的宏观影响。南非艾滋病感染人群主要集中在青壮年阶段，他们既是主要的家庭劳动力，又是主要的社会财富创造者。艾滋病不仅会导致患者劳动力丧失、失业或无法就业，还会耗费患者所在家庭相当大一部分收入用以支付治疗费用。对艾滋病的治疗，使大量南非家庭陷入经济困境甚至是长期的贫困之中。有研究表明，艾滋病感染家庭收入不到未感染家庭收入的一半，而高额的治疗费用，也是造成艾滋病患者家庭经济衰退的重要原因。夸祖鲁－纳塔尔省是南非人口大省（约占全国总人口的 1/5），同时也是南非经济大省（约占全国 GDP 的 1/5）。然而，艾滋病的泛滥，已经严重影响到该省的社会经济发展。在夸祖鲁－纳塔尔省的一些地区，一名女性到 34 岁时感染艾滋病的概率达到 60% 以上。[①] 据估计，南非艾滋病感染者中至少有 350 万人无法工作，造成的 GDP 损失高达 184.59 亿美元，约占南非 GDP 的 6.3%。

第三节　2013 年以来南非对外关系形势评估

新南非奉行独立自主的全方位外交政策，主张在尊重主权和平等互利基础上同一切国家保持和发展双边友好关系。对外交往活跃，国际地位不断提高，已同 186 个国家建立外交关系。积极参与大湖地区和平进程以及津巴布韦、南北苏丹等非洲热点问题的解决，努力促进非洲一体化和非洲联盟建设，大力推动南南合作和南北对话。是联合国、非洲联盟、英联邦、二十国集团等国际组织或多边机制成员国。

---

① 红枫：《全球最大艾滋病感染国家任重道远》，《中国科学报》2016 年 7 月 11 日第 3 版。

2004 年成为泛非议会永久所在地。2007—2008 年，2011—2012 年，2019—2020 年担任联合国安理会非常任理事国。2010 年 12 月被吸纳为金砖国家成员，于 2013 年 3 月在德班主办金砖国家领导人第五次会晤，于 2018 年 7 月在约翰内斯堡主办金砖国家领导人第十次会晤。南非还是中非合作论坛成员国之一，并于 2015 年 12 月成功举办了中非合作论坛约翰内斯堡峰会。

一　同非洲国家的关系

南非视非洲为其外交政策立足点和发挥大国作用的战略依托，将维护南部非洲地区安全与发展、推动南部非洲地区一体化作为其外交首要考虑，参与制订并积极推动实施"非洲发展新伙伴计划"（NE-PAD），积极参与调解津巴布韦、苏丹、南苏丹、马达加斯加等热点问题，在多边场合努力为非洲国家代言。近年积极推动联合国加强与非盟合作，致力于促进非洲地区和平与安全。2012 年 7 月，时任南内政部部长恩科萨扎娜·德拉米尼 - 祖马（Nkosazana Clarice Dlamini-Zuma）当选非盟委员会主席。2017 年 1 月，德拉米尼 - 祖马卸任。在 2017 年 1 月举行的第 28 届非盟首脑会议上，南非试图支持南部非洲的政治家连任非盟主席，但以失败告终。博茨瓦纳外长文松 - 莫伊托伊（Venson-Moitoi）被淘汰出局，乍得外长马哈马特（Mahamat）当选为新一届非盟委员会主席。此外，南非也未能阻止摩洛哥重返非盟。南非提议，在摩洛哥加盟之前，应当先讨论西撒哈拉独立的问题，但这一提议遭到坦桑尼亚、卢旺达、埃塞俄比亚等 39 个国家的集体反对。祖马总统的腐败丑闻、不连贯的政策以及非国大的内讧，弱化了南非在非盟外交领域的表现。2019 年 2 月 10 日，拉马福萨总统当选为 2020 年非盟轮值主席。

南非与非洲国家高层互访频繁。2016 年，祖马总统先后访问尼日利亚、斯威士兰、肯尼亚、津巴布韦等国；博茨瓦纳总统卡马（Khama）、南苏丹总统基尔（Kiir）访问南非。2017 年，祖马总统先后访问斯威士兰、坦桑尼亚、赞比亚、刚果（金）等国；刚果（金）

总统卡比拉（Kabila）、安哥拉总统洛伦索（Lourenco）访问南非。2018 年 2 月接任南非总统后，拉马福萨先后对安哥拉、纳米比亚、博茨瓦纳、莫桑比克、津巴布韦、卢旺达、尼日利亚进行访问，赴安哥拉出席南部非洲发展共同体特别峰会、赴埃塞俄比亚出席非盟峰会。2019 年，拉马福萨总统先后访问莫桑比克、斯威士兰、津巴布韦、赤道几内亚，赴埃塞俄比亚出席南共体双三驾马车峰会、非盟峰会。赞比亚总统伦古（Lungu）访问南非。

二 同欧洲的关系

南非与欧洲（主要是西欧、北欧国家）保持着良好的政治、经济关系。欧盟是南非最大的区域贸易伙伴、投资方及援助方。欧盟投资占南非外来直接投资的一半以上。南非与欧盟签有贸易、发展与合作协议，建有合作联委会机制，并于 2007 年 5 月建立战略伙伴关系。2013 年 7 月，第六届南非—欧盟峰会在南非举行，祖马总统、欧洲理事会主席范龙佩（Van Rompuy）、欧盟委员会主席巴罗佐（Barroso）等出席。2016 年 10 月，经过长达十年的谈判协调，南非等 5 个南部非洲国家与欧盟达成《经济伙伴关系协定》。这一协议将使欧盟成为这 5 个国家最主要的贸易伙伴，保护非洲新兴市场避免来自欧洲市场的竞争。目前，南非等南部非洲国家主要将矿产品和金属制品出口到欧盟，而进口机械化、自动化和化学制品。2019 年 8 月，南非与欧盟达成一项融资协议。根据该协议，欧盟将向南非葡萄酒和烈酒行业转型支持计划提供 1000 万欧元（约 1.691 亿兰特）资金支持。该协议旨在支持 100% 的黑人拥有品牌、参与其中的黑人农民和相关受益人，遵守最低法律要求开展业务。它还寻求通过支持和培训提高黑人农场和黑人农业专业人员的生产力。①

---

① 《南非黑人酒类行业获得欧盟支持》（2019 年 8 月 22 日），中华人民共和国驻南非共和国大使馆经济商务参赞处，2019 年 8 月 24 日，http：//za. mofcom. gov. cn/article/jmxw/201908/20190802892962. shtml。

2010 年 3 月，祖马总统对英国进行国事访问。2011 年 3 月，祖马总统对法国进行国事访问。6 月，英国首相卡梅伦（Cameron）对南非进行工作访问。2013 年 10 月，法国总统奥朗德（Hollande）访问南非。2015 年 11 月，祖马总统访问德国。2016 年 7 月，祖马总统对法国进行国事访问。2017 年 7 月，祖马总统赴德国汉堡出席二十国集团领导人峰会。2018 年 4 月，拉马福萨总统赴英国出席英联邦政府首脑会议。2018 年 8 月，英国首相特雷莎·梅（Theresa Mary May）访问南非。2019 年 1 月，拉马福萨总统访问瑞士并出席达沃斯世界经济论坛。

三　同美国的关系

两国合作领域广泛。签有"防御互助条约"和军事协定。曼德拉总统和姆贝基总统均曾多次访美。南非与克林顿（Clinton）政府设有副总统级国家双边委员会，布什（Bush）政府上台后代之以部长级双边协调论坛。美国是南非第二大贸易伙伴国、最大的投资来源国，南非是美国在撒哈拉以南非洲最大的出口市场，也是美国"非洲经济增长与贸易机会法案"第二大受惠国。南非反对美、英、法军事打击叙利亚，呼吁通过和平方式解决有关冲突。对美国退出伊朗核协议表示关注，呼吁其他各方继续履行承诺。反对美国将使馆迁往耶路撒冷等偏袒以色列的政策做法。

奥巴马（Obama）总统上任后，南—美关系进一步加强。2008 年 11 月，莫特兰蒂总统就奥巴马当选美国总统致函祝贺。同月，莫赴美出席二十国集团世界经济与金融峰会。2009 年 1 月，莫特兰蒂总统应约与奥巴马总统通电话。8 月，美国国务卿希拉里·克林顿（Hillary Clinton）、国会众议院代表团访问南非。9 月，祖马总统赴美出席第 64 届联大、联合国气候变化峰会及二十国集团领导人匹兹堡金融峰会。2010 年 4 月，祖马总统赴美出席核安全峰会，其间与奥巴马总统举行双边会晤。双方签署了关于建立外长级战略对话机制的合作备忘录。2013 年 6 月，美国总统奥巴马访问南非。2014 年 8 月，祖马总统出席

在美国华盛顿举行的首届美非峰会。2017 年 6 月，第八届美国—南非
年度双边论坛在南举行。2018 年 8 月 22 日，美国总统特朗普
（Trump）在推特上发文称，他已下令美国国务院调查"南非农民遭到
大规模杀害"以及"白人土地和农场被没收和征用"等问题，并要求
美国国务卿蓬佩奥（Pompeo）密切研究南非的相关情况。对此，南非
政府公开反驳，称"南非完全拒绝这种狭隘的看法，这种看法只是为
了分裂我们的国家，这也在提醒我们被殖民的历史"。2018 年 9 月，
拉马福萨总统赴美出席第 73 届联大，其间出席联合国大会举办的
"曼德拉和平峰会"，并同美国总统特朗普共进工作午餐。

四　同俄罗斯的关系

南非种族隔离政权时期，因苏联支持南非共产党和非国大的反种
族隔离斗争，两国于 1957 年断交，后于 1992 年复交。双方签有军事
合作协议，建有政府间联合委员会。1999 年曼德拉总统访俄，双方
签署"南非和俄罗斯友好合作伙伴原则声明"，从双边、地区和全球
三方面规划两国未来关系发展方向。2006 年 9 月，俄总统普京（Pu-
tin）对南进行国事访问，双方签署"友好伙伴关系条约"，确立了两
国战略伙伴关系。2007 年 3 月，俄总理弗兰德科夫（Fradkov）对南
非进行正式访问。2008 年 5 月，姆贝基总统致电祝贺梅德韦杰夫
（Medvedev）就任俄总统。2011 年 7 月，祖马总统对俄进行了工作访
问。2013 年 3 月，俄总统普京出席在南非德班举行的金砖国家领导
人第五次会晤并对南进行工作访问。8 月，祖马总统对俄罗斯进行工
作访问。2015 年 5 月，祖马总统赴莫斯科出席俄罗斯卫国战争胜利
70 周年大阅兵。7 月，祖马总统出席在俄罗斯乌法举行的金砖国家领
导人第七次会晤。

五　同亚太、中东和拉美地区的关系

南非重视发展与亚太、中东以及拉美国家的关系，合作领域不断
拓展。

冷战时期，日本对非外交受制于以美国为首的西方阵营及其意识形态等因素，一方面，日本发展与以南非为首的非洲白人传统伙伴的关系；另一方面，为了获取现实的资源等经济利益，日本积极与其他非洲国家或地区发展关系，从而成功助推了经济起飞，彰显其"以经济为中心"的实用主义平衡战略特点。自 1993 年首届东京非洲发展国际会议起，日本对非外交转为战略重视，体现在对非合作平台、经贸关系、安全合作等方面。资源富集的南非成为日本在非洲较早开拓贸易和市场的桥头堡。

南非与日本建有部长级"南非—日本伙伴论坛"。两国有传统的贸易关系，日本是南非第四大贸易伙伴，也是南非重要的投资国和援助国之一。2001 年日本首相森喜朗（Yoshiro Mori）访问南非，这也是历史上首位日本首相访问撒哈拉以南非洲；姆贝基总统对日本进行了国事访问。2008 年 5 月，姆贝基总统出席在日本举行的第四届非洲发展东京国际会议。2012 年日本《外交蓝皮书》明确指出了撒哈拉以南非洲对日本的重要性。2013 年 6 月，祖马总统出席第五届非洲发展东京国际会议并对日本进行工作访问。2016 年 8 月，日本首相安倍晋三（Shinzo Abe）赴肯尼亚出席第六届东京会议，并分别与南非、埃塞俄比亚等国领导人举行双边会谈。2017 年日本《外交蓝皮书》则大幅度增加了有关撒哈拉以南非洲内容的篇幅，并特别提及通过安倍的"自由开放的印太战略"将亚洲和非洲连接在一起的战略设想。日本虽与绝大部分非洲国家都有贸易往来，但对南非贸易在日本对非贸易中占有绝对优势。目前，日本与南非贸易稳占对非洲贸易的 30% 以上，多数年份接近甚至超过 50%。与日本在非洲的贸易伙伴地理分布相似，南非是日本主要投资对象国。日本对南非的投资达到 6999 亿日元，占日本对非投资总额的 3/4。[①]

南非与亚太地区国家合作不断加强。南非与印度有传统友好关

---

① 《想"翻盘"？中国这一步被日本"盯上了"》（2019 年 4 月 6 日），2019 年 8 月 20 日，参考消息网（http://www.cankaoxiaoxi.com/finance/20190406/2376295.shtml）。

系，双方建有双边联合委员会，并于1997年曼德拉总统访印时确立了战略伙伴关系。2006年9月，印度总理辛格（Singh）对南进行正式访问。2008年4月，姆贝基总统出席在印度举行的印非峰会。2016年7月，印度总理莫迪（Modi）访问南非。2010年6月，祖马总统对印度进行国事访问。2012年5月，印度总统帕蒂尔（Patil）对南进行国事访问。2015年10月，祖马总统赴印度出席第三届印非峰会。2005年，南非与印度尼西亚共同主持亚非峰会。2008年3月，印度尼西亚总统苏西诺（Susino）对南进行国事访问。2017年3月，祖马总统赴印尼出席环印联盟首届领导人峰会并对印尼进行国事访问。2007年5月，姆贝基总统访问越南。2007年4月，新加坡总统纳丹（Nathan）访南。2013年1月，南非与菲律宾在比勒陀利亚举行首次双边咨询论坛。2013年8月，祖马总统对马来西亚进行工作访问。5月，加拿大总督约翰斯顿（Johnston）对南非进行国事访问。2017年3月，祖马总统出席环印联盟峰会并对印尼进行国事访问。2018年6月，拉马福萨总统赴加拿大出席七国集团扩大会议。2019年1月，拉马福萨总统对印度进行国事访问。

南非表示愿意同所有中东地区国家平等发展和加强友好合作关系。与沙特阿拉伯、伊朗等国在国防、能源等领域的合作不断加强，贸易不断增长。关注中东和平进程，希望各方以"土地换和平"原则谈判解决问题；谴责以色列在巴以冲突中滥用武力，杀害无辜的巴勒斯坦平民，并强烈要求以停止使用武力，遵循联合国有关决议，和平谈判解决争端。强烈批评美、英对伊拉克发动战争，认为伊战是"对多边主义的沉重打击"，主张联合国在伊战后重建问题上发挥主导作用。2006年3月，巴勒斯坦民族权力机构主席阿巴斯应姆贝基总统邀请访南。2007年3月，姆贝基总统访问沙特。2009年7月，祖马总统赴埃及出席不结盟运动第15次首脑会议。2011年11月，祖马总统访问阿联酋和阿曼。2014年11月，祖马总统会见到访的巴勒斯坦总统阿巴斯（Abbas）。2016年4月，祖马总统访问伊朗。2018年7月，拉马福萨总统对沙特、阿联酋进行国事访问。

南非与巴西、阿根廷等拉美国家关系不断发展。2000 年 12 月，南非成为"南方共同市场"的"联系国"。2003 年南非、巴西、印度三国成立"印—巴—南对话论坛"（IBSA），2011 年 10 月在南非举办了第 5 届峰会。2006 年 9 月，姆贝基总统赴古巴参加不结盟运动第 14 届峰会。9 月，委内瑞拉总统查韦斯（Chavez）访南。2009 年 9 月，祖马总统赴委内瑞拉出席第二届非洲—南美峰会，其间与委内瑞拉总统查韦斯、智利总统巴切莱特（Bachelet）和乌拉圭总统瓦兹奎斯（Vasquez）举行双边会晤。10 月，祖马总统对巴西进行国事访问。2010 年 7 月，巴西总统卢拉（Lula）对南非进行国事访问。2010 年 12 月，祖马总统对古巴进行国事访问，并赴墨西哥出席联合国气候变化公约第十六次缔约方会议。2018 年 11 月，拉马福萨总统赴阿根廷出席 G20 峰会。

第四节　2013 年以来中南关系发展态势评估

一　中南政治、经济关系发展

中南于 1998 年 1 月 1 日建交。建交以来，双边关系全面、快速发展。

2010 年 8 月，时任南非总统祖马访华期间，两国元首共同签署《中华人民共和国和南非共和国关于建立全面战略伙伴关系的北京宣言》，将双边关系提升为全面战略伙伴关系。2013 年 3 月，习近平主席对南进行国事访问，双方发表联合公报，中南全面战略伙伴关系迈上新台阶。2014 年 12 月，祖马总统对华进行国事访问，双方签署《中华人民共和国和南非共和国 5—10 年合作战略规划 2015—2024》，为中南关系进一步深入发展注入了新的强劲动力。

两国高层交往频繁。2010 年 11 月，习近平副主席访南，与莫特兰蒂副总统共同主持中南国家双边委第四次全会。2013 年 2 月，杨洁篪外长对南进行正式访问。3 月，习近平主席对南进行国事访问并出席在德班举行的金砖国家领导人第五次会晤。10 月，莫特兰蒂副总统来华访问并与李源潮副主席共同主持中南国家双边委第五次全会。12 月，李源潮副主席作为习近平主席特别代表赴南非出席南前总统曼德拉葬礼。2014 年 7 月，习近平主席在出席巴西福塔莱萨金砖国家领导人第六次会晤期间同祖马总统举行双边会晤。12 月，祖马总统对华进行国事访问。

2015 年 3 月，文化部部长雒树刚作为中国政府代表赴南出席南非"中国年"开幕式。4 月，南非国民议会议长姆贝特访华。同月，外交部部长王毅对南进行正式访问。7 月，习近平主席在出席俄罗斯乌法金砖国家领导人第七次会晤期间同祖马总统举行双边会见。同月，南非副总统拉马福萨对华进行正式访问。9 月，祖马总统来华出席纪念抗日战争暨世界反法西斯战争胜利 70 周年纪念活动，习近平主席同其举行双边会见。10 月，杨洁篪国务委员对南非进行正式访问。12 月，习近平主席对南非进行国事访问并与祖马总统共同主持中非合作论坛约翰内斯堡峰会。访问期间，中南签署了 26 项双边协议，总价值达 419 亿元人民币。

2016 年 9 月，祖马总统来华出席在杭州举办的二十国集团领导人第十一次峰会，与习近平主席举行双边会见，并赴广州出席第二届对非投资论坛。10 月，习近平主席在出席印度果阿金砖国家领导人第八次会晤期间同祖马总统举行双边会见。11 月，双方在南举行中南国家双边委员会第六次全会。同月，全国人大常委会副委员长向巴平措访问南非并同南非国民议会副议长策诺利共同主持中南立法机关定期交流机制第四次会议。

2017 年 4 月，刘延东副总理访问南非并同南方共同主持中南高级别人文交流机制首次会议。8 月，双方在南非举行中南第九次战略对话。9 月，祖马总统来华出席金砖国家领导人厦门会晤，习近平主席同祖马总统举行双边会见。

2018 年 3 月，习近平主席特别代表、中共中央政治局委员杨洁篪访问南非。2018 年 6 月，国务委员兼外交部部长王毅访问南非并出席金砖国家外长正式会晤。同月，中共中央政治局委员、中央外事工作委员会办公室主任杨洁篪赴南非出席第八次金砖国家安全事务高级代表会议。2018 年 7 月，习近平主席对南非共和国进行第三次国事访问并出席金砖国家领导人第十次会晤。2018 年是中南建交 20 周年。访问期间，习近平主席同拉马福萨总统举行会谈并出席中南建交 20 周年庆祝活动，两国领导人就推进新时期中南全面战略伙伴关系达成重要共识。2018 年 9 月，拉马福萨总统来华出席中非合作论坛北京峰会并对华进行国事访问。这也是他首次以总统身份访华。访问期间，拉马福萨与习近平主席举行会谈并共同见证了关于增加产能、气候变化合作、运输、水资源、在南非实施职业培训中心等多项双边合作协议的签署。2018 年 12 月，国务院副总理孙春兰在京同南方共同主持中南高级别人文交流机制第二次会议。

中国是南非最大贸易伙伴，南非是中国在非洲最大贸易伙伴。2004 年 6 月，南非承认中国的市场经济地位。2018 年双边贸易额 435.5 亿美元，同比增长 11.2%，其中中方出口额 162.5 亿美元，同比增长 9.6%，进口额 273.0 亿美元，同比增长 12.1%。中国对南主要出口电器和电子产品、纺织产品和金属制品等，从南主要进口矿产品。2018 年 11 月，南非作为主宾国参加首届中国国际进口博览会。两国双向投资规模不断扩大。截至 2018 年 7 月，中国对南直接投资存量超过 102 亿美元，涉及矿业、金融、制造业、基础设施、媒体等领域。南在华实际投资约 6.6 亿美元，集中在啤酒、冶金等行业。2018 年 10 月，南非举办投资大会，百余家中资企业参会。截至 2018 年，中国企业在南非直接投资或融资超过 250 亿美元，为当地创造了 40 多万个就业岗位。中国连续 10 年保持南非第一大贸易伙伴地位，目前也是南非投资和游客的主要来源国。[①]

---

① 《南非贸易与工业部长：下个五年计划，从与中企签 93 项 130 亿协议开始》（2019 年 6 月 23 日），2019 年 8 月 23 日，观察者网（https://www.guancha.cn/internation/2019_ 06_ 23_ 506731. shtml）。

2002 年，南非成为中国公民出境旅游目的地国。2010 年，南非旅游局在华设立常驻代表机构。2018 年，已有近 14 万名中国游客到访南非，同期有约 8 万名南非游客到访中国。尽管发展速度并不慢，但与中国出境游客 1.3 亿人次相比，双方游客数量显然是微不足道的。南非认识到，中国是世界最大的旅游市场，中国出境游市场很有竞争力，因而采取了简化签证、开发更多具有针对性的旅游产品等多种措施，以吸引更多中国游客。2018 年 6 月，南非旅游局在北京、重庆、深圳三地举办旅游推介活动。2019 年 1 月，原北京直飞约翰内斯堡国航航班增加经停深圳。

在短短 20 年里，两国关系实现了由伙伴关系到战略伙伴关系再到全面战略伙伴关系的重大跨越。中南关系已经成为中非关系、南南合作以及新兴市场国家团结合作的典范，对打造更加紧密的中非命运共同体，构建相互尊重、公平正义、合作共赢的新型国际关系具有重要示范意义。

二 "一带一路"倡议在南非的推进情况

对非洲来说，发展比其他任何东西都重要得多。事实证明，许多社会冲突的根源在于不发达。因此，经济发展是"一带一路"倡议在非洲相关项目的核心任务。[1] 南非金山大学国际关系学者谢尔顿教授（Prof. Shelton）就在北京召开的第二届"一带一路"国际合作高峰论坛接受媒体采访时表示，"一带一路"倡议是南非谋求经济发展的一个历史机遇，中国则是南非最佳发展伙伴。他认为，充分参与"一带一路"进程将为南非带来显著的经济效益，期待南非能够努力寻求深度参与这一进程的具体方式。[2]

---

[1] Maximilian Mayer（eds.），*Rethinking the Silk Road：China's Belt and Road Initiative and Emerging Eurasian Relations*，Palgrave Macmillan，New York，2018，p. 111.

[2] 杜华斌：《南非期待深度参与"一带一路"建设》，《科技日报》2019 年 4 月 25 日第 2 版。

　　事实上，无论是南非，还是其他"非洲国家开始发展跨越国界的运输系统，并建立主要依托经济特区的经济走廊。在这样做的过程中，非洲东海岸各国在'一带一路'倡议推广方面发挥了关键作用，因为它们越来越多地利用自身的战略地位推进本国的发展目标"①。2015 年 12 月，中国和南非签署谅解备忘录，申明双方将共同建设"丝绸之路经济带"和"21 世纪海上丝绸之路"。这份备忘录旨在创造相互理解的机会，以及更好地实现两国之间在货物、技术、资本和人员方面的交流和整合。目前，中国是南非最大的贸易合作伙伴国。这一关系不仅有利于促进两国之间的双边贸易和投资，而且能为中非关系的转型注入新的动力，同时还能在中国和非洲各国之间创造经济发展的机遇。它还将有助于推动"一带一路"倡议在非洲的实施。电力和基础设施行业的融资机会和大型项目，包括技术、电信、制造、消费品和零售业，在未来几年内都将成为焦点，并在"一带一路"倡议的推进中扮演重要角色。"一带一路"倡议还旨在扩大相互投资领域，加深农业、林业、渔业、机械制造以及农产品加工领域的合作，并促进海洋产品、深海捕鱼、海洋工程技术、环境保护和海洋旅游产业方面的合作。另外，南非为中国企业提供了水产养殖、农用工业、海洋经济、可再生能源、海洋食品和海洋旅游方面的投资机会，而这也与"一带一路"倡议相符。

　　中国已从外国直接投资的目标国转向大规模的外国投资者，特别是在银行业、公用事业、保险业以及基础设施建设等方面，其最典型的投资目的地就是以南非为代表的非洲国家。目前，中国企业在南非投资规模很大，投资领域包括金融、采矿、不动产、家用电器、运输、机械、电信、工程、建筑、能源和农业等。中国制造业企业在南非的投资，为当地创造了大量就业机会。同时，一些南非企业，涉及金融服务、能源、食品、饮料、媒体和采矿等领域，已经在中国进行

① Maximilian Mayer（eds.），*Rethinking the Silk Road：China's Belt and Road Initiative and Emerging Eurasian Relations*，Palgrave Macmillan，New York，2018，p. 18.

大规模投资，这些企业也取得了一定程度的成功。2016 年，南非和中国总投资额约 860 亿美元，其中南非在中国资产价值约 740 亿美元，中国企业在南非资产超过 100 亿美元。

"一带一路"倡议有益补充了南非自身的长期发展计划和非洲联盟的"2063 年愿景"。"一带一路"倡议与南非的"费吉萨"计划一致，该行动是政府制订的关于快速发展海洋经济的计划，展开于 2014 年 3 月，目的是释放南非海洋经济潜力。2014 年 7 月 10 日，耗资 6 亿兰特（约 3.48 亿元人民币）的中国一汽南非工厂在南非东开普省曼德拉湾市建成投产。2019 年 7 月 29 日，一汽南非工厂第 5000 辆解放卡车隆重下线。2018 年 7 月 24 日，位于南非东开普省曼德拉湾市的北汽南非工厂第一辆车成功下线。北汽南非工厂项目由北汽集团与南非大型国有企业南非工业发展公司（IDC）共同推进，总投资额 8 亿美元（约 50 亿元人民币）、规划年产能为 10 万台。2015 年 12 月，项目启动；2016 年 8 月 30 日，工厂奠基。工厂投产后，拟生产北汽旗下乘用车、越野车、轻型运载车等汽车产品，有望成为北汽集团立足南非，辐射非洲的重要基地。南非是非洲第一大汽车产销国，拥有约 100 万辆的汽车年产能，年产量约占整个非洲的 65%。汽车产业是南非的支柱产业之一，约占其 GDP 的 7.5%，南非政府制定了多个汽车产业发展规划，并给予汽车行业多种免税政策。2019 年 6 月 21 日，中企与南非企业在开普敦国际会议中心签署涉及矿业、农业、工业产品等多个领域的创纪录的 93 项协议，价值约 270 亿兰特（约合 129.5 亿元人民币）。该国贸易与工业部部长易卜拉欣·帕特尔（Ebrahim Patel）指出，上述合作协议将为南非年轻人创造就业机会，拓展产业空间，并有助于确保南非经济实现包容性增长，这与南非政府刚公布的国家发展方向不谋而合。

第 二 章

南非中资企业调查技术报告

为认真贯彻落实教育部、财政部、国家发改委《关于高等学校加快"双一流"建设的指导意见》（教研〔2018〕5号）和《云南省人民政府关于支持云南大学加快世界一流大学建设的意见》（云政发〔2018〕31号）的精神，主动服务和融入国家发展战略，云南大学和云南省商务厅共同成立"中国海外企业经营环境及企业劳动力素质调查"课题组，旨在为企业更好融入当地社会提供咨询，并就中央和地方各级相关部门在"一带一路"倡议下如何进一步支持不同类型企业"走出去"提出政策建议。

本章为本次调研工作的技术报告，共分三节。第一节介绍南非调研组调研方案的制定及执行情况。第二节根据调研过程中所采集到的第一手数据对接受调研的企业进行综合性描述。第三节根据调研过程中所采集到的第一手数据对企业所雇用的南非籍雇员的个人特征进行整体性描述。

第一节 调查方案

南非调研组的工作于2018年9月正式启动。整个调研工作共分为七个阶段有序开展。

一　调研团队组建阶段

云南大学高度重视此次调研工作，在人力、物力和财力上给予了项目巨大的支持。项目设计出来后，各项相关的配套工作迅即启动。非洲片区是整个调研项目设计的四大片区之一，而片区总负责人由云南大学国际关系研究院党委书记、非洲研究中心主任、中国—南非高级别人文交流中心主任、博士生导师张永宏教授担任。

南非是非洲片区中首批选定的四个调研对象国之一，因其在非洲所处的重要地位及在中非交流合作中所扮演的重要角色，自然而然地成为调研的重点对象。南非调研团队于2018年9月下旬以非洲中心的师生为班底正式组建完成，同时也邀请到了几位来自云南省委党校、云南省社会科学院等兄弟科研单位的专家学者予以补强。团队组员共计12人，其中副教授3人，讲师2人，博士或博士生8人，硕士生4人。

二　资料搜集整理阶段

虽然团队成员对于非洲都有着不同程度的关注和研究，但此次调研工作所涉及的主题——"南非中资企业营商环境及劳动力素质"对于大家而言还是相对比较陌生的领域。因此，在团队组建工作完成后，团队成员便开始分工协作搜集和整理与调研主题相关的文献资料。通过近三个月的学习和交流，大家对于这一主题的了解提升到一个全新的层次，对于完成任务的信心也得到增强。

三　国别问卷设计阶段

本次调研工作主要以问卷调研的形式进行，而问卷又细分为企业问卷和雇员问卷两类。问卷主体的设计工作由调研项目组的问卷设计团队完成，但雇员问卷中所涉及的国别问题则必须由各国别调研团队自行设计。因此，在完成前期相关资料的搜集、整理和研究后，团队工作开始进入国别问卷的设计阶段。

在非洲片区负责人张永宏教授的帮助下，调研组聘请了中国社科院西亚非洲所的李新烽、安春英、李智彪和詹世明四位专家组成了校外专家顾问团。专家们对于国别问卷的整体框架及具体问题的详细设计提出了自己宝贵的意见和建议，为问卷的顺利定稿提供了最专业的保障。

2019年1月初，国别问卷设计完成并提交给项目组。

四 调研系统培训阶段

此次调研的一大特点就是采用了电子问卷面访模式。所有问卷设计整合完成后即导入后台控制系统，然后再通过平板终端调出电子版问卷以供调研人员对被调研对象进行一对一的面访。每位调研员都分配有独立的系统访问账号和密码，问卷完成后即可以在联网状态下直接将数据回传至后台系统进行保存。虽然相较于传统的纸质问卷而言，一对一面访会更耗时，而且采集样本数据的速度会被拉低，但是好处在于能够保证数据采集过程的可控性和采集数据的真实性，从而大大提高了后期数据分析结果的可信度。

因为是首次接触类似的调研手段，所以在所有问卷录入后台系统并准备就绪后，项目组专门指派技术人员对所有调研员进行了相关知识的培训，而且进行了数轮的实操训练，以保证每位调研员对于数据采集系统的熟悉度，并最大限度地降低后期面访过程中的错误发生率。

五 调研对象联系阶段

从2019年1月下旬起，工作进入预调研企业的联系阶段。通过给中国驻南非大使馆以及使馆经商处发送请求支持和协助调研的函件，我们得到了积极的反馈和回应。在南中经贸协会的帮助下，我们拿到了该协会最新版的在南中资企业名录，并顺利联系上了一批企业，为出行打下了良好的开局。后来又联系到了两位在南非打拼多年的非常热情好客的华人，南部非洲上海工商联谊总会的前任和现任会长，使我们的民营企业调研之路得以进一步拓宽。在南非开展实地调研的过程中，中国驻约翰内斯堡总领馆及驻开普敦总领馆也给予我们诸多的支持和帮助。多措并举，多管齐下，是企业联系工作得以有效开展的重要保障。

当然，企业的联系过程并不总是一帆风顺。有欣然接受表示欢迎的，也有面露难色婉言谢绝的。出国打拼的企业都不容易，而每个企业都有各自的难言之隐。欢迎调研的，我们自然心存感激，而婉言谢绝的，我们自然也能理解。

六　南非实地调研阶段

2019 年 4 月 19 日—5 月 10 日，南非调研组历时 22 天完成了南非实地调研阶段的任务。被调研企业分布在约翰内斯堡、茨瓦内、开普敦及纳尔逊曼德拉湾四座城市，共采集有效企业问卷样本 41 份，雇员问卷样本 625 份，基本达到预期目标。

七　调研报告撰写阶段

调研报告既是对调研工作的总结，也是对调研成果的集中展示。正如调研项目设计的初衷所示，利用获得的第一手真实数据撰写出来的报告，期望可以服务于国家的"一带一路"倡议，服务于那些已经走出去的或者正打算走出去的企业。

整个调研项目从提出到落地再到产出成果历时两年，看似轻描淡写的叙述，却是凝结着众多参与人员的欢笑和泪水，更有智慧和心血。

第二节　企业数据描述

此次南非实地调研共走访近 50 家中资企业，录得有效企业问卷 41 份，其中约 30% 为国企，70% 为民企。本节将根据企业问卷基本模块部分所获取的数据对中资企业在南运营的总体情况做出综合性的描述。

从表 2 - 1 数据观察可见，在接受调研的企业管理层中，超过八成（约81%）的受访者拥有企业最高层管理者的身份。结合我们实地调研的情况来看，他们对于企业的运营和管理通常拥有绝对或者是相当大的自主决策权。

表 2 - 1	受访者职务占比	（单位：%）

受访者职务	比重
企业所有者	30.95
总经理或 CEO	50.00
副总经理	4.76
其他级别	14.29

企业所有者的占比达到了约31%。这一部分的企业所有者基本上属于民营企业主，而且通常是来到南非后才开始创办自己的企业。当然，也有一些人是通过入资的方式对原南非已有的企业实行了收购或者绝对控股，并由此成为企业的所有者。这些企业在中国基本上没有母公司的存在。

担任总经理或者 CEO 职位的受访者人数是最多的，占比达到了50%。这一部分人主要来自在中国拥有母公司的国企或者民企。他们通常是通过派驻的方式来到南非管理和经营这些企业。

副总经理及其他级别的受访者占比约19%。这一部分人通常为企业某个关键部门的负责人，比如人事或者财务。

从受访者职务占比的总体情况来看，受访企业在面对我们的调研时表现出了非常高的重视度和配合度，最终帮助我们顺利地采集到了翔实而精确的各项相关数据。

从表 2 - 2 数据观察可见，所有在南中资企业中工业类型的企业占比约为66.7%，而服务类型的企业占比则约为33.3%。在此次调研中，我们走访过的工业类企业就包括了采矿、食品制造、纺织品制造、服装制造、纸制品制造、塑料制品制造、汽车制品、医疗器械、电力和建筑等行业。而服务类企业则包括了银行、通信、批发零售、餐馆、房地产和租赁等行业。

表2-2	不同行业类型企业占比	（单位：%）
行业类型①	比重	
工业	66.67	
服务业	33.33	

当下的中国虽然还没有跻身世界制造业的第一方阵，但却是全球唯一拥有联合国产业分类目录中所有工业门类的国家，发展前景不可限量。而作为非洲的第二大经济体，南非同样拥有比较完善的工业体系。

但这并不会妨碍中南双方在工业领域内的合作，尤其是在采矿行业方面。南非拥有世界上罕见的丰富的矿产资源，矿业是南非经济的支柱之一，这也吸引了不少中国的矿业企业前来南非投资，比如我们此次调研的中国金川集团旗下的南非思维铂业有限公司。中国已成为南非矿石出口第一大对象国。

此外，在诸如电力、汽车等领域的产业合作前景也不容小觑。以太阳能、风能、核能等为代表的可再生能源合作项目已经在南非落地，比如我们在开普敦调研过的国电龙源集团。而以一汽和北汽为代

---

① 根据项目组设计企业问卷时所划定的企业类型，工业类企业包括采矿业（金属与非金属矿均涵盖）、制造业（食品制造、饮料制造、烟草制造、纺织品制造、服装与皮革制造、木材制品、纸制品、化学制品、橡胶和塑料制品、非金属矿物制品、金属制品、机械制品、无线电制品、医疗器械、光学仪器、钟表制品、汽车制品、家具制造）、电力、煤气和水的供应，以及建筑业等。而服务业企业则包括批发和零售、修理（汽车、摩托车及个人和家庭用品等）、旅馆和餐馆、运输、储存和通信、金融业（如银行、信贷企业、金融租赁等）、房地产、租赁和商业活动、研究发展和科学技术、教育（包括教育培训）、污水及垃圾处理，以及家政服务等。

表的中国汽车制造企业也已入驻位于南非东开普省纳尔逊曼德拉湾市的库哈工业园区。随着全球经济一体化进程的加快，随着中南双方在"一带一路"倡议框架下的合作日趋深入，双方在工业领域的合作前景值得期待。

南非的服务业总体水平较高，在 GDP 中的占比早已超过了 60%，接近世界发达国家水平。中国作为世界第二大经济体，服务业的发展则起步较晚，但追赶的势头非常迅猛。2019 年 5 月 22 日，商务部副部长王炳南在国新办新闻发布会上介绍我国服务贸易发展的总体情况和下一步发展方向时指出，2018 年，中国服务业占 GDP 比重已经达到 52.2%，成为名副其实的第一大行业部门和经济增长主要的驱动力。[1] 虽然取得了可喜的进步和成绩，但同时我们也必须看到，2018 年我国对外服务贸易仍属逆差，总额超过了 2000 亿美元。

作为推动世界经济增长的重要一极，服务经济的重要性不言而喻。随着中国以知识密集型为特点的新兴服务业的迅速兴起，中国服务业走出去的步伐将会越来越快。此次调研中走访的华为集团就是最典型的代表。深耕非洲市场二十余年的华为公司已然成为非洲通信发展领域不可或缺的一分子，而华为集团的非洲区总部就设在南非约翰内斯堡。2018 年底，华为云服务正式在南非上线，并由此成为全球首个在非洲提供此类服务项目的提供商。2019 年 3 月 19 日，美国《外交事务》杂志网络版刊登了该刊特约撰稿人艾米·麦金农（Amy Mackinnon）的文章——《对于非洲而言，由中国建设的网络要好于完全没有网络》（"For Africa, Chinese-Built Internet Is Better Than No Internet at All"）。文中引用南非国际事务研究所（South African Institute of International Affairs）中非问题高级研究员科巴斯·范·斯塔登（Cobus van Staden）的话表示，华为已经建成了非洲大陆约 70% 的 4G

---

① 任笑元：《商务部：2018 年服务业占 GDP 比重过半，服务贸易发展面临新机遇》（2019 年 5 月 22 日），2019 年 8 月 1 日，北青网（http：//news. ynet. com/2019/05/22/1840390t70. html）。

网络，远远超过了欧洲的竞争对手。① 除此之外，中国的金融服务业也已开始耕耘南非金融市场。此次调研过程中我们就走访了三家国有商业银行——中国工商银行、中国银行和中国建设建行。其中，工行于 2008 年 3 月以 366.7 亿兰特（约 54.6 亿美元）的对价收购了南非标准银行集团有限公司 20% 的股权，成为这家在南非乃至整个非洲最大商业银行的第一大股东。金融服务业的走出去一定会在中国企业走出去的过程中起到非常重要的助力作用。

为了提振经济，自 2000 年起，南非政府推出了工业开发区（Industrial Development Zones，IDZ）项目，其目的便是更多地吸引外国直接投资（FDI）以及扩大增值商品出口。为应对国内国际发展形势的变化，南非政府又于 2007 年推出了升级版的特别经济区（Special Economic Zone，SEZ）计划。② 为了弥补现行工业开发区的政策缺陷，南非贸工部于 2012 年 1 月 16 日发布第 45 号政府文告，就南非特别经济区法草案，向公众征求意见。该法案的实施能够加强南非各级政府之间的协调，提供充分的资金和技术等资源，明确产业发展方向和投资目标，为南非各地区提供一个全新的发展平台，促进投资、贸易和就业的增长。南非政府于 2016 年 2 月 9 日颁布特别经济区法案，现已正式生效。③

从表 2-3 数据观察可见，绝大多数的被调研企业（约 82.9%）并没有选择在南非的经济开发区中落户。根据我们实地调研走访的情况来看，真正落户在经开区的企业确实不多。在接受调研的企业中，没有位于经开区内的民企，而位于经开区内的国企的数量也较少，比如位于西开普省开普敦市亚特兰蒂斯特别经济区（Atlantis SEZ）的海信集团，以及位于东开普省纳尔逊曼德拉湾市库哈工业开发区（Coe-

---

① Amy Mackinnon, *For Africa, Chinese-Built Internet Is Better Than No Internet at All*, Foreign Policy, 2019 - 03 - 19, https：//foreignpolicy. com/2019/03/19/for-africa-chinese-built-internet-is-better-than-no-internet-at-all/, Aug 1, 2019.

② 详情参见 2019 年 8 月 2 日，南非贸工部网站（http：//www. thedti. gov. za/industrial_ development/sez. jsp）。

③ 《对外投资合作国别（地区）指南——南非》，商务部，2018 年，第 59 页。

ga IDZ）的一汽集团和北汽集团。国际知名的咨询机构麦肯锡公司
（McKinsey & Company）于 2017 年 6 月份发布了一份名为《龙狮共
舞——中非经济合作现状如何，未来又将如何发展?》的研究报告。
报告中提到，通过对非洲八国①的数据进行研究，该公司推断已经有
超过一万家的中资企业进入了非洲市场，而其中约 90% 为民企。② 这
份报告中得出的数据不一定精确，但还是可以从侧面看出，进入非洲
市场的国企数量其实并不如我们之前所想象的那么多。视线转回南
非，数量并不算多的国企，再加上经开区对于自身的定位，以及对入
驻企业所属产业或行业的限定，这或许就可以解释为什么在我们所调
研过的国企中真正进驻经开区的比例并不高的原因了。

表 2 - 3　　　　　　　　　　　是否在经开区企业占比　　　　　　　　（单位：%）

是否在经开区	比重
不在经开区	82.93
本国经开区	14.63
其他	2.44

　　每个国家或地区因自身情况的不同，对于企业规模的划分都有自
己的一套标准。比如中国国家统计局就曾在 2017 年底印发了新修订
的《统计上大中小微型企业划分办法（2017）》，按照行业门类、大
类、中类和组合类别，依据从业人员、营业收入、资产总额等指标或
替代指标，将我国的企业划分为大型、中型、小型、微型四种类型。③
　　但此次调查对于企业规模的划定标准采用的是世界银行比较通行

①　这八个国家是安哥拉、科特迪瓦、埃塞俄比亚、肯尼亚、尼日利亚、南非、坦
桑尼亚和赞比亚。

②　孙辕、Kartik Jayaram、Omid Kassiri：《龙狮共舞——中非经济合作现状如何，未
来又将如何发展?》，麦肯锡，2017 年 6 月，第 10 页。

③　详细划分标准可参见 2019 年 8 月 3 日，国家统计局网站（www.stats.gov.cn/
tjgz/tzgb/201801/t20180103_ 1569254.html）。

的标准，即雇员人数在 100 人及以上的企业被认定为大型企业，雇员人数在 99—20 人的企业被认定为中型企业，而雇员人数在 5—19 人的企业则被认定为小型企业。采用这一划分标准的目的是方便在后续的数据使用过程中与国外相关数据进行横向比较。

从表 2 - 4 数据观察可见，我们此次调研所走访的企业以大中型企业为主，而小型企业只占到了被调研企业总数的 11.9%。虽然因为调研时间和方式的原因，此次调研所走访的企业数量并不算多，但从获取到的有限数据中还是可以看出，大多数企业的雇员数都在 20 人以上，表明企业在南发展的状况较好，而大中型企业数量较多也意味着中资企业在解决南非当地人就业方面做出了不小的贡献。

表 2 - 4	不同规模企业占比	（单位：%）
企业规模	比重	
小型企业	11.90	
中型企业	45.24	
大型企业	42.86	

随着人类社会的不断发展前行，行业分工开始出现并逐步细化，商会组织初见雏形。从西周的"肆"发展到先秦的"行"，再从明代的"商帮"发展到清代的"行会"，最后形成了中国近代社会以来为人所熟知的"商会"组织。

商会，是商品经济的必然产物。一般是指商人依法组建的、以维护会员合法权益、促进工商业繁荣为宗旨的社会团体法人。商会的法律特征表现为互益性、民间性、自律性和法人性。商会是商人身份确立的过程，也是商人组织有序化的过程。商会是市场经济条件下实现资源优化配置不可或缺的重要环节，是实现政府与商人、商人与商人、商人与社会之间相互联系的重要纽带。[①]

---

① 《商会》，2019 年 8 月 3 日，百度百科（https：//baike. baidu. com/item/% E5% 95% 86% E4% BC% 9A/2259750）。

对于走出去的中国企业而言，在异国他乡打拼，如果能得到当地华人商会组织的支持和帮助，凡事都会变得相对容易一些。在南非具体有多少家商会可能无从统计，但根据商务部发布的《对外投资合作国别（地区）指南——南非》（2018 年版）中公布的数据，目前南非华人商会和社团组织的数量是 25 家，其中规模最大的是南非中国经贸协会。[①]

从表 2 - 5 数据观察可见，在我们调研过的企业中，有约 69.2%的企业加入了不同的商会组织。另外有约 30.8%的企业并没有加入任何一家商会组织。这些企业基本上属于民营企业，而没有选择加入商会的原因也是各有不同。虽然没有加入商会，但是并不代表它们就是孤立存在的。从我们实地调研走访过程中所了解到的情况来看，有些企业其实是有着家族企业背景的，往往一个家族里的不同家庭会建立自己的企业，彼此之间相距不远，可以相互照应。

表 2 - 5　　　　　　企业是否加入东道国中国商会占比　　　　（单位：%）

是否加入东道国中国商会	比重
是	69.23
否	30.77

企业工会的概念形成于西方资本主义社会，而其组织形式的出现距今超过 200 年的历史。企业工会通常是由某个企业内的劳动者自发组成的社会组织形式，负责代表劳动者与企业主就生产活动中出现的各种问题进行交涉，以此维护劳动者的权益。随着社会的发展和时代的进步，又逐渐地出现了规模更大、组织架构更复杂的工会组织，如行业工会或者全国总工会。

南非最初的工会组织是由南非的英国工人于 19 世纪晚期建立。第一次世界大战后，饱受殖民统治和种族隔离政策压迫和压榨的南非

---

① 《对外投资合作国别（地区）指南——南非》，商务部，2018 年，第 97 页。

黑人在少数精英人士的组织下开始建立起属于自己的工会组织以捍卫自己的合法权益。其后，各种形式的工会组织开始涌现出来。可以毫不讳言地说，带有强烈政治色彩的南非工会组织在新南非的建立过程中起到了不可或缺的重要作用。而在新南非建立后，工会组织在最大限度为工人争取最大利益方面一如既往地起着极其重要的作用。目前，南非各级工会组织齐全，既有全国性的工会（如执政的三方联盟中的南非工会大会），也有各个行业内的行业工会（如南非全国矿工工会），还有各个企业内部的企业工会。

但在我们调研走访的过程中了解到，绝大多数企业对于企业工会的存在感到头痛。因为在南非，如果工人有意见（大多数时候是因为要求增加薪资的问题），工会就会出面与企业谈判。如果谈判失败，工会可以向当地政府申请合法罢工的牌照，而一旦罢工开始，随之而来的损失会让许多企业难以承受。曾经就有不少中国投资者倒在了这一道关卡上而导致投资失败，血本无归。所以，从表2-6中就可以看出，有高达约71.4%的企业内部并没有工会组织的存在。其实，不是说企业的做法是有意地违背了南非的相关法律法规，而是为了避免隔三岔五的罢工给企业带来不可挽回的损失。从我们实地调研走访过程中所了解到的情况得知，不少的企业会选择劳务外包的形式，也就是跟专门的劳务公司签订合同，由劳务公司根据企业的需要来招揽雇工然后再派遣到企业工作。这样，如果工人有了什么问题，因为不是跟企业签订的雇佣合同，所以就不会直接找企业谈判，而是会去跟第三方劳务公司之间解决，这样就帮助企业减少了许多不必要的麻烦。

表2-6	企业是否有自身工会占比	（单位：%）
是否有自身工会	比重	
是	28.57	
否	71.43	

当然，我们注意到，还有约28.6%的企业是有自身工会的。比如

大中型的国企或者民企，通过入资控股的方式接管了原有的南非企业，而这样的企业内部早就有工会组织的存在了。对于这些企业而言，日常的工作之一便是处理与工会之间的事情，这通常会占用它们相当一部分的时间和精力。

从表2-7数据观察可见，在企业控股方的性质上，国有和非国有的比例基本上属于三七开的格局，但这个数据只能反映出我们此次调研所走访的企业的性质。因为走访企业的数量有限，所以并不能精确地反映出在南中资企业中国有和非国有企业的比例。而根据上述麦肯锡公司的报告显示，民企和国企的数量比在9：1左右。在南中资企业中国有企业的数量可以通过查阅商务部或省级商务主管部门的备案记录来予以统计，但是民营企业的数量还无法通过有效的渠道来获取最准确的数据。

表2-7 企业是否为国有控股占比 （单位：%）

是否为国有控股	比重
国有控股	31.58
非国有控股	68.42

商务部于2014年9月6日发布了《境外投资管理办法》，同年10月6日正式施行。《办法》第一章第2条指明，本办法所称境外投资，是指在中华人民共和国境内依法设立的企业（以下简称企业）通过新设、并购及其他方式在境外拥有非金融企业或取得既有非金融企业所有权、控制权、经营管理权及其他权益的行为。此外，第二章第9条还指明，对属于备案情形的境外投资，中央企业报商务部备案；地方企业报所在地省级商务主管部门备案。

从表2-8数据观察可见，在我们调研的所有企业中，有72.5%的企业在投资南非前在商务部进行了有效的备案登记，这其中就包括了所有我们调研过的国企，以及一部分民企。而余下27.5%的企业则没有在商务部备过案。从我们实地调研走访过程中所了解到的情况来看，这些企业基本上都是民企，其创办人来到南非后才开始通过自己所拥有的渠道获得资本兴办企业。当然，不可否认的是，的确存在一些所谓的非正常渠道能够将国内的资金转移到南非，但是这些渠道究竟是哪些，又是如何运作的，是我们无法获取的信息。

表 2 - 8 　　　　　　　　企业是否在中国商务部备案占比 　　　　（单位：%）

是否在中国商务部备案	比重
是	72.5
否	27.5

在国际商务中，母公司是指以母国为基地，通过对外直接投资对海外经济实体进行有效控制的总公司。大多数跨国公司的母公司为一个国家的资本所建立，但在少数情况下也可能由两个或更多国家的资本联合建立。母公司作为整个跨国公司的决策中心，是在母国政府机构登记注册的法人组织，负责组织和管理跨国公司在海内外的全部生产经营活动。[①]

从表 2 - 9 数据观察可见，在我们所调研的中资企业中，有约 59.5% 的企业在中国有母公司的存在，而另外约 40.5% 的企业在中国没有母公司。从我们实地调研走访过程中所了解到的情况来看，凡是国企都会有中国母公司的存在，而民企中也有一部分有中国母公司，特别是大中型民企。而没有母公司的企业通常都是企业主直接出境投资兴办的，或者是利用当地的资本兴办的。

表 2 - 9 　　　　　　　　企业是否有中国母公司占比 　　　　（单位：%）

是否有中国母公司	比重
有中国母公司	59.52
没有中国母公司	40.48

---

① 《母公司》，2019 年 8 月 3 日，百度百科（https：//baike. baidu. com/item/% E6% AF% 8D% E5% 85% AC% E5% 8F% B8#reference- ［1］ -436343-wrap）。

从表 2-10 数据观察可见，在所有拥有中国母公司的企业中，国有企业和私营企业所占的比重是最大的，分别为 44% 和 40%。而股份合作、股份有限公司和私营合伙这三类企业所占比重较小。也就是说，国有企业和私营企业担当了前往南非投资兴业的主力军的任务。

表 2-10　　　　　　　　　企业中国母公司类型占比　　　　　　（单位：%）

中国母公司类型	比重
国有企业	44
股份合作	4
股份有限公司	8
私营企业	40
私营合伙	4

从表 2-11 的注册时间一栏可以看出，1995 年以前在南非登记注册的企业数量仅约占全部被调研企业的 5%。原因不难理解，南非直到 1994 年 4 月才最终打破了种族隔离制度的桎梏，通过不分种族、肤色和性别的全民普选实现了民主政治的转型，建立了真正意义上独立自主的现代民主国家，1998 年 1 月才正式同中国建立了外交关系。而中国在改革开放进入 20 世纪 90 年代初以后才真正开始在对外投资上发力。因此，在 1995 年这个时间节点前前往南非投资兴办企业的自然是少之又少。

表 2-11　　　　　　　　企业注册时间与运营时间①分布　　　　（单位：%）

年份	注册时间	运营时间
1995 以前	4.88	2.38
1996—2000	9.75	11.91

---

① 注册时间是指企业在南非贸工部登记注册的时间，运营时间是指企业在登记注册申请获批后正式开始运营的时间。

续表

年份	注册时间	运营时间
2001—2005	14.64	9.52
2006—2010	24.39	23.81
2011—2015	36.58	33.33
2016 以来	9.76	19.05

　　从 1996 年开始，以 5 年为一个计算周期来划分，前往南非投资的企业数量连续 4 个周期呈上升趋势，而且增速不断加快，其中第四个周期（2011—2015）内注册的企业数量约占被调研企业总数的 36.6%。在这四轮周期中，有几个关键时间节点上发生的重大事件应该对于中资更多更快地进入南非起到了推动作用。

　　第一个是 1998 年 1 月中南正式建交。第二个是 2000 年 10 月启动的中非合作论坛。第三个是 2010 年 12 月南非加入金砖国家组织。第四个是 2013 年 9 月和 10 月中国提出的"一带一路"倡议。第五个是 2015 年 12 月中非合作论坛约翰内斯堡峰会的成功举办，以及中南正式签署有关"一带一路"合作的政府间谅解备忘录。

　　从 2016 年至今，虽然还未满一个 5 年周期，但相较于前一周期而言，在南注册的中资企业数量出现了比较明显的下滑。原因可以归结于以下两点。一是投资南非的高热状态开始退烧。诸多有着深刻教训的前车之鉴让资本的流动逐渐趋于冷静和理性。南非长期存在的政府执政能力弱、官员腐败、罢工频发、犯罪率高、苛刻的《黑人经济振兴法案》（Black Economic Empowerment，BEE）和强势的工会组织日益成为意欲前往南非的企业必须提前而且认真考虑的事项。二是 2008 年的国际金融危机将整个世界经济拖入泥潭，至今仍未恢复元气。近年来，南非经济发展表现低迷。虽然中国抗住了危机带来的巨大压力，但经济依然开始出现下行趋势且压力逐渐增强。30 年的高速增长不可复制，经济已经进入新常态。

　　从表 2 - 11 的运营时间一栏可以看出，多数时间段内，企业的运营时间数据一般要小于同时段内的注册时间数据，且两组数据大致接近，这是比较正常的发展模式。比较值得关注的有两组数据。2011—2015 年的数据表现突出，有约 33.3% 的企业在这一时间段内正式运营，呈现出井喷的态势。如前所述，南非加入金砖组织以及"一带一路"倡议的提出起到了比较大的推动作用。2016 年以来正式运营的企业数量几乎达到了同时期注册的企业数量的 2 倍，应该是前一周期内企业注册量激增，而从注册到运营之间有一个正常的过渡期，以致部分企业的运营时间延后到了这一周期内的结果。

根据项目组所设计的企业问卷中有关企业高层的解释，最高管理层包括企业法人、公司首席执行官、财务总监、人力资源总监、负责采购、销售或生产的总经理，或总经办主任。

创立于 1962 年并致力于提供妇女领导力解决方案的全球性非营利组织 Catalyst 于 2019 年 1 月 16 日在其网站上刊发了德勤公司（Deloitte）的一份研究报告——《遗失部分的报告：2018 年〈财富〉500 强董事会女性和少数族裔多元化调查》（*Missing Pieces Report：The 2018 Board Diversity Census of Women and Minorities on Fortune 500 Boards*）。报告所述研究结果显示，虽然 2018 年《财富》500 强企业的董事会中女性成员的比例较往年有所提高，但女性成员的比例仍然远远低于男性，仅为 22.5%。[①] 2019 年 3 月 7 日，《中国日报》（中文网）在其网站上刊发了一篇题为《报告：中国大陆突破职场天花板的女性比例高于亚洲平均水平》的文章。文章指出，由全球领先的招聘专家瀚纳仕（Hays）赞助、英国《经济学人》旗下机构经济学人企业网络（Economist Corporate Network）编写的名为《人口、多元化和企业命运》报告显示，在女性劳动参与率，和高级管理层或董事会中女性所占比例两方面，中国大陆均处于亚洲领先地位，但能够进入高级管理层的女性比例却很低。在 2018 年，中国大陆管理岗位女

---

① Deloitte, *Missing Pieces Report：The 2018 Board Diversity Census of Women and Minorities on Fortune 500 Boards*, Washington, DC：Alliance for Board Diversity, 2019, p. 17.

性占比为 35%，而高级管理层或董事会女性占比约 11%。①

从表 2 - 12 数据观察可见，有约 76.2% 的受访企业中有女性担任高层管理人员，而余下的约 23.8% 的企业高层中没有女性。这个数据表明，大多数的受访企业对于女性参与决策或者管理的能力是认可的，而且她们的参与对于企业的运营来说是有好处的。从某种意义上说，也可以被看作女性自身能力和整体社会地位提升的一个缩影。

表 2 - 12　　　　　　　　公司高层有无女性占比　　　　　　（单位：%）

有无女性高管	比重
是	76. 19
否	23. 81

但这个数据也只能表明，多数企业高层中有女性高管的存在这一事实，却无法表明这些女性高管在整个高层管理群体中所占的比例，也就是无法为我们提供上述两份报告中所展示的调研发现。根据我们实地走访的情况来看，极少有女性能担任企业的最高领导者，但是在主管财务、人事、销售，或者总经办主任等职位上却不乏女性管理人员的存在。

第三节　员工数据描述

员工对于企业正常生产经营活动的重要性是不言而喻的，而企业则会因自身性质的不同对员工的基本素质提出不同的要求。本节将以此次调研所采集到的有效员工问卷数据为基础，对于被调研企业的员

---

① 陈颖群：《报告：中国大陆突破职场天花板的女性比率高于亚洲平均水平》，《中国日报》2019 年 3 月 7 日，2019 年 8 月 4 日，中文网（https：//cn. chinadaily. com. cn/a/201903/07/WS5c811b0ea31010568bdce33b. html）。

工素质进行综合性分析。

从图 2 - 1 数据观察可见，在被调研企业的在岗员工中占主体的是 26—35 岁年龄段的年轻人，其中男性约为 46.9%，占比接近男性员工总人数的一半，女性约为 43%。18—25 岁年龄段的年轻人在员工中的占比最少，不到总数的 1/4。35 岁以下的员工构成了企业员工的主力军，其中男性占比为 71.2%，女性约为 66.5%。此外，从性别比例的角度观察，35 岁以下的员工中，男性员工人数要比女性员工人数高出约 5 个百分点，但是在 36 岁及以上员工群体中，女性的占比则要比男性高出约 5 个百分点。

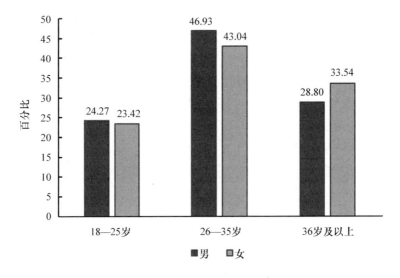

图 2 - 1　按性别划分的员工年龄分布（N = 625）

25 岁以下员工的比例偏低可能是需要我们更多给予关注的一个问题。南非统计局公布的 2019 年第一季度失业人口数据显示，15—24 岁的年轻人是南非劳动力市场中最脆弱的群体，失业率达到 55.2%。[1]

———————————

[1] Stats SA, *Youth Graduate Unemployment Rate Increases in Q*1: 2019, May 15, 2019, http://www.statssa.gov.za/? p = 12121, Aug 5, 2019.

如此之高的失业率给南非社会带来了极大的困扰，比如年轻群体中居高不下的犯罪率所导致的社会治安环境的恶化以及由此引发出来的连锁负面影响和后果。

　　从图2-2数据观察可见，在取得的618个有效样本数据中，绝大多数的受访者至少拥有小学学历以上的教育背景。拥有中学或专科学历的员工人数占据着主体地位，其中男性员工占比约为76%，女性员工占比约为73%。拥有本科及以上学历的人数较少，其中男性比例略高，约为10%，而女性的比例约为7%。此外，从未接受过教育的员工人数也比较少，男性约为6%，女性约为5%。除此之外，从采集到的数据还可以看出，在本科及以上学历、中学或专科学历以及未接受教育这三个不同教育程度的考察范围内，男女的比例基本接近，但男性数量均高于女性。而在小学学历这个范围内，女性的比例要比男性高出约6.5个百分点。

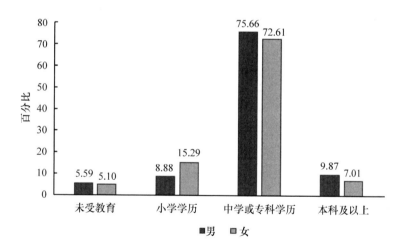

图2-2　按性别划分的员工受教育程度分布（N=618）

　　一方面，我们可以看出南非政府在提高全体国民受教育程度方面所做出的努力。但另一方面，或许还可以反映出南非男性和女性在享受教育资源的过程中依然存在的不太平等的事实。南非女性的数量要略高于男性，但数据表明，更多的女性在完成了小学阶段的教育后就停止了继续接受教育的进程，从而导致了后续教育阶段中男女比例的倒置。

南非分黑人、有色人①、白人和亚裔四大种族。黑人主要有祖鲁、科萨、斯威士、茨瓦纳、北索托、南索托、聪加、文达、恩德贝莱9个部族。白人主要为阿非利卡人（以荷兰裔为主，融合法国、德国移民形成的非洲白人民族）和英裔白人。有色人主要是白人同当地黑人所生的混血人种。亚裔主要是印度人（占绝大多数）和华人。②

祖鲁、科萨和阿非利卡人是南非主要的三大族群，但具体这三大族群各自的人数不是很容易找到确切的数据来予以确认。维基百科的数据显示，祖鲁族的人数介乎 10659309 人和 12559000 人之间，科萨族的人数是 8104752 人，而阿非利卡人的人数是 2710461 人。③ 但从数据采集的年份来看，这些数据已经明显过时了，在此仅做参考。

根据我们调研问卷采集到的 609 份有效数据，最终形成了根据性别划分的员工族群分布表（见表 2 - 13）。如果按照单一族群人数的占比来分析，祖鲁人以约 21.2% 的数据领先其他族群，其次则是科萨人和阿非利卡人。而这三个族群的员工总人数加起来占到了所有被调研员工总数的 42.2%，这也在一定程度上反映出，属于这三个族群的人在就业方面具有更大的竞争优势。另一个值得注意的就是，在属于这三个族群的员工中，男性员工数均高于女性员工数，而祖鲁人男女比例的差距最大，达到了约 7.4 个百分点。但是在其他族群的数

---

① 有色人。广义上，西方种族主义者将除白人以外的所有人种定义为有色人。狭义上，指南非的黑人与白人的混血。

② 外交部：《南非国家概况》（2019 年 4 月），2019 年 8 月 5 日，https：//www.fmprc.gov.cn/web/gjhdq_ 676201/gj_ 676203/fz_ 677316/1206_ 678284/1206x0_ 678286/。

③ 详情参见 2019 年 8 月 5 日，维基百科（https：//en.wikipedia.org/wiki/Zulu_ people#cite_ note-Joshua_ Project - 1，https：//en.wikipedia.org/wiki/Xhosa_ people，https：//en.wikipedia.org/wiki/Afrikaners#2011_ Census）。

据中，男性员工的人数反而少于女性员工的人数。这似乎也说明，在不占据竞争优势的族群中，女性在就业方面要比男性更具有竞争力。

表 2 - 13　　　　　　　　按性别划分的员工族群分布　　　　　　　（单位：%）

族群	男	女	总计
祖鲁人	24.92	17.53	21.18
科萨人	15.95	12.34	14.12
阿非利卡人	8.97	4.87	6.90
其他	50.17	65.26	57.80

注：$N = 609$。

在殖民者入侵之前，南非的原住民中已经出现了自己的原始宗教。在殖民者入侵后，更多的宗教教派开始传入南非。宗教在南非社会中呈现出多元化的特点，有着非常重要的地位。白人以及大多数的黑人和有色人信仰基督教（包括新教和天主教），而多数的亚裔信仰印度教（印度人占多数的原因）。除此之外，还有少部分人会信仰伊斯兰教、佛教或者犹太教。还有少部分的黑人则依然选择信仰本土的原始宗教。

从表 2 - 14 数据观察可见，在 604 名愿意表明其宗教信仰的受访员工中，信仰宗教的人占绝大多数，约为 90.2%，而不信仰任何宗教的人仅约占总数的 9.8%。其中，信仰天主教的人数占比最大，约为 27.7%，而且女性信徒的人数占比要高于男性信徒的人数占比。此外，选择其他宗教的人约占总数的 51.3%，而且同样是女性信徒的人数占比高于男性信徒的人数占比。

表 2 - 14　　　　　　　按性别划分的员工宗教信仰分布　　　　　　（单位：%）

宗教信仰	男	女	总计
新教	9.06	4.25	6.62
天主教	25.84	29.41	27.65

续表

宗教信仰	男	女	总计
伊斯兰教	3.36	2.29	2.81
印度教	2.35	1.31	1.82
其他	44.63	57.84	51.32
不信仰任何宗教	14.77	4.90	9.77

注：$N=604$。

　　这里需要着重说明的一点是，表2-14中信仰新教的人数占比仅约为6.6%，这个比例其实是严重偏低的。在分析原因时我们认为，主要是因为员工对于题目选项的理解产生了偏差。在问卷中，我们列出的第一个选项是新教（Protestant），第二个选项是天主教（Catholicism），这是南非现有的基督教三个重要分支中的两个（还有一个是东正教）。而且前期文献研究的结果表明，南非信仰新教的人数要多于信仰天主教的人数。在我们进行现场问卷调研时，很多员工向我们表明自己是基督教徒，但是在选择时却直接跳过了第一、第二个选项，然后选择了"其他"选项，并在后面备注了 Christian（基督教徒）一词。这一情况表明，可能他们知道自己是基督教徒，但却并不十分清楚基督教的派别之分，以致出现了误选的情况。就好比在中国的宗教界，大家常说某个人是基督徒，却极少说这个人是新教徒，但实际情况是，中国的基督徒信仰的基本上都属于基督教的新教。

　　在有关员工个人婚姻状况调查的选题中，我们共设置了六个选项，分别为单身/未婚、结婚、同居、丧偶、结婚但分居以及离婚。其中，"同居"指男女双方居住在一起，但没有领取结婚证，也没有事实婚姻。"丧偶"指配偶一方已经去世，另一方没有再婚。"结婚但分居"是指男女双方已婚，但长期（5年以上）没有居住在一起，而尚未办理离婚手续。"离婚"指曾经结过婚，离婚后没有再婚，目前处于没有配偶的状态。

　　从图2-3数据观察可见，在624名受访员工中，绝大多数处于比较明确的婚姻状态，即单身/未婚或者结婚，比例约为92.6%。其中，处于单身/未婚状态的比例较高，达到约 64.3%，且女性员工的比例高出男性员工约 8.1 个百分点。而处于已婚状态的男性员工比例要比女性员工高出约 9.8 个百分点。其他婚姻状态的比例较低。

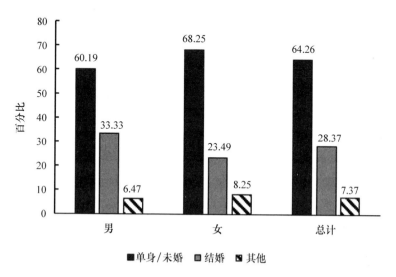

图 2-3　按性别划分的员工婚姻状况分布（N = 624）

南非统计局 2019 年 2 月 28 日发布的 2017 年度《结婚和离婚》报告显示，与 2016 年的数据相比，民事婚姻和传统婚姻的登记数量分别下降了 2.9% 和 34.9%。民事婚姻中，首次结婚的新郎和新娘的平均年龄分别为 34 岁和 31 岁。传统婚姻中，首次结婚的新郎的平均年龄从 2016 年的 33 岁增加到 2017 年的 35 岁，而新娘则从 27 岁增加到 29 岁。①

本节图 2-1 数据显示，35 岁以下员工构成了企业员工的主力军，其中男性占比约为 71.2%，女性约为 66.5%。结合图 2-1、图 2-3 以及南非统计局所公布的上述报告进行分析，就不难推断出，在构成

---

① Stats SA, *Key findings*：*P0307-Marriages and Divorces*，2017，Feb 28，2019，http：//www. statssa. gov. za/? page_ id = 1856&PPN = P0307&SCH = 7650，Aug 6，2019.

劳动力主体的 35 岁以下年轻人群体中大多数人处于单身/未婚状态这一结论。

世界银行数据显示，2018 年南非人口中农村人口的比例约为33.6%。相应地，城市人口比例则约为 66.4%。相较于 1994 年的数据，农村人口比例下降了约 12.4%。①

从图 2-4 数据观察可见，在为我们提供该项数据的 623 名受访员工中，超过半数的员工来自农村地区，其中男性员工占比约为52.3%，女性员工占比约为 50.8%，但农村和城市之间的差距并不十分明显。

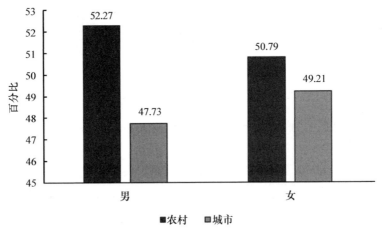

图 2-4 按性别划分的员工出生地分布（N = 623）

随着南非城市化进程的不断推进，越来越多的农村人口进入城市。结合此次调研与世界银行的数据可以分析得出，虽然有接近三分之二的南非人口居住在城市，但是在企业雇用员工的实际操作过程中，农村和城市人口的被雇用比例基本相当。这也就意味着，有相当

---

① World Bank, *Rural population (% of total population)*, https://data. worldbank. org/indicator/SP. RUR. TOTL. ZS? end = 2018&locations = ZA&start = 1994&type = points& view = chart, Aug 6, 2019.

一部分的城市人口并没有被雇用。有数据表明，南非 2019 年第二季度的失业率为 29%[①]，而 35 岁以下年轻人的失业率更是达到惊人的 53%。[②] 如何解决大量城市人口的失业问题，成为南非拉马福萨政府面临的严峻挑战。

　　从图 2－5 数据观察可见，在各个年龄段的受访员工中，其他族群合计 57.8% 的受聘比例是最高的，而且在各个年龄段的受聘比例均超过了 50%，其中 36 岁及以上年龄段的受聘比例则是三个年龄段受聘比例中最高的，达到约 61.8%。但是我们知道，南非族群构成复杂，除了选项中列出的三个主要族群外，还有许多其他族群的存在。所以，平均后的数据应该不会高于三个主要族群的数据。

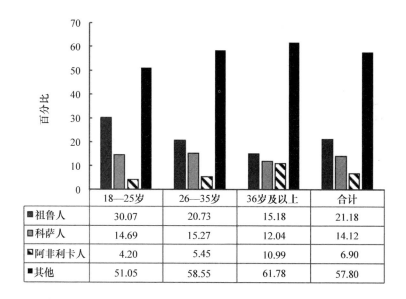

百分比	18—25岁	26—35岁	36岁及以上	合计
■祖鲁人	30.07	20.73	15.18	21.18
▨科萨人	14.69	15.27	12.04	14.12
▨阿非利卡人	4.20	5.45	10.99	6.90
■其他	51.05	58.55	61.78	57.80

图 2－5　按年龄段分布的受访者族群差异（N ＝609）

① 荆晶：《南非今年第二季度失业率达 29%》（2019 年 7 月 31 日），2019 年 8 月 6 日，新华网（http：//www. xinhuanet. com/world/2019－07/31/c_ 1124817878. htm）。

② 蔡淳：《年轻人失业率达 53%　发展经济是南非新政府当务之急》（2019 年 5 月 30 日），2019 年 8 月 6 日，中国经济网（http：//intl. ce. cn/sjjj/qy/201905/30/t20190530_ 32218331. shtml）。

从单一族群的角度观察，祖鲁人是受聘比例最高的，合计比例达到约 21.2%。此外，从各个年龄段的受聘比例中可以看到，祖鲁人的受聘比例依然高于另外两个族群，其中 18—25 岁年龄段的比例最高，达到约 30.1%。但是，随着年龄的增长，祖鲁人的受聘比例呈现出下降的趋势，特别是到了 36 岁及以上年龄段，受聘比例几乎降到了 18—25 岁年龄段数据的一半左右。而与之相反的是，阿非利卡人的受聘比例会随着年龄的增长呈现出上升的趋势，36 岁及以上年龄段的数据约为 18—25 岁年龄段数据的 2.6 倍。

从图 2-6 数据观察可见，在接受调研的企业员工中，管理人员与非管理人员的合计比例基本上接近于 1 : 4。管理人员的比例会随着员工年龄的增长而上升，而非管理人员的比例则会相应地随着年龄的增长而下降。在 18—25 岁年龄段，双方之间的差距最大，比例基本上接近于 1 : 6，而在 36 岁及以上这个年龄段，双方比例缩小至大约 1 : 3。这说明，随着年龄的增长，特别是随着部分员工工作经验和技能的增加，抑或随着自身受教育程度的提升等因素，他们获得了职位晋升的机会。而在我们实地调研的过程中，也确实存在着不少此类情况。

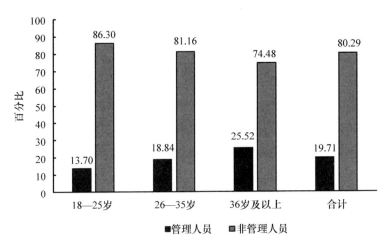

图 2-6 管理人员与非管理人员的年龄差异（$N = 614$）

从表2-15数据观察可见，受访员工中在企业工作时长为两年的人数是最多的，占比约为22.1%，其次则为一年和三年。而工作时长为五年或六年的人数最少，占比均为3.9%。

表2-15 在当前企业工作时长不同的员工的年龄差异 （单位：%）

	不足一年	一年	两年	三年	四年	五年	六年	六年以上
18—25岁	28.77	26.71	23.29	11.64	2.74	1.37	2.74	2.74
26—35岁	11.15	22.30	24.46	16.19	7.91	3.96	3.96	10.07
36岁及以上	7.29	10.94	17.71	13.54	11.46	5.73	4.69	28.65
总计	14.12	19.81	22.08	14.29	7.79	3.90	3.90	14.12

注：$N = 616$。

在工作时长为两年或两年以下的员工中，35岁以下的年轻人占多数。但随着在同一企业工作时长的增长，36岁及以上的人群开始占据多数，特别是为企业工作六年以上的员工群体中，这个年龄段的员工人数是最多的，占比达到约28.7%。

同时我们还注意到，所有数值中最大的是18—25岁为企业工作不足一年的年轻人的占比，约为28.8%。这说明，这个年龄段的员工是最不稳定的一个群体。除此之外，三年似乎是35岁以下的年轻人为同一家企业工作时长的分水岭。也就是说，会有更多的这个年龄段的年轻人在为同一家企业工作三年后选择另谋他职。从第四年到第六年是员工愿意继续留在企业工作的低潮期，能在这段时间内留在企业工作的人数占比非常低，特别是年龄在35岁以下的年轻人。

在我们调研走访的过程中，不少的企业管理者都会跟我们提到一点，那就是很难帮助自己的员工建立起对于企业的归属感，而归属感的缺失有可能就是很少有员工能够长期为同一家企业一直工作下去的众多原因中的一个。

从表 2-16 数据观察可见，不论是哪个时长段，男女员工的占比都非常接近，差距均在 3 个百分点以内。这说明，在选择为企业工作多长时间的问题上，性别并不是起关键作用的因素。

表 2-16 　　　　在当前企业工作时长不同的员工的性别差异 　　（单位：%）

	不足一年	一年	两年	三年	四年	五年	六年	六年以上
男	14.71	19.61	22.55	14.05	6.86	3.92	2.94	15.36
女	13.55	20.00	21.61	14.52	8.71	3.87	4.84	12.90
总计	14.12	19.81	22.08	14.29	7.79	3.90	3.90	14.12

注：$N=616$。

南非统计局 2019 年 5 月 28 日发布的《综合家庭调查》（2018）报告显示，15 岁及以下学生的入学率大约是 97.4%，而有大约 74.5% 的学生在 18 岁之前还留在学校学习，而 18 岁通常代表着学生中学 12 年级毕业的年龄。虽然完成 12 年级学业的学生比例一直在上升，但调查显示，19 岁至 22 岁的青少年在完成中学学业后选择继续接受教育的比例仍然相对较低。此外，没有受过任何教育的 20 岁及以上人口比例从 2002 年的 11.4% 下降到 2018 年的 4.5%，而同期拥有 12 级以上学历的人口比例则从 30.5% 上升到 45.2%。[1]

从表 2-17 数据观察可见，接受过中学或专科学历教育的人数占比是最大的，约占受访员工总数的 74.1%，这与南非统计局数据以及本节图 2-2（按性别划分的员工受教育程度分布）中标示的数据基本接近（男：75.7%；女：72.6%）。这或许可以在一定程度上说明，受教育与否以及受过何种程度的教育对于一个人能否有效获取工作机会有着比较重要的影响力。此外，接受过此类学历教育的人数在三个不同年龄段的人群中的占比都比较大，而 18—25 岁年龄段的占比是最大的，约为 79.6%。

---

① Stats SA, General Household Survey 2018, May 28, 2019, pp. Ⅷ-Ⅸ.

表 2 – 17　　　　　　　按年龄组划分的员工受教育程度分布　　　　（单位：%）

受教育程度	18—25 岁	26—35 岁	36 岁及以上	总计
未受教育	8.84	3.23	5.73	5.34
小学学历	9.52	7.89	20.31	12.14
中学或专科学历	79.59	78.49	63.54	74.11
本科及以上学历	2.04	10.39	10.42	8.41

注：$N = 618$。

　　未受教育、拥有小学学历或者拥有本科及以上学历的员工人数占比较少，但唯一稍显例外的是在 36 岁及以上年龄段的员工中，接受过小学教育的比例超过了 20%。另一个值得关注的点是，在是否拥有本科及以上学历背景这一方面，18—25 岁年龄段的表现却远不及 36 岁及以上年龄段，前者人数只占到了后者人数的 1/5 左右。

　　从表 2 – 18 数据观察可见，三个年龄段中农村员工数和城市员工数的占比数据都比较接近，而最大差距来自 26—35 岁年龄段，农村员工数比城市员工数高出约 6.4%。此外，在 18—25 岁年龄段，城市员工数略多于农村员工数，而在另外两个年龄段中，农村员工数则略多于城市员工数。此组数据同时可以告诉我们，在企业选择是否雇用某个员工的实际操作过程中，员工的出生地并不是一个关键的考量因素。

表 2 – 18　　　　　　　按年龄组划分的员工出生地分布　　　　（单位：%）

出生地	18—25 岁	26—35 岁	36 岁及以上
农村	48.65	53.21	51.28
城市	51.35	46.79	48.72

注：$N = 623$。

第 三 章

南非中资企业生产经营状况分析

本章将利用企业调研问卷中获取的相关数据对南非中资企业的生产经济状况进行综合性分析，具体将涉及企业运营的基本状况、生产与销售状况、融资状况三个方面的内容。

第一节　南非中资企业运营基本状况

在第二章第二节有关企业数据的描述中，我们关注了中资企业在南运营的总体情况并对之进行了综合性的描述。在本节中，我们将关注有关中资企业在南运营的一些基本状况并逐一展开描述。

从图 3 - 1 数据观察可见，在所有在南运营的中资企业中，由中国私人资本控股的公司占比是最高的，达到了约 62%。其次则是中国国有控股的企业，占比约为 24%。这也说明在南中资企业中，民营企业的数量要远高于国有企业的数量，民营资本已经成为中国资本走出去的主力军。

除此之外，在南中资企业中还存在中国集体控股、南非国有控股以及南非私人控股这三种类型，但占比较小，分别为 6.6%、3.8% 及 3.6%。

从表 3 - 1 数据观察可见，在南非注册超过五年的中资企业中，由中国股东一直控股的企业占比高达约 97.1%。同时，以前不控股

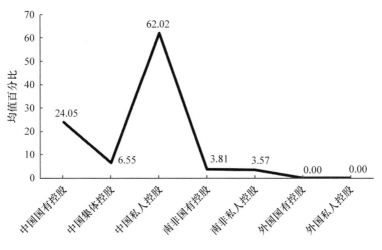

图 3-1　企业股权占比分布

但现在控股的企业占比约为 2.9%。此外，有约 63.6% 的企业中存在南非本地的股东但不拥有控股权，而根本没有南非股东的企业占比约为 36.4%。有约 27.3% 的企业中还同时存在其他国家的股东但同样不拥有控股权，而一直没有其他国家股东的企业占比则约为 72.7%。

表 3-1　　　　　　　　　　企业的股权变化状况　　　　　　　　（单位：%）

	中国股东股权变化				南非股东股权变化				其他国家股东股权变化			
	一直控股	以前控股	以前不控	一直不控	一直控股	以前控股	一直没有控股	一直没有南非股东	一直控股	以前控股	一直没有控股	一直没有其他国家股东
注册超过五年	97.14	0.00	2.86	0.00	0.00	0.00	63.64	36.36	0.00	0.00	27.27	72.73
注册低于五年	100.00	0.00	0.00	0.00	0.00	0.00	35.29	64.71	0.00	0.00	29.41	70.59

在南非注册低于五年的中资企业中，中国股东是 100% 地处于一直控股的状态中。其中，有约 35.3% 的企业存在南非本地的股东，

另有约29.4%的企业中存在其他国家的股东，但无论是南非本地的股东还是其他国家的股东都不拥有企业的控股权。

由此可见，无论注册时间长短，在南中资企业的控股权目前全部由中国股东掌控。相对于注册时间不超过五年的企业而言，注册时间超过五年的企业在吸纳和利用南非本地股东或者其他国家股东的资本方面表现得更为积极一些。当然，随着中国经济的迅速发展，中国股东手中的资本变得越发雄厚或许也是原因之一。

从表3-2数据观察可见，在中国有母公司的中资企业中，由中国股东一直控股的企业占比高达96%。同时，以前不控股但现在控股的企业占比约为4%。此外，有约41.2%的企业中存在南非本地的股东但不拥有控股权，而根本没有南非股东的企业占比约为58.8%。有约23.5%的企业中还同时存在其他国家的股东但同样不拥有控股权，而一直没有其他国家股东的企业占比则约为76.5%。

表3-2　　　　　　　　　　企业的股权变化状况　　　　　　（单位：%）

	中国股东股权变化				南非股东股权变化				其他国家股东股权变化			
	一直控股	以前控股	以前不控	一直不控	一直控股	以前控股	一直没有控股	一直没有南非股东	一直控股	以前控股	一直没有控股	一直没有其他国家股东
有中国母公司	96.00	0.00	4.00	0.00	0.00	0.00	41.18	58.82	0.00	0.00	23.53	76.47
无中国母公司	100.00	0.00	0.00	0.00	0.00	0.00	54.55	45.45	0.00	0.00	36.36	63.64

在中国没有母公司的中资企业中，中国股东是100%处于一直控股的状态中。其中有约54.6%的企业存在南非本地的股东，另有约36.4%的企业中存在其他国家的股东，但无论是南非本地的股东还是其他国家的股东都不拥有企业的控股权。

由此可见，无论企业是否拥有中国母公司，在南中资企业的控股权目前全部由中国股东掌控。相对于有中国母公司的企业而言，没有中国母公司的企业在吸纳和利用南非本地股东或者其他国家股东的资本方面表现得更为积极一些。

本书第二章中表2－3的数据显示了是否在经开区的中资企业占比，其中不在经开区、本国经开区和其他三个选项的占比分别约为82.9%、14.6%和2.4%。而表2－9的数据显示，有约59.5%的企业在中国有母公司的存在，而另外约40.5%的企业在中国没有母公司。进一步结合这两张表的数据就得出了表3－3中显示的交互数据。

表3－3　　　　　　　是否在经开区企业母公司类型交互数据　　　　　（单位：%）

	国有企业	股份合作	股份有限	私营企业
不在经开区	45.00	5.00	10.00	35.00
南非经开区	40.00	0.00	0.00	60.00

从表3－3数据观察可见，在所有拥有中国母公司的被调研企业中，不在经开区运营的企业以国企为主，占比达到45%。其次则是民企，占比为35%。其余的还包括股份合作和股份有限类型的企业，占比分别为5%和10%。而在经开区运营的企业则以民企为主，占比达到60%。其次则是国企，占比为40%。

从本书第二章中表2－8的数据可知，在我们调研的所有企业中，有72.5%的企业在投资南非前在商务部进行了有效的登记备案。

从图3－2数据观察可见，以五年为一个计算周期，中资企业在商务部备案的数量呈现出不规则的波浪形变化轨迹。2011—2015年是中资企业在商务部进行境外投资备案最多的一个时间周期，占比约为33.3%。也就是说，有1/3的被调研企业是在这个时间段内在商务部进行境外投资备案的。备案数量最少的是1995年以前和2001—2005年这两个周期，占比均约为4.2%。值得关注的是2016年以来这个周期，五年的时间已经过去大半，但备案企业的数量仅占比约16.7%，只及上一周期的一半。

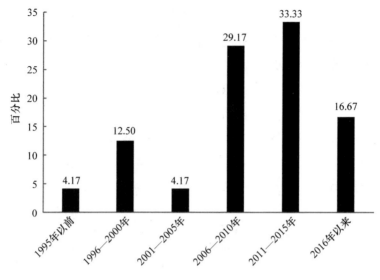

图 3 - 2　企业在中国商务部备案年份分布

第二节　南非中资企业生产经营状况

本节主要结合调研过程中所采集到的数据对在南中资企业的生产经营状况进行描述，涉及企业生产经营过程中的生产状况和销售渠道两个方面。

一　企业生产状况

从图 3 - 3 数据观察可见，每周平均营业时间在 30—40 小时的企业数量是最多的，在全部被调研企业中的占比约为 35.7%。时长在50 小时以下的企业占比约为 54.8%，这类企业多属于服务型或者生产任务并不繁重的工业型企业。此外，还有 23.8% 的企业营业时长超过了 70 小时。

南非政府于 1997 年 12 月 5 日颁布了第 75 号法案，即《基本雇佣条件法案》（Basic Conditions of Employment Act）。该法案第二章第

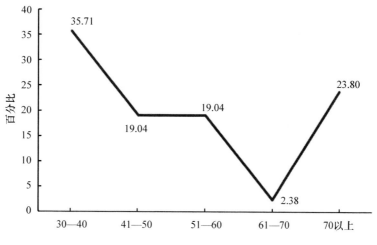

图 3 - 3　企业每周平均营业时间分布（单位：小时）

9 条规定，雇员每周工作时长不得超过 45 小时。如果雇员每周工作时间为 5 天或少于 5 天的，每天可工作 9 小时。如果雇员每周工作时间超过 5 天的，则每天工作时长不得超过 8 小时。在征得雇员同意的情况下，雇员每天的工作时间可以延长 15 分钟，以便继续为公众提供服务。但这些时间每周加起来不能超过 1 个小时。[①] 在我们调研走访的过程中也了解到，南非对于雇员的工作时长有明确且严格的法律规定，而企业则必须遵守这些规则。超过法定工作时间的工作要事先约定好，而且通常情况下，要支付相当于正常工资 1.5 倍的加班工资。

企业会根据自身运营的特性和需求对每周的运营时间做出安排，而时间在 50 小时以上的企业基本属于工业类型的企业，比如采矿、制造、建筑等。但每周平均运营时长在 50 小时甚至 70 小时以上并不代表为企业工作的雇员是同一批人，轮班制就是最常见的工作模式，而且一旦出现加班的情况，加班工资是必须支付的。

表 3 - 4 呈现的是受访企业产品（包括工业和服务业产品）的主

① Republic of South Africa, Basic Conditions of Employment Act, 1997, Cape Town: Office of the President, Dec 5, 1997, p. 14.

要销售市场状况，主要运用了包括企业的注册时长、运营场所、投资备案及加入商会与否在内的四个评判指标。

表 3 - 4　　　　　　　　　企业产品的主要销售市场状况①　　　　　（单位：%）

	本地	南非国内	中国	国际
注册超过五年	34.29	51.43	5.71	8.57
注册低于五年	42.86	57.14	0.00	0.00
不在经开区	35.29	50.00	5.88	8.82
南非经开区	50.00	50.00	0.00	0.00
其他	0.00	100.00	0.00	0.00
商务部境外投资备案	37.93	44.83	6.90	10.34
未在商务部境外投资备案	27.27	72.73	0.00	0.00
加入南非的中国商会	44.44	48.15	0.00	7.41
未加入南非的中国商会	16.67	58.33	16.67	8.33

从注册时长的维度观察可见，在南非注册超过五年的企业，其产品的销售市场分布更广，但其中约85.7%的产品面向的是南非国内的消费市场，这其中又有约34.3%的产品被企业所在地的市场消化，余下的约51.4%的产品被整个南非市场所消化。真正走出南非的产品占比只有约14.3%，其中销往中国的占比约为5.7%，其余的则销往其他国家和地区。而注册时长在五年以下的企业，其产品的销售市场全部集中于南非国内，其中有更多的产品（占比约57.1%）面向的是整个南非的消费市场。

从运营场所（是否在经开区）的维度观察可见，不在经开区的企业的产品销售市场分布更广，但其中约85.3%的产品面向的是南非国内的消费市场，这其中又有约35.3%的产品被企业所在地的市场

---

① 本地指产品主要是卖到企业所在的同一城市或地区当中；南非国内指产品主要卖到企业所在国家但在其他的城市中；中国指产品主要卖到中国；国际指产品主要卖到除南非、中国之外的其他国家或地区市场。

消化，余下的 50% 的产品被整个南非市场所消化。真正走出南非的产品占比只有 14.7%，其中销往中国的占比约为 5.9%，其余的则销往其他国家和地区。而在南非经开区运营的企业，其产品的销售市场全部集中于南非国内，其中本地市场和南非国内市场所消化的产品比例持平，均为 50%。

　　从进行境外投资前是否在商务部备案的维度观察可见，备案过的企业的产品销售市场分布更广。其中，约 82.8% 的产品面向的是南非国内的消费市场，这其中又有约 37.9% 的产品被企业所在地的市场消化，余下约 44.8% 的产品被整个南非市场所消化。此外，有约 17.2% 的产品被销往南非境外，这其中就包括了 6.9% 的销往中国的产品。而没有经过备案的企业，其产品的销售市场全部集中于南非国内，其中大多数的产品（占比约 72.7%）面向的是整个南非的消费市场。

　　从是否加入南非中国商会的维度观察可见，没有加入商会的企业的产品销售市场分布更广。其中，75% 的产品面向的是南非国内的消费市场，这其中又有约 16.7% 的产品被企业所在地的市场消化，余下约 58.3% 的产品被整个南非市场所消化。此外，25% 的产品被销往南非境外，这其中就包括了约 16.7% 的销往中国的产品。

　　从上述观察结果可以发现，注册时间越长的企业，在其产品销售市场的开拓上就会表现得越优秀。虽然南非设立经开区的目的是为了吸引更多的国内外投资以及增加有附加值的产品出口，但是，从调研反馈的数据来看，在经开区运营的中资企业在投资这一方面表现良好，但在开拓南非境外市场这一方面的表现仍需努力。在南非投资前是否经过商务部的备案对于企业产品的销售市场会产生较大的影响。相比较而言，备案后的企业更容易得到市场和客户的认可，从而获取更广的销售渠道和更多的销售份额。本书第二章表 2-5 的数据显示，大多数的在南中资企业加入了南非中国商会，占比约为 69.2%，但未加入南非中国商会的企业反而在开拓产品销售市场方面表现得更为优异，这一结果有点出乎我们的意料。此外，这些企业生产的产品中有 25% 销往了南非境外，其中包括了销往中国的约 16.7% 的产品，这两项数据均为同项数值中的最高值。当然，这个比值只是表明了这些企业出口到南非境外的产品在其所有产品中的占比，并不等同于这些产品在所有中资企业出口到南非境外的产品总和中的比值。

从表 3-5 数据观察可见中资企业主营产品的市场份额分布情况。从本地市场的角度观察可见，有超过 70% 的企业的主营产品市场份额没有超过 10%，另有约 7.1% 的企业的主营产品在本地市场占据着主导地位。从南非国内市场的角度观察可见，主营产品市场占有率在 10% 以下的企业仍属多数，占比约为 63.6%。剩下的企业主营产品则零星分布于其他的市场份额区间内。其中，市场份额在 21%—30%、51%—70% 及 71%—100% 这三个区间内的企业占比均低于 5%。这说明，中资企业所生产的主营产品在南非国内（包括本地）市场上的占有率并不高。

表 3-5　　　　　　企业主营产品的市场份额分布　　　　（单位：%）

	小于1	1—10	11—20	21—30	31—50	51—70	71—100
本地	21.43	50.00	7.14	7.14	7.14	0.00	7.14
南非国内	40.91	22.73	13.64	4.55	9.09	4.55	4.55
中国	100.00	0.00	0.00	0.00	0.00	0.00	0.00
国际	33.33	33.33	0.00	0.00	33.33	0.00	0.00

同时，从中国市场的角度观察可见，在南中资企业的主营产品卖回中国的并不多，而且其市场占有率不足 1%。从国际市场的角度观察可见，主营产品市场占有率在 10% 以下的企业占比约为 66.7%，另有约 33.3% 的企业主营产品能占到 31%—50% 的国际市场份额。

由此可见，中资企业的主营产品份额主要集中在本地和南非国内市场，且市场占有率普遍偏低，只有极少数的一些企业产品可以实现较高的市场占有率。根据我们实地调研走访所了解到的情况来看，在国际市场上，在南中资企业的出口产品市场占有率偏低，辐射面偏窄，主要集中在南非周边的一些南部非洲国家。当然，也有极少数一些企业可以将企业的产品和服务拓展得更远，比如海信和华为。

表3－6呈现的是受访企业在南非的定价方式分布状况，主要运用了包括企业的注册时长、运营场所、投资备案及加入商会与否在内的四个评判指标。

表3－6	企业在南非的定价方式分布			（单位：%）
	接受市场	成本加成	根据进口	政府定价
注册超过五年	74.29	14.29	2.86	2.86
注册低于五年	85.71	14.29	0.00	0.00
不在经开区	79.41	11.76	0.00	2.94
南非经开区	66.67	16.67	16.67	0.00
其他	0.00	100.00	0.00	0.00
商务部境外投资备案	82.76	6.90	3.45	3.45
未在商务部境外投资备案	63.64	27.27	0.00	0.00
加入南非的中国商会	74.07	14.81	3.70	3.70
未加入南非的中国商会	91.67	8.33	0.00	0.00

从注册时长的维度观察可见，在南非注册超过五年的企业中，四种定价方式均有企业予以采用。其中，市场定价方式是最为普遍的，占比约为74.2%。而在南非注册低于五年的企业中，市场定价的方式更为普遍，占比约为85.7%。

从运营场所（是否在经开区）的维度观察可见，不在经开区运营的企业更偏向于采用市场定价的方式，占比达到约79.4%。在经开区运营的企业也以采用市场定价的方式为主，占比略低，约为66.7%。

从进行境外投资前是否在商务部备案的维度观察可见，约82.8%的已备案企业采取了市场定价的方式，而约63.4%的未备案企业也有同样的选择。

从是否加入南非中国商会的维度观察可见，绝大多数未加入南非中国商会的企业选择了市场定价的方式，占比约为91.7%。而在加入了南非中国商会的企业中，采用此种方式定价的企业占比也高达约74.1%。

综合上述数据分析及我们实地调研走访的情况可以发现，在南中资企业在给产品定价的过程中往往会主动遵循市场规律和规则，将市场供求关系的变化作为定价最主要的参考指标。此外，也有不少的企业采取了多样化的定价方式，比如成本加成、根据进口商品定价、政府定价等，这可以反映出企业在定价决策过程中的灵活性，而企业的注册时长、备案与否和是否加入商会都会对定价的灵活性产生影响。在南非注册和运营的时间越长，企业对于南非市场的适应度和熟悉度就会越高，定价的灵活性也就会越大；已备案企业可能会在形象、品牌、信用及客户认可度等方面占据一定的优势，因而拥有更灵活的定价选择；加入南非中国商会的企业可以共享商会资源从而得以更快地获取更多更好的商业资讯，在一定程度上也提高了企业在产品定价上的灵活度。

表3-7同样运用了包括企业的注册时长、运营场所、投资备案及加入商会与否在内的四个评判指标来呈现受访企业产品出口类型的分布情况。受访企业则分为原始设备制造商（Original Equipment Manufacturer，OEM）、原始设计制造商（Original Design Manufacturer，ODM）和原始品牌制造商（Original Brand Manufacturer，OBM）三类。根据企业调研问卷的解释，原始设备制造商是指企业根据买主提出的要求进行加工，然后贴上买主的品牌出口；原始设计制造商是指企业根据买主提出的要求，企业自行设计产品并加工，然后贴上买主品牌出口；原始品牌制造商是指企业的母企业或企业自己提出要求，自行设计产品并加工，然后贴上自有品牌出口。

表3-7　　　　　　　　　企业产品出口类型分布　　　　　（单位：%）

	原始设备制造商	原始设计制造商	原始品牌制造商
注册超过五年	30.77	15.38	53.85
注册低于五年	0.00	0.00	100.00

续表

	原始设备制造商	原始设计制造商	原始品牌制造商
不在经开区	23.08	7.69	69.23
南非经开区	50.00	0.00	50.00
其他	0.00	100.00	0.00
商务部境外投资备案	30.77	7.69	61.54
未在商务部境外投资备案	0.00	50.00	50.00
加入南非的中国商会	40.00	20.00	40.00
未加入南非的中国商会	0.00	0.00	100.00

综合表 3－4 和表 3－5 的数据观察可见，在南中资企业的出口产品无论是数量还是市场占有率都非常有限。但这并不妨碍我们对企业的出口产品做进一步分析。

从注册时长的维度观察可见，在南非注册超过五年的企业所出口的产品中，半数以上（约 53.9%）由原始品牌制造商所生产。另有超过三成（约 30.8%）的产品则由原始设备制造商生产。而注册时间低于五年的企业所出口的产品全部由原始品牌制造商生产。

从运营场所（是否在经开区）的维度观察可见，不在经开区运营的企业所出口的产品中接近七成（约 69.2%）由原始品牌制造商生产。而在经开区运营的企业中，由原始设备制造商和原始品牌制造商所生产的出口产品数量的占比各为 50%。

从进行境外投资前是否在商务部备案的维度观察可见，已备案企业的出口产品中超过六成（约 61.5%）来自原始品牌制造商，另有超过三成（约 30.8%）产品来自原始设备制造商。而未备案企业的出口产品中由原始设计制造商和原始品牌制造商所生产的产品数量占比各为 50%。

从是否加入南非中国商会的维度观察可见，未加入商会的企业所出口的产品全部由原始品牌制造商生产。而在已加入商会的企业中，原始设备制造商和原始品牌制造商所贡献的出口产品比值均为四成，原始设计制造商的产品比值为两成。

综合上述数据观察可见，在南非中资企业所生产的全部出口产品中，原始品牌制造商的贡献是最大的，其次为原始设备制造商，占比最少的是原始设计制造商。这也可以说明，大多数出口产品的品牌为南非中资企业所拥有，特别是那些在南非注册时间低于五年的企业。同时，我们还可以感受到，随着中国经济的迅猛发展，改革开放初期以原始设备制造商为主的生产模式也已经渐渐地发生了变化，越来越多的企业开始以原始品牌制造商的身份出现在世界舞台上。但是在中国企业和资本进军海外市场的过程中，原始设备制造商的身份依然有其存在的意义和价值。

从表3-8数据观察可见，在南中资企业所感受到的压力主要来自南非的同行竞争。其中，有超过八成（约82.4%）的工业企业认为南非同行竞争的压力要高于外资同行所带来的竞争压力，而有接近八成（约77.8%）的服务型企业有此同感。由此看来，在南中资企业与南非本土企业之间在经营的领域和范围上有更多的重合之处，并因此带来了更多的同行竞争行为以及更加强烈的竞争压力。反观外资同行，给中资企业造成的竞争压力就要小得多。一方面，可能是因为目前在南中资企业和外资企业之间在经营的领域和范围上重合度较低；另一方面，也有可能是因为在重合的领域和范围内，更多的中资企业具有更强的竞争力，以致企业对竞争压力的感觉没有那么强烈。当然，竞争本就是市场的法则之一。在合法依规开展企业经营活动的前提下，不断提升企业自身产品和服务的核心竞争力才是解决竞争压力的正道。

表3-8　　　　　　　　不同行业类别竞争压力的主要来源　　　　（单位：%）

	南非同行	外资同行
工业	82.35	17.65
服务业	77.78	22.22

表3-9呈现的是受访企业在近五年来所面临的行业竞争的变化

情况。我们将采用企业所属行业、是否备案和是否加入商会这三个评判指标来予以解读。

表 3 - 9　　　　　　　近五年来企业的竞争状况变化情况　　　　（单位：%）

	更好经营	没有变化	竞争更激烈
工业	21.43	25.00	53.57
服务业	7.14	14.29	78.57
商务部境外投资备案	20.69	17.24	62.07
未在商务部境外投资备案	9.09	36.36	54.55
加入南非的中国商会	22.22	29.63	48.15
未加入南非的中国商会	8.33	0.00	91.67

从企业所属行业的维度观察可见，超过五成（约53.6%）的工业类企业认为近五年来的行业竞争变得更加激烈了。当然，也有企业表示，近五年来的境况是更好经营或者没有变化，二者占比分别约为21.4%和25.0%。对于服务类的企业而言，其境况似乎没有工业类企业那么好。有接近八成（约78.6%）的企业表示竞争变得更加激烈，而表示更好经营或者没有变化的企业数量占比仅约两成（约21.4%）。

从企业境外投资前是否在商务部备案的维度观察可见，有超过六成（约62.1%）的已备案企业表示竞争变得更加激烈，而大约五成半（约54.6%）的未备案企业则表示有此同感。此外，有两成（约20.7%）的已备案企业选择了更好经营这一选项，但只有近一成（约9.1%）的未备案企业做出了同样的选择。

从企业是否加入南非中国商会的维度观察可见，接近一半（约48.1%）的已加入商会的企业认为竞争变得更加激烈了。此外，也有企业选择了更好经营或者没有变化这两个选项，在已加入商会企业中的占比分别约为22.2%和29.6%。但是，在未加入商会的企业中，有约91.7%的企业选择了竞争更激烈，剩下的约8.3%的企业则选择了更好经营。

　　综合上述数据观察可见，近五年来南非国内的行业竞争总体环境变得更加激烈。南非是非洲的第二大经济体，也是非洲最发达的国家之一，但南非的整体经济发展水平仍有巨大的提升空间。为了推动南非经济发展，南非政府一直在努力地推动本国的开放水平以吸引更多的外部投资。建交 21 年来，中南之间的合作呈现出跨越式的发展态势。中国已连续十年成为南非最大的贸易伙伴，而南非也已连续九年成为中国在非洲的第一大贸易伙伴。越来越多的中国企业和中国资本走入南非，在这片充满希望的土地上落地生根。但与此同时，大量企业和资本的进入在一定程度上也增加了同行业企业之间的竞争，这是再正常不过的事情。当然，中资企业感受到了更多来自南非同行的竞争压力，也可以从另一个角度来理解，那就是南非本土企业的竞争力在外来企业和资本的作用下不断地得到提升，或许对于南非来说，这也是其愿意看到的局面。

　　表 3-10 呈现的是近五年来南非中资企业竞争方式的变化情况。我们将继续采用企业所属行业、是否备案和是否加入商会这三个评判指标来予以解读。

表 3-10　　　　　　　　　　　近五年来企业的竞争方式变化情况　　　　　　　　　　（单位：%）

	没有变	价格竞争更激烈	质量竞争更激烈	广告战更激烈
工业	35.71	32.14	25.00	0.00
服务业	7.69	15.38	61.54	7.69
商务部境外投资备案	25.00	25.00	46.43	0.00
未在商务部境外投资备案	36.36	27.27	9.09	9.09
加入南非的中国商会	34.62	15.38	42.31	0.00
未加入南非的中国商会	8.33	50.00	25.00	8.33

　　从企业所属行业的维度观察可见，工业类企业中有约 35.7% 的企业认为近五年来的竞争方式没有发生变化，但同样也有约 32.1% 的

企业认为价格上的竞争变得更激烈了，另有 25% 的企业认为是质量的竞争变得更加激烈。在服务类企业中，认为质量竞争更激烈的占大多数，占比超过六成（约 61.5%）。

从企业境外投资前是否在商务部备案的维度观察可见，更多的已备案企业选择了质量竞争更激烈的选项，占比约为 46.4%。而选择没有变和价格竞争更激烈的企业各占 25%。对于未备案的企业而言，竞争方式没有发生变化是它们最大的感受，这部分企业的占比约为 36.4%。但另有约 27.3% 的企业认为，价格竞争变得更加激烈了。

从企业是否加入南非中国商会的维度观察可见，有约 42.3% 的已加入商会企业认为质量竞争变得更加激烈，但另有约 34.6% 的企业则认为竞争方式没有变化。对于未加入商会的企业而言，有一半的企业认为价格竞争变得更加激烈，而另外 1/4 的企业则认为质量竞争更激烈了。

综合上述数据观察可见，在南非中资企业因受自身所属行业、经营性质、运营方式、企业规模等不同因素的影响，对于竞争方式变化的感知也呈现出较大的差异性。

总体而言，更多工业类企业或者未经商务部备案的企业认为近五年来的竞争方式没有发生什么变化。更多的服务类企业、经商务部备案的企业或者加入了南非中国商会的企业认为质量竞争变得更加激烈了。而更多的未加入南非中国商会的企业则认为是价格竞争变得更为激烈。此外，认为广告战更激烈的企业数量不多，说明广告营销并不是同行企业之间竞争的主战场。

表 3-11 呈现的是不同行业类型的企业在产品生产、产品销售、技术开发、新增投资以及员工雇佣等不同运营环节中的自主程度。

表3-11　　　　　　　　　不同行业类型的企业自主程度　　　　　　（单位：%）

行业类型		0—19	20—39	40—49	50—59	60—69	70—79	80—89	90—99	100
产品生产	工业	0.00	7.41	0.00	7.41	11.11	0.00	7.41	7.41	59.26
	服务业	7.14	7.14	0.00	7.14	14.29	0.00	0.00	14.29	50.00

续表

行业类型		0—19	20—39	40—49	50—59	60—69	70—79	80—89	90—99	100
产品销售	工业	0.00	0.00	3.70	3.70	11.11	3.70	0.00	11.11	66.67
	服务业	0.00	7.14	0.00	0.00	0.00	7.14	7.14	14.29	64.29
技术开发	工业	11.11	3.70	0.00	7.41	0.00	0.00	7.41	3.70	66.67
	服务业	28.57	0.00	0.00	14.29	0.00	0.00	7.14	0.00	50.00
新增投资	工业	11.11	0.00	7.41	14.81	3.70	7.41	0.00	0.00	55.56
	服务业	14.29	7.14	0.00	14.29	7.14	0.00	0.00	0.00	57.14
员工雇佣	工业	3.70	0.00	3.70	7.41	0.00	3.70	7.41	11.11	62.96
	服务业	0.00	0.00	0.00	0.00	0.00	0.00	7.69	15.38	76.92

从产品生产的维度观察可见，工业类企业中有约59.3%的企业认为自己拥有完全的自主权，而服务类企业中有此观点的企业占比为50%。其他企业的自主程度则呈零散状态分布于余下的不同程度区间内。

从产品销售的维度观察可见，认为自己拥有完全自主权的工业类企业和服务类企业的占比均超过了六成且比值接近，分别为66.7%和64.3%。其他企业的自主程度则呈零散状态分布于余下的不同程度区间内。

从技术开发的维度观察可见，约66.7%的工业类企业认为自己拥有完全的自主权，而服务类企业在这方面的占比为50%。此外，有约28.6%的服务类企业认为自己在技术开发环节中拥有的自主权低于20%。

从新增投资的维度观察可见，认为自己拥有完全自主权的工业类企业和服务类企业的占比均超过了五成且比值接近，分别为55.6%和57.1%。其他企业的自主程度均低于80%，呈零散状态分布于余下的不同程度区间内。

从员工雇佣的维度观察可见，工业类企业中有约63%的企业认为自己拥有完全的自主权，而服务类企业中有此观点的企业占比更高，达到约76.9%。此外，所有服务类企业在员工雇佣环节中的自主程度均在80%以上。

　　综合上述数据观察可见，在这五个评测环节中，无论是工业类企业还是服务类企业，拥有完全自主权的企业数量均达到或者超过了受访企业总数的50%。这说明，半数以上的中资企业在南非的运营过程中拥有极大的自主决策权，而自主决策权为企业在市场经济的大环境下实现生产经营的多样性和灵活性提供了最基本的保障。根据我们在实地调研走访过程中所了解到的情况来看，拥有中国母公司的国企或民企是不太可能获得在南非的完全自主决策权的。为了适应南非国内乃至国际上不断变化的市场环境，它们通常可以得到母公司的授权，从而在生产运营的各个环节上拥有一定的自主决策权，以便对新情况做出最及时的反应。但是，一旦涉及企业整体的发展战略或事关重大的决策问题，它们就必须征求母公司的意见，进而得到母公司的认可和支持。对于独立运营的民营企业而言，它们的自主决策权基本上掌握在企业所有者或者最高层的管理者手中。从某种程度上而言，这些民企在生产经营的多样性和灵活性上要表现得更突出一些。

　　表3-12呈现的是企业的自主程度与是否经过商务部备案之间的关系，我们将产品生产、产品销售、技术开发、新增投资以及员工雇佣这五个运营环节作为测评标准。

表3-12　　　　　　商务部备案与否与企业自主程度关系　　　　　（单位：%）

		0—19	20—39	40—49	50—59	60—69	70—79	80—89	90—99	100
产品生产	是	3.45	10.34	0.00	10.34	10.34	0.00	6.90	10.34	48.28
	否	0.00	0.00	0.00	0.00	9.09	0.00	0.00	9.09	81.82
产品销售	是	0.00	3.45	3.45	3.45	6.90	6.90	3.45	13.79	58.62
	否	0.00	0.00	0.00	0.00	9.09	0.00	0.00	0.00	90.91
技术开发	是	20.69	0.00	0.00	13.79	0.00	0.00	10.34	3.45	51.72
	否	0.00	9.09	0.00	0.00	0.00	0.00	0.00	0.00	90.91
新增投资	是	17.24	3.45	6.90	17.24	6.90	6.90	0.00	0.00	41.38
	否	0.00	0.00	0.00	0.00	0.00	0.00	0.00	0.00	100.00
员工雇佣	是	3.57	0.00	3.57	7.14	0.00	3.57	10.71	17.86	53.57
	否	0.00	0.00	0.00	0.00	0.00	0.00	0.00	0.00	100.00

从企业在运营过程中是否拥有完全自主权的维度观察可见，在产品生产环节，有接近五成（约48.3%）的已备案企业认为自己有这一权利，而在未备案企业中持相同观点的企业占比超过了八成（约81.8%）；在产品销售环节，已备案企业中的占比接近六成（约58.6%），而未备案企业中这一占比超过了九成（约90.9%）；在技术开发环节，已备案企业中的占比超过五成（约51.7%），而未备案企业中这一占比再次超过了九成（约90.9%）；在新增投资环节，已备案企业中的占比超过四成（约41.4%），而未备案企业中这一占比则是100%；在员工雇佣环节，已备案企业中的占比超过五成（约53.6%），而未备案企业中这一占比再次达到100%。此外，在技术开发和新增投资这两个环节中，分别有约20.7%和17.2%的已备案企业认为自己的自主程度在20%以下。

综合上述数据观察可见，在中资企业出境投资前是否经过商务部备案与企业在境外运营过程中的自主程度之间在数据层面上呈现出比较大的关联性。在完全自主权方面，平均有五成（约50.7%）的已备案企业表示自己有这方面的权利，而在未备案企业中这一占比超过了九成（约92.7%），二者相差42个百分点。

当然，这项数据并不代表在商务部备案就限制了境外中资企业的经营自主权。根据国家关于境外投资的相关规定，凡是从中国出境的企业、个人和资本是必须经过国家相关部门的审核和批准的，否则便是违法行为。在表2-8中可以看到，经商务部备案的境外中资企业占比约为72.5%。在表2-9中可以看到，有约59.5%的中资企业有中国母公司。而根据我们在南非实地调研走访所了解到的情况来看，与境外中资企业经营自主权大小关系最密切的其实是这些企业在中国的母公司。与此相对应的是，那些没有母公司存在的企业往往拥有非常大的经营自主权。至于拥有完全自主权的未备案企业占比高达92.7%的情况也不难解释，因为这部分企业基本上属于当地华侨兴办的民营企业。所以，这些企业无须备案，同时也拥有非常大的经营自主权。此外，这些企业在运营的过程中倒是有不少的资本会以不同的方式流向中国。

表 3 – 13 呈现的是企业的自主程度与是否加入南非中国商会之间的关系，我们将产品生产、产品销售、技术开发、新增投资以及员工雇佣这五个运营环节作为测评标准。

表 3 – 13　　　　　加入南非中国商会与否与企业自主程度关系　　　　（单位：%）

		0—19	20—39	40—49	50—59	60—69	70—79	80—89	90—99	100
产品生产	是	3.70	7.41	0.00	11.11	11.11	0.00	7.41	14.81	44.44
	否	0.00	8.33	0.00	0.00	8.33	0.00	0.00	0.00	83.33
产品销售	是	0.00	3.70	0.00	3.70	7.41	7.41	3.70	14.81	59.26
	否	0.00	0.00	8.33	0.00	0.00	0.00	0.00	8.33	83.33
技术开发	是	22.22	3.70	0.00	11.11	0.00	0.00	7.41	3.70	51.85
	否	8.33	0.00	0.00	8.33	0.00	0.00	0.00	0.00	83.33
新增投资	是	14.81	3.70	3.70	14.81	7.41	7.41	0.00	0.00	48.15
	否	8.33	0.00	8.33	8.33	0.00	0.00	0.00	0.00	75.00
员工雇佣	是	3.85	0.00	3.85	7.69	0.00	3.85	11.54	15.38	53.85
	否	0.00	0.00	0.00	0.00	0.00	0.00	0.00	0.00	100.00

从企业在运营过程中是否拥有完全自主权的维度观察可见，在产品生产环节，有超过四成（约44.4%）的已加入商会企业认为自己有这一权利，而在未加入商会企业中持相同观点的企业占比超过了八成（约83.3%）；在产品销售环节，已加入商会企业中的占比接近六成（约59.3%），而未加入商会企业中这一占比同样超过了八成（约83.3%）；在技术开发环节，已加入商会企业中的占比超过五成（约51.9%），而未加入商会企业中这一占比再次超过了八成（约83.3%）；在新增投资环节，已加入商会企业中的占比接近五成（约48.2%），而未加入商会企业中这一占比则为七成半（75%）；在员工雇佣环节，已加入商会企业中的占比超过五成（约53.9%），而未加入商会企业中这一占比则达到100%。此外，在技术开发这个环节中，有超过两成（约22.2%）的已加入商会企业认为自己的自主程

度在 20% 以下。

综合上述数据观察可见，中资企业在南非运营过程中，加入中国商会与否与企业自主程度之间在数据层面上呈现出比较大的关联性。在完全自主权方面，平均有五成（约 51.5%）的已加入商会企业表示自己有这方面的权利，而在未加入商会企业中这一占比约为八成半（约 85%），二者相差 33.5 个百分点。

当然，这项数据并不能说明在南中资企业加入商会的行为对企业的经营自主权造成了重大的影响。从表 2-5 数据观察可见，在南非中资企业中有近七成（约 69.2%）的企业加入了商会。在我们实地调研走访的过程中了解到，加入商会与否与企业的自主权之间并没有直接的关联。虽然有少部分企业因为各自的原因并未加入商会组织，但对于已加入商会组织的企业而言，商会的价值和作用是值得肯定的。在企业实际生产运营的过程中，各种形式的商会组织能在一定程度上对企业的发展起到助力的作用。

表 3-14 呈现的是企业注册时长与近三年来企业是否有承接过南非国内建筑或电力项目之间的关联，考察维度包括公路、铁路、水电、火电、航运和其他。

表 3-14　　　　企业注册时长与承担南非各类项目情况　　　　（单位：%）

	注册超过五年		注册低于五年	
	是	否	是	否
建筑、电力	11.43	88.57	0.00	100.00
公路项目	25.00	75.00	0.00	0.00
铁路项目	25.00	75.00	0.00	0.00
水电项目	25.00	75.00	0.00	0.00
火电项目	50.00	50.00	0.00	0.00
航运项目	25.00	75.00	0.00	0.00
其他项目	50.00	50.00	0.00	0.00

从表 3-14 数据观察可见，近三年来，没有任何一家在南非注册

时间低于五年的企业承接过南非国内有关建筑和电力方面的工程项目。而在注册时长超过五年的企业中，也仅有约 11.4% 的企业有承接过类似的工程项目。

在这约一成的企业中，有四分之一（25%）的企业承接过公路项目，四分之一（25%）的企业承接过铁路项目，四分之一（25%）的企业承接过水电项目，五成（50%）的企业承接过火电项目，四分之一（25%）的企业承接过航运项目，还有五成（50%）的企业承接过其他的一些工程项目。

综合上述数据观察可见，目前在南中资企业中，能承接南非大型工程项目的企业数量并不多，而且都是在南非注册时长超过五年的企业。事实上，南非本身的基础设施建设能力相对于非洲的整体水平而言并不弱，但缺乏的是资金和更先进的技术。据南非每日商报（*Business Daily*）网站 2019 年 3 月 13 日报道，南非建筑公司 Group Five 在寻求破产保护后，已于 3 月 12 日在约堡证券交易所下市，该公司在 2007 年股票市值一度高达 82 亿兰特，但下市前跌至 1 亿兰特。Group Five 成为近一年内第 5 个寻求商业救助的本土建筑公司。受南非经济不景气、政府负债走高、基建支出走低等因素影响，南非建筑行业已步入下行周期。分析人士指出，南非本地建筑行业产能正在大幅削减，一旦行业步入上行周期，将不得不依赖国外建筑企业。[1]

南非政府对于外企和外资准入的门槛并不高。但到目前为止，南非境内能够承接大型工程项目的中国建筑类企业屈指可数，这似乎与中国目前享誉世界的基建能力不相匹配。根据我们在南非实地调研的情况来看，南非现行的《黑人经济振兴法案》（Black Economic Empowerment，BEE）或许是最大的阻碍之一。要想承接政府工程就必须拿到 BEE 法案所规定的一定等级的证书，而想要拿到这个证书并不

---

[1] 《南非建筑行业每况愈下》（2019 年 3 月 16 日），中华人民共和国驻南非共和国大使馆经济商务参赞处，2019 年 8 月 7 日，http://za.mofcom.gov.cn/article/g/201903/20190302843545.shtml。

是一件容易的事情，因为企业必须满足一系列的评级条件，比如黑人股东的股份占比，黑人在管理层中的占比，黑人在雇员中的占比，黑人妇女在雇员中的占比，等等。但是，对于国企性质的中国企业而言，要满足这样苛刻的要求太不容易。

拉马福萨总统上任后推出了大型的刺激计划以提振经济，基础设施也是计划中的重点发展领域。中国的资金不是问题，中国的技术更不是问题，但是如何让中国的资金和技术更快更好地与南非发展计划相融合，还有不少需要解决的实际问题和困难，需要中南双方做出更多的努力。

表 3 - 15 呈现的是企业运营时长与近三年来企业是否有承接过南非国内建筑或电力项目之间的关联，考察维度包括公路、铁路、水电、火电、航运和其他。

表 3 - 15 企业运营时长与承担南非各类项目情况 （单位：%）

	运营超过五年		运营低于五年	
	是	否	是	否
建筑、电力	10.34	89.66	7.69	92.31
公路项目	0.00	100.00	100.00	0.00
铁路项目	0.00	100.00	100.00	0.00
水电项目	0.00	100.00	100.00	0.00
火电项目	33.33	66.67	100.00	0.00
航运项目	0.00	100.00	100.00	0.00
其他项目	66.67	33.33	0.00	100.00

从表 3 - 15 数据观察可见，运营时长超过五年的企业中仅有一成（约 10.3%）的企业承接过南非国内的建筑或者电力领域内的项目，其中约三分之一的企业承接过火电项目，约三分之二的企业承接过其他类型的项目。相比之下，运营时长在五年以下且承接过南非国内建筑或电力项目的企业数量更少，占比仅约为 7.7%。但这极少数的企业却承接过公路、铁路、水电、火电或航运类项目。

　　前文有提到，为了促进经济发展，南非政府出台了许多鼓励外商投资的政策和措施。因此，中国的企业和资金进入南非并不是一件难事。但现实情况是，在政府工程领域，要想拿到合格的资质是个大问题。南非政府出于保护黑人利益的目的而设定众多限定条款的初衷是可以理解的，但却实质性地增加了外企或者外资深度融入南非发展进程的难度。

　　履约能力主要是指履行经济合同的实际能力，主要包括支付能力和生产能力两方面的内容。在政府与企业之间存在经济合同时，政府的履约能力往往是指其支付能力，而企业的履约能力则往往指其生产能力。

　　图3-4呈现的是在南中资企业对于南非政府履约程度的评价。从图中数据观察可见，约三分之二的受访企业对于南非政府的履约能力持肯定态度，而其中的半数企业认为南非政府的履约程度较好，能提前履行与企业之间的合约，另外的半数企业则认为南非政府在不用催促的情况下也能准时履行与企业之间的合约。此外，余下约三分之一的企业认为南非政府的履约能力一般，合约往往需要经过数次的催促后才能完成。

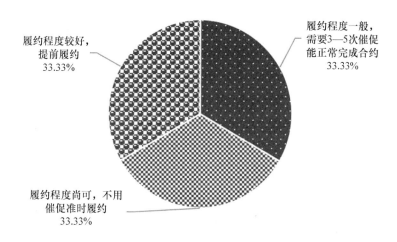

图3-4　南非政府履约程度

世界范围内似乎并没有专门的机构能就政府与企业合作过程中的履约能力予以评判，但对于一个国家的主权信用评级是存在的。被用于评判一个国家主权信用级别的标准不仅涉及面广，而且十分复杂。虽然将这个评级的结果用来评判我们现在讨论的这个主题似乎并不合适，但或许还是有一定参考价值的。

经济指标（Trading Economics）网站显示了世界三大主流评级机构①自 1994 年以来对南非主权信用的评级记录。最新数据显示，2019年7月6日，惠誉（Fitch）将南非的主权信用评定为 BB + 级，前景展望为负面；2018 年 3 月 23 日，穆迪（Moody's）对南非的评级为 Baa3 级，前景展望为稳定；2017 年 11 月 24 日，标普（S&P）对南非的评级为 BB 级，前景展望为稳定。②

按照惠誉的评级标准，BB + 级为投机级，说明该国政府信用程度较低，违约风险较大。而前景展望为负面则表示，情况有可能会进一步恶化；按照穆迪的评级标准，高于或等于 Baa3 为投资级，说明该国的债券有可投资性，级别越高可投资性越高；按照标普的评级标准，BB 级为投机级，同样表示该国政府信用程度较低，违约风险较大。由此看来，惠誉和标普对于南非主权信用的评级较低。但是穆迪保留了对其投资级的评价，对于南非稳定国内投资市场，增加投资者信心起到了一定的促进作用。

南非主权信用评级较低的原因是多方面的。近年来，南非经济发展持续低迷，政府债务和/或有负债高企，执政党内部风云动荡，官员腐败痼疾难除，贫富分化严重，失业率、犯罪率居高不下，等等，

---

① 世界三大主流评级机构即标准普尔（Standard & Poor's）、穆迪（Moody's）和惠誉（Fitch）。标准普尔创立于 1860 年，是世界权威金融分析机构，总部设于纽约；穆迪成立于 1900 年，是全球著名的债券评级机构，总部设于纽约；惠誉成立于 1913 年，业务范围包括金融机构、企业、国家、地方政府和结构融资评级，总部设于纽约和伦敦。如今，这三家公司都已进入中国并设立了独资经营的子公司。

② Trading Economics, *South Africa-Credit Rating*, https://tradingeconomics.com/south-africa/rating, Aug. 7, 2019.

这些都给南非的国际形象带来负面影响。但是新上任的南非总统拉马福萨已将提振经济、增加就业、减少贫困和扫除腐败当作新政府工作的重点努力方向，相关工作也已相继展开，这在一定程度上增加了世界对于南非发展前景的期望值。

虽然评级令人沮丧，但此次调研的结果却让我们看到了不一样的地方。那就是，所有的中资企业与南非政府之间的合约是可以完全履行的。虽然有少数的企业遇到了拖拉的现象，但大多数的企业与南非政府之间的合约都可以如期甚至提前完成，并因此对南非政府的履约能力持认可态度。这也从另一个角度说明了南非政府对于前来投资的外资企业的重视程度。

虽然评级令人沮丧，但在左支右绌的困难局面下努力保持良好的政府履约能力，对于提升投资者的信心乃至南非的国际形象都是有帮助的。

二　企业销售渠道

虽然企业的类型有别，所生产的产品或提供的服务各异，但将产品或者服务销售出去必定是企业的最终目的。销售产品或服务必然离不开销售渠道的开发和拓展。随着时代的脚步不断前行，销售渠道的种类也在不断发生着变化。在本节中，我们将对受访企业在销售渠道上的选择和投放电视广告的情况做出分析。

表3－16呈现的是企业对于互联网销售渠道和传统销售渠道的评价情况。同时，我们通过两个不同的维度进行观察，一个是企业所属的行业，另一个是企业在境外投资前是否经过商务部备案。

表3－16　　　　企业的互联网销售渠道和传统渠道比较　　（单位：%）

	互联网更高	传统渠道更高	差不多	不清楚
工业	0.00	75.00	25.00	0.00
服务业	11.11	66.67	11.11	11.11
在商务部备案	12.50	75.00	12.50	0.00
未在商务部备案	0.00	60.00	20.00	20.00

从行业的维度观察可见，无论是工业型企业还是服务型企业都更认可传统销售渠道为企业带来了更高的营业额，其中工业型企业中持有此观点的企业占比达到七成半（75%），而服务型企业中的这一占比超过六成半（约 66.7%）。

从是否在商务部备案的维度观察可见，七成半（75%）的已备案企业认为传统的销售渠道为企业带来了更高的销售额，而六成（60%）的未备案企业持有同样观点。

众所周知，传统营销指的是企业在市场中投入大量的人力、物力和财力建立起一级一级的销售渠道，从而达到满足现实或潜在顾客需要的一个综合性的经营销售过程。企业往往会通过代理商、经销商或者直营这三种传统的销售渠道来实现最终的销售目标。而互联网营销则是以互联网为基础，利用数字化的信息和网络媒体的交互性来实现营销目标的一种新型的市场营销方式。互联网销售可以算作互联网营销这个大集合中的一个子集。

传统营销是绝大部分企业选择的营销模式，也是最普遍的一种营销模式。但是，随着网络信息技术的突飞猛进和网络普及化程度的不断提升，通过网络来销售自己的产品或服务已成为企业不能忽视的一个重要渠道。互联网销售模式的出现从根本上减少了传统销售模式中一些固有的中间环节，从而拉近了企业与用户之间的距离，这与传统工业时代的销售模式是有很大区别的。

从 1994 年中国历史上第一次接入世界互联网以来，短短的 25 年时间里，中国已经成长为互联网大国。2019 年 2 月 28 日，中国互联网络信息中心（CNNIC）在京发布第 43 次《中国互联网络发展状况统计报告》。报告显示，截至 2018 年 12 月，我国网民规模达 8.29 亿人次，互联网普及率为 59.6%。我国手机网民规模达 8.17 亿人次，网民通过手机接入互联网的比例高达 98.6%。[①]

---

① 中国互联网络信息中心（CNNIC）：《中国互联网络发展状况统计报告》，2019 年 2 月，第 17 页。

2019 年 5 月 30 日，商务部电子商务和信息化司司长骞芳莉在 2019 年中国电子商务大会上正式发布《中国电子商务报告（2018）》。报告显示，2018 年，中国电子商务交易规模为 31.63 万亿元；其中网上零售额超过 9 万亿元，同比增长 23.9%，实物商品网上零售额超过 7 万亿元，占社会消费品零售总额的比重已达 18.4%；电子商务服务业营业收入规模达 3.52 万亿元；快递业务量超 507 亿件；电子商务相关就业人员达 4700 万人；继续保持世界最大网络零售市场地位。①

另据全球知名市场研究机构 eMarketer 于 2019 年 6 月 27 日在其网站上发布的一份报告预测，2019 年全球电子商务将增长 20.7%，达到 3.535 万亿美元。全球最大的电子商务市场将是中国，其电子商务销售额将达到 1.935 万亿美元，是美国的 3 倍多，后者以 5869.2 亿美元的销售额位居第二。中国占据了全球电子商务市场 54.7% 的份额，几乎是接下来五个国家总和的 2 倍。②

中国电子商务的迅猛发展可以被看作中国网络营销发展现状的一个最直观的反映。这要归功于中国政府在网络信息化建设上的高瞻远瞩、高度重视和大力支持，也得益于中国 14 亿人的庞大消费群体以及经济的快速发展所造就的世界上规模最大的中产阶级队伍。

南非是非洲综合实力最强的国家，也是非洲的第二大经济体。2018 年世界经济论坛《全球竞争力报告》中，南非排名第 67（美国排名第 1，中国排名第 28）。在宏观经济稳定、金融系统、基础设施、市场规模这些分项指标上，南非表现突出。在世界经济论坛网络就绪度指数（NRI）2016 年数据中，南非排名第 65。南非在政策环境、基础设施、信息技术在商务中的应用等几个方面，在中等以上收入水平组中高于组平均水平。在国际电信联盟（ITU）信息通信技术发展指数（IDI）2017 年数据中，南非全球排名第 92，在非洲地区排名第

---

① 骞芳莉:《中国电子商务报告（2018）》，中国商务出版社 2019 年版，第 1 页。

② Andrew Lipsman, *Global Ecommerce* 2019, eMarketer, Jun. 27, 2019, https: //www. emarketer. com/content/global-ecommerce-2019, Aug. 7, 2019.

3。南非电信和信息技术产业发展较快，电信发展水平列世界第20位。截至2019年初，南非移动网络普及率达到100%。南非计划2019年4G / LTE覆盖率提高到35%—53%，这相当于中国2016年的水平。2017年，南非的GSMA移动连接指数为59.9，在非洲地区仅次于毛里求斯，排名第2。①

由此看来，南非在网络的建设和发展方面并不像其他大多数的非洲国家那样不尽如人意，总体水平还是比较高的。但是从表3－16的数据看出，更多的在南中资企业认为传统销售渠道为企业带来了更高的营业收入。这种情况其实是由南非国内的整体经济环境、消费人群结构、消费习惯模式、企业提供的产品或服务类型等多方面的因素共同作用的结果。

对于许多企业而言，传统销售渠道已经建立起来并形成较为稳定的营收来源。抛弃传统营销渠道显然是不现实的选择，但是如何合理高效地利用当下网络的巨大优势，将网络营销纳入整个营销体系以扩展销售渠道则是企业在面对日趋激烈的竞争格局时必须思考的问题。虽然网络营销风生水起，但传统营销也有其自身不可替代的优势。二者各有千秋，孰优孰劣难以定论，必须因时因地制宜才能充分发挥各自的优势帮助企业实现利益的最大化。

表3－17呈现的是企业在销售产品或服务的过程中投放电视广告的情况。同时，我们通过两个不同的维度进行观察，一个是企业所属的行业，另一个是企业在境外投资前是否经过商务部备案。

表3－17　　　　　　　企业投放电视广告情况　　　　　　（单位：%）

	是	否
工业	0.00	0.00
服务业	28.57	71.43

① 《南非网络安全概览及投资指南》，《安全内参》2019年4月26日，2019年8月7日，https：//www.secrss.com/articles/10273。

续表

	是	否
在商务部备案	33.33	66.67
未在商务部备案	0.00	100.00

在我们的调研问卷设计中，工业型企业并未参与此项调查，所以呈现的数据均为0。在参与调研的服务型企业中，有超过七成（约71.3%）的企业没有选择投放电视广告。

从是否在商务部备案的维度观察可见，全部的未备案服务型企业都没有选择投放电视广告，而在已备案的服务型企业中，也仅有三分之一（约33.3%）的企业选择了投放电视广告。

从上述数据观察可见，在南中资企业中，仅有少部分的企业（工业型企业除外）会选择通过在电视上投放广告的方式宣传自己的产品或者服务。反过来也说明，在电视上投放广告并非企业对外宣传产品或服务的主要渠道。至于出现这一状况的原因，我们会结合图3-5进行分析。

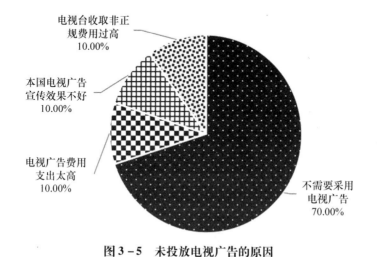

图3-5 未投放电视广告的原因

图3-5呈现的是企业不投放电视广告的不同原因。

从图 3 – 5 中数据观察可见，有七成（70%）的企业选择不投放电视广告的原因是因为它们认为没有这方面的需要。此外，还有另外三个选项被选择，分别是电视台收取非正规费用过高、本国电视广告宣传效果不好，以及电视广告费用支出太高。选择这三个原因的企业数量占比均为一成（10%）。

电视广告的历史不能算是悠久，毕竟它的诞生依托于电视机以及相关信息传播技术的出现和应用。但是，电视广告却是广告营销史上第一次将视觉形象和听觉感知结合在一起的广告形式。这种直观而生动地传递产品信息的方式具有极其丰富的表现力和感染力，并因此迅速风靡世界。自从 1979 年 1 月上海电视台播出新中国成立以来的第一条电视广告开始，中国的电视广告产业规模便迅速地壮大起来。动辄上亿元的黄金时段广告或者活动冠名广告早已不是什么新鲜事儿。虽然随着互联网广告的异军突起，传统电视广告的空间受到挤压，但相关数据显示，近年来，中国电视广告业的市场收入一直保持在千亿元人民币以上的规模。虽然南非的电视普及率及电视广告业的营收情况还无法跟中国相比，但在非洲已属领先水平。随着南非经济的继续发展以及数字化传播技术水平的不断提升，相信电视广告的覆盖面及影响力也会不断扩大。

但是，由图 3 – 5 数据观察可见，选择不需要的企业数量却是最多的，或者是因为企业因自身的特点而觉得真的不需要，抑或是企业已经建立起比在电视上投放广告更稳定、更有效的宣传渠道。当然，还有可能存在的原因就是另外三个选项中所呈现的。当然，企业选择什么样的渠道来宣传自己的产品或服务必然是由企业根据自己的特点和需要来决定的。

第三节　南非中资企业融资状况分析

企业融资是指企业从自身生产经营现状及资金运用情况出发，根据企业未来经营与发展策略的需要，通过一定的渠道和方式，利用内部积累或向企业的投资者及债权人筹集生产经营所需资金的一种经济活动。资金是企业体内的血液，是企业进行生产经营活动的必要条件，没有足够的资金，企业的生存和发展就没有保障。[①] 本节将结合调研问卷分析图表对在南中资企业在运营过程中的融资状况进行分析。

图 3－6 所呈现的是在南中资企业的融资来源分布情况。根据图中所示，在可供南非中资企业选择的融资渠道中，来自中国母公司的拨款是最主要的一个渠道，有约 36.6% 的企业选择了这一选项。根据本书第二章中表 2－9 的数据，在南中资企业中有近六成（约 59.5%）的企业有中国母公司。两相对比可以发现，并不是所有有中国母公司的在南中资企业都可以获得到母公司的拨款。根据我们实地调研走访的情况来看，这超过两成的企业多属于民营企业，虽然有中国母公司的存在但却往往有着比较大的经营自主权，在南非经营的过程中基本上可以做到在不动用母公司力量的情况下通过其他的渠道来解决融资的问题。

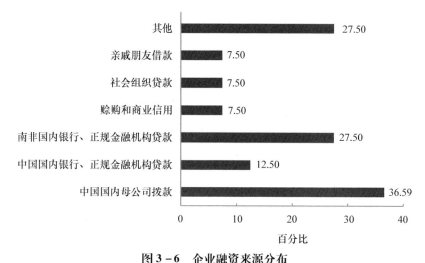

图 3－6　企业融资来源分布

① 《企业融资》，2019 年 8 月 9 日，百度百科（https：//baike. baidu. com/item/% E4% BC% 81% E4% B8% 9A% E8% 9E% 8D% E8% B5% 84/9970503？fr = aladdin）。

　　紧随母公司拨款这一融资渠道之后的是通过南非国内的银行或正规金融机构贷款这一渠道。在所有被调研企业中，有近三成（约27.5%）的企业通过此种方式来解决融资的问题。南非银行业发达，截至 2017 年 5 月，在南非注册的内资控股银行 10 家，外国银行分支机构 15 家，外国银行代表处 31 家，外资控股银行 6 家。南非银行业总资产达 29670 亿兰特，其中外资占有 47.5% 的股份。南非银行业主要由联合银行（Amalgamated Banks of South Africa，ABSA）、标准银行（Standard Bank）、第一国民银行（First National Bank）和莱利银行（Nedbank）4 家商业银行控制，分支机构遍布全国 9 个省，占南非私营银行总资产的 84.6%。此外，约有 3 万家小型贷款机构。[①]

　　截至 2018 年 5 月，南非储备银行基准利率维持在 6.5% 的水平，优惠贷款利率为 10%。外资企业与当地企业享受同等国民待遇。融资的基本条件包括：经济活动是否需要特许、许可或执照；公司注册证明；公司信用信息；其他确认公司合法经营的文件；项目可行性和风险评估；企业当前财政状况评估；融资必要性评估；贷款条件的确定等。[②]

　　此外，南非银行对于融资还有相关的一些限制条件。75% 以上的资本、资产属于非南非居民的公司，收入的 75% 要分配给非南非居民的公司；75% 以上的表决权、控制权，75% 以上的资本资产或收入由非南非居民支配或代表的公司，被视为"受影响公司"（Affected Company），这些公司在南非当地的借款数额要受到限制。上述借款的定义广泛，实际上包括各种借款和授信形式，如银行贷款、透支、信用和金融租赁等，但不包括货物和服务供应商提供的贸易信用。上述公司在南非的可借款数额，根据事先设定的计算公式得出。对外资全资公司，借款数额可以是公司有效资产的 100%。有效资产包括股本金、股票溢值、未分配利润、股东贷款（数额要与其股本相称）、

---

① 《对外投资合作国别（地区）指南——南非》，商务部，2018 年，第 37 页。

② 同上书，第 38 页。

延期支付的税金以及海外分公司或分支机构给予的最低贸易信用（被视为集团公司内部融资的那一部分）。①

发达的银行业再加上比较完善的各项相关法律法规做支撑，对于需要获取运营资金的中资企业而言，只要各方面的条件得以满足，这一融资渠道还是非常不错的选择，特别是对于那些本地化经营转型程度较高的企业而言。

此外，从图 3－6 中还可以看到，有超过一成（约 12.5％）的中资企业选择了中国国内银行或正规金融机构贷款的渠道解决融资问题。还有少量的企业会选择其他的渠道，比如亲戚朋友、社会组织或者赊购和商业信用等。

最后，从该图中还可以看到，有近三成（约 27.5％）的企业选择了其他这一选项。也就是说，除了上述提及的渠道外，还存在其他的一些融资途径，比如在南中资银行或者其他的一些金融机构贷款。

中国的银行业也已进入南非的金融领域。中国银行、中国建设银行分别设有约翰内斯堡分行。中国工商银行在开普敦，中国进出口银行、中非发展基金、中国出口信用保险公司在约翰内斯堡分别设有代表处，国家开发银行南部非洲大区组也设在约翰内斯堡。2008 年，中国工商银行收购非洲最大银行——南非标准银行 20％ 股权完成交割，成为该银行最大股东。② 中国银行业的国际化在推动人民币国际化，推动中国企业走出去等诸多方面起到了非常重要的作用。但目前在南非的中资银行主要负责的是人民币跨境结算业务，其他金融机构，比如中非发展基金，则侧重于非洲国家或地区项目的投资，针对中资企业的融资业务相对较少。但不可否认的是，随着中资银行和其他金融机构走出去的脚步不断加速，国际化程度不断加深，业务范围不断扩大，在助力中资企业发展方面会发挥越来越大的作用。

我们在实地调研走访的过程中了解到，对于一家需要融资的企业

---

① 《对外投资合作国别（地区）指南——南非》，商务部，2018 年，第 38 页。

② 同上书，第 37 页。

而言，通常会选择多样化的渠道组合来解决资金短缺的难题。虽然解决资金困境是最终目的，但不管是通过哪一种途径，合法合规是必须遵循的前提条件。

图 3-6 呈现了在南中资企业的融资渠道分布情况，其中就包括了通过中国国内或南非国内银行、正规金融机构、社会组织等进行贷款。但是，并不是每一家需要融资的中资企业都会选择贷款这一渠道来解决企业生产运营过程中出现的资金短缺问题。图 3-7 所呈现的正是在南中资企业未申请贷款的原因分布情况。

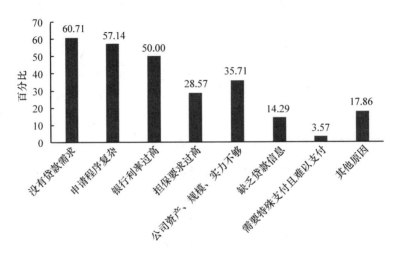

图 3-7　企业未申请贷款的原因分布

从图中数据观察可见，有六成（约 60.7%）的企业认为自己没有申请贷款的原因是企业没有这方面的需求。企业为什么要贷款？说得简单点，就是缺钱。当然，需要贷款的原因有很多，有可能是为了扩大再生产，也有可能是因为维持企业正常运转的资金出现紧张状况，等等。具体的原因就不在此一一展开说明了。但对于一家生产运营状况良好，产品销路顺畅，周转资金充裕的企业而言，没有任何贷款的需要也是再正常不过的一种选择。这项数据同时也可以反映出，六成左右的在南中资企业的总体运营状况良好，企业没有出现大的资金缺口问题。

有接近六成（约57.1%）的企业没有申请贷款的原因在于申请的程序复杂。无论是在中国还是南非，正规的金融机构对于企业申请贷款有着非常严格的审查程序。但是有些时候，资金缺口的出现是无法提前预知的。而一旦出现，就会让企业管理者措手不及。急需资金的企业碰上了复杂的贷款审核程序，结果可想而知。在我们实地调研走访的过程中，不少企业，特别是民营企业，都或多或少地提到过这方面的问题。南非有发达的银行业，有众多的金融机构，还有比较完善的相关法律法规，但复杂的程序和低下的行政效率往往令许多企业主或管理者望而却步。如果从国内申请贷款，还要涉及跨境资金流动的问题，以及汇率波动的影响，也不是件容易的事情。当然，随着人民币国际化程度的不断提高，以及中资银行境外业务领域和能力的不断拓宽和提高，今后从中资银行获取贷款会成为更多境外中资企业的选择。

有五成（50%）的企业没有申请贷款的原因是因为银行的利率过高。根据南非央行——南非储备银行（South African Reserve Bank）网站信息，最新的回购利率（Repo）为6.5%，贷款基准利率（Prime）为10%。[1] 而根据中国人民银行网站信息，自2014年11月22日起，金融机构人民币贷款基准利率期限档次简并为一年以内（含一年）、一年至五年（含五年）和五年以上三个档次。2015年10月24日更新信息显示，这三个档次的贷款基准利率分别为4.35%、4.75%和4.90%。[2] 由此可见，南非银行的贷款率的确要高出国内银行的贷款率不少。

此外，还有约35.7%的企业因为自身资产、规模或实力不够而没

---

① SARB, https：//www. resbank. co. za/Pages/default. aspx, Aug. 8, 2019.

② 货币政策司：《金融机构人民币贷款基准利率》（2015年10月24日），中国人民银行，2019年8月8日，http：//www. pbc. gov. cn/zhengcehuobisi/125207/125213/125440/125838/125888/2968985/index. html。

有向银行申请贷款。有约 28.6% 的企业因担保要求过高而放弃贷款。选择缺乏贷款信息、需要特殊支付且难以支付或者其他原因的企业数量占比分别约为 14.3%、3.6% 和 17.9%。

对于大型企业而言，从银行申请贷款的难度相对较低。但对于中小型企业而言，融资难一直是个大问题。

为了改善中小企业经营环境，促进中小企业健康发展，扩大城乡就业，发挥中小企业在国民经济和社会发展中的重要作用，2002 年 6 月 29 日第九届全国人民代表大会常务委员会第二十八次会议表决通过了《中华人民共和国中小企业促进法》，自 2003 年 1 月 1 日起施行。

为了改善中小企业经营环境，保障中小企业公平参与市场竞争，维护中小企业合法权益，支持中小企业创业创新，促进中小企业健康发展，扩大城乡就业，发挥中小企业在国民经济和社会发展中的重要作用，2017 年 9 月 1 日第十二届全国人民代表大会常务委员会第二十九次会议又通过了修订后的《中华人民共和国中小企业促进法》，自 2018 年 1 月 1 日起施行。新修订的《促进法》从财税、融资、创业、创新、市场、服务、权益、监督八个方面规定了一系列为中小企业减轻负担的措施。

面对世界经济复苏乏力，竞争格局复杂多变，竞争压力与日俱增的大环境，中国在深挖国内市场、开拓国外市场、增强企业发展信心方面做了许多的努力，也取得了切实的效果。对于誓言提振南非经济的拉马福萨政府而言，中国经验的确有着许多可供借鉴之处。

第 四 章

南非营商环境和中国企业
投资风险分析

随着中国政府"一带一路"倡议的继续推进，为中国企业"走出去"提供了良好的平台和机遇。作为撒哈拉以南非洲地区经济的桥头堡，由于受到 2008 年国际金融危机的持续影响，南非经济增速放缓，一度陷入衰退。国际评级机构标准普尔在 2019 年 5 月时预测南非当年的经济增长率为 1%，2020 年的预测值则为 2%。另根据南非统计局 2019 年年中人口预测报告显示，南非 2018—2019 年期间的人口增长率为 1.4%。标普称，较高的人口增长率将使南非人均 GDP 增长率微乎其微，预计 2019 年和 2020 年人均 GDP 增长率接近于零。[①] 南非总统拉马福萨知华、友华，看重中国的资金、市场及发展经验，与中国加强合作的愿望十分强烈，愿学习和借鉴中国在工业化、经济特区建设等方面的经验，重点推进双方在海洋经济、能源等领域的合作，希冀中国扩大对南非投资。在国家"一带一路"倡议和"走出去"政策的支持下，中资国企和民企都积极参与国际市场，在国际市场上发挥了越来越重要的作用。怎样规避风险，鼓励和帮助更多的中国企业在南非发展和投资成为"一带一路"倡议下需要关注的重要问题。

本章内容主要针对中资企业在南非营商环境和中国企业在南非投

---

① 《国际评级机构标普称明后两年南非人均 GDP 增长率接近于零》（2018 年 11 月 27 日），中华人民共和国驻南非共和国大使馆经济商务参赞处，2019 年 6 月 1 日，http：//za. mofcom. gov. cn/article/jmxw/201811/20181102810553. shtml。

资风险分析，包括四个方面：中资企业视角下的南非基础设施供给分析，中资企业视角下的南非公共服务供给分析，中资企业对南非公共服务治理的评价和中资企业在南非投资风险分析。最终目的是为了从整体上了解和把握南非的营商环境与投资风险，希望能助力中资企业在南非更好地生存和发展。

第一节　南非基础设施供给分析：中资企业视角

在南非中资企业调查中，按是否位于开发区划分的企业提交水、电、网、建筑申请来看，由表 4 - 1 数据观察可见，在经开区的企业提交用水、电、网和建筑申请的比例较高。不在经开区的中资企业中，有约 41.2% 的中资企业提交用网申请，约 18.2% 中资企业提交用电申请，提交用水和建筑的比例分别约为 23.5% 和 29.4%。其中，不在经开区的企业提交申请比例最高的是用网申请，提交申请比例最低的是用电申请；在位于南非经开区的中资企业中，提交用水、电、网和建筑的比例比较高，提交水、电和网申请比例均约为 66.7%，提交建筑申请的比例最低约为 33.3%。

由此可见，位于南非经开区的中资企业提交水、电、网络、建筑申请的比例比不在经济开发区的企业高，可能与南非经开区水、电、网和建筑等设施比较齐全相关。

表 4 - 1　　按是否位于开发区划分的企业提交水、电、网、建筑申请比例

（单位：%）

	水		电		网		建筑	
	是	否	是	否	是	否	是	否
不在经开区	23.53	76.47	18.18	81.82	41.18	58.82	29.41	70.59
南非经开区	66.67	33.33	66.67	33.33	66.67	33.33	33.33	66.67
其他	100.00	0.00	100.00	0.00	100.00	0.00	0.00	100.00

在南非中资企业调查中，从中资企业的性质划分来看，由表4-2数据观察可见，工业企业提交用水申请的比例约35.7%，用电申请的比例约为33.3%，用网申请的比例约为53.6%，用建筑申请的比例约为32.1%，其中，提交申请用网的比例最高。服务业企业中提交用水申请的比例21.4%，用电申请的比例约为14.3%，用网申请的比例约为35.7%，用建筑申请的比例约为21.4%，其中，提交申请用网的比例最高。

表4-2　　　　　按行业划分的企业提交水、电、网、建筑申请比例

（单位：%）

	水		电		网		建筑	
	是	否	是	否	是	否	是	否
工业	35.71	64.29	33.33	66.67	53.57	46.43	32.14	67.86
服务业	21.43	78.57	14.29	85.71	35.71	64.29	21.43	78.57

由此可见，中资企业普遍对网络的需求比较大，工业对水、电力和网络的要求远大于服务业。

在南非中资企业调查中，按是否位于开发区划分的企业发生断水、断电、断网情况，由图4-3数据观察可见，不在经开区的企业存在断水的比例约为44.1%，断电的比例约为85.3%，断网的比例约为23.5%，其中断电的比例最高；位于南非经开区的企业存在断水的比例约为33.3%，断电的比例约为83.3%，断网的比例约为66.7%，其中断电的比例最高。

表4-3　　　　　按是否位于开发区划分的企业发生断水、断电、断网情况

（单位：%）

	断水		断电		断网	
	是	否	是	否	是	否
不在经开区	44.12	55.88	85.29	14.71	23.53	76.47
南非经开区	33.33	66.67	83.33	16.67	66.67	33.33
其他	0.00	100.00	100.00	0.00	100.00	0.00

总体而言，无论是否位于经开区，断水、电和网的情况都存在，其中，经开区的断水和断电的比例低于非经开区，但是断网的比例远高于非经开区。

在南非中资企业调查中，关于按行业划分的企业发生断水、断电、断网情况，由表4-4数据观察可见，工业企业断水的比例约为50%，断电的比例约为82.1%，断网的情况比例约为46.4%。其中，断电的比例最高。服务业企业断水的比例约为21.4%，断电的比例约为92.9%，断网的情况比例约为7.1%。其中，断电的比例最高。工业企业断水、断电和断网情况比服务业企业严重，这可能与工业对水、电和网需求大的性质相关。

表4-4　　　　　　按行业划分的企业发生断水、断电、断网情况　　　（单位：%）

	断水		断电		断网	
	是	否	是	否	是	否
工业	50.00	50.00	82.14	17.86	46.43	53.57
服务业	21.43	78.57	92.86	7.14	7.14	92.86

总体而言，南非缺电情况严重，断网也较为频繁。

在南非中资企业调查中，由表4-5数据观察可见，中资企业在申请用水、电、网和建筑的过程中，无论位于经开区与否，一般用水申请都不需要支付非正规费用。在南非经开区的企业提交用电申请支付非正规费用的比例约为25%，提交建筑申请支付非正规费用的比例约为50%；位于南非非经开区的企业提交用网申请支付非正规费用的比例约为7.1%，提交建筑申请支付非正规费用的比例约为10%。

总的来说，相较于不在经济开发区内的企业而言，在经济开发区内的企业在提交用电和建筑申请时遭遇非正规支付的情况要稍多一些。其中，提交建筑申请时需要支付非正规费用的企业占比高达50%。南非经济开发区设立的时间不长，整体运营状况较好，但在运营的规范性上或仍有需要提高的地方。

表4-5　　　　　　按是否位于开发区划分的企业提交水、电、网、
　　　　　　　　　建筑申请的非正规支付比例　　　　　　　（单位：%）

	水		电		网		建筑	
	是	否	是	否	是	否	是	否
不在经开区	0.00	100.00	0.00	100.00	7.14	92.86	10.00	90.00
南非经开区	0.00	100.00	25.00	75.00	0.00	100.00	50.00	50.00
其他	0.00	100.00	0.00	100.00	0.00	100.00	0.00	0.00

在南非中资企业调查中，由表4-6数据观察可见，关于按行业划分的企业提交水、电、网、建筑申请的非正规支付比例，在工业企业提交水申请时，需要支付非正规支付比例为0，提交电和建筑申请时，需要非正规支付比例约为11.1%，提交网络申请时，其非正规支付比例约为6.7%；在服务业企业提交水、电和网络申请时，需要非正规支付比例为0，提交建筑申请时，非正规支付比例约为33.3%。

表4-6　　　　　　按行业划分的企业提交水、电、网、
　　　　　　　　　建筑申请的非正规支付比例　　　　　　　（单位：%）

	水		电		网		建筑	
	是	否	是	否	是	否	是	否
工业	0.00	100.00	11.11	88.89	6.67	93.33	11.11	88.89
服务业	0.00	100.00	0.00	100.00	0.00	100.00	33.33	66.67

总体而言，服务业领域中资企业只在提交建筑申请上非正规支付比例高于工业企业，工业领域的中资企业在提交用电和网络申请需要非正规支付比例高于服务业领域的中资企业。

第二节　南非公共服务供给分析：中资企业视角

在南非中资企业的调查中，按行业划分的企业税务机构检查与非

正规支付比例的情况，由表4-7数据观察可见，**工业企业受到税务机构走访和调查的比例约为25%，服务行业受到税务机构走访和调查的比例约为21.4%，均无须支付非正规性费用。**

表4-7　　　　　　**按行业划分的企业税务机构检查与非正规支付比例**

（单位：%）

	税务机构走访或检查		税务机构非正规支付	
	是	否	是	否
工业	25.00	75.00	0.00	100.00
服务业	21.43	78.57	0.00	100.00

由此可见，南非的税收机构管理的规范程度比较高，走访的频率也比较小。

然而，以是否位于经开区划分的企业税务机构检查与非正规支付比例，由表4-8数据观察可见，位于南非经开区的中资企业受到税务机关走访和调查的比例约为33.3%，非经开区中资企业受到税务机关走访和调查的比例约为20.6%，均不需要支付非正规性费用，经开区中资企业受到税务机关走访和调查的比例略高于非经开区企业。

表4-8　　　　　　**按是否位于开发区划分的企业税务**

机构检查与非正规支付比例　　（单位：%）

	税务机构走访或检查		税务机构非正规支付	
	是	否	是	否
不在经开区	20.59	79.41	0.00	100.00
南非经开区	33.33	66.67	0.00	100.00
其他	100.00	0.00	0.00	100.00

由此可见，在南非的中资企业受到税务机构走访或检查的频率不高，但经开区的税务机关对企业的管理较为严格。

在南非中资企业的调查中，关于按是否位于开发区划分的企业进出口许可申请与非正规支付比例的情况，由表4－9数据观察可见，在南非的中资企业中，无论是否位于南非经开区，中资企业在申请企业进出口申请时均无须支付非正规费用。其中位于南非经开区的企业中，提交过进口许可申请的比例约为66.7%，不在南非经开区的企业中，提交过进口许可申请的比例约为29.4%。

表4－9　　　　　　　　按是否位于开发区划分的企业进出口
许可申请与非正规支付比例　　　　　　（单位：%）

	进口许可申请		进口许可申请中非正规支付	
	是	否	是	否
不在经开区	29.41	70.59	0.00	100.00
南非经开区	66.67	33.33	0.00	100.00
其他	100.00	0.00	0.00	100.00

由此可见，南非经开区内的中资企业对于进口原材料、产品或者服务的需求高于不在经开区的中资企业。

然而，关于按行业划分的企业进出口许可申请与非正规支付比例情况，由表4－10数据观察可见，在南非的中资企业中，工业企业提交进口许可申请的比例约为42.9%，高于服务业企业提交进口许可申请的比例（约为21.4%），均无须支付非正规性费用。

表4－10　　　　　　　按行业划分的企业进出口许可申请与
非正规支付比例　　　　　　（单位：%）

	进口许可申请		进口许可申请中非正规支付	
	是	否	是	否
工业	42.86	57.14	0.00	100.00
服务业	21.43	78.57	0.00	100.00

在南非中资企业的调查中，我们对不同行业类型劳动力市场规则政策对中资企业的影响程度展开了调查。由图4-1数据观察可见，在工业企业选择"没有妨碍"的比例约为10.7%，选择"一点妨碍"的比例约为17.9%，选择"中等妨碍"的比例约为28.6%，选择"较大妨碍"的比例约为17.9%，选择"严重妨碍"的比例约为25%；服务业企业选择"没有妨碍"的比例约为14.3%，选择"一点妨碍"的比例约为21.4%，选择"中等妨碍"的比例约为21.4%，选择"较大妨碍"的比例约为14.3%，选择"严重妨碍"的比例约为28.6%。其中，"没有妨碍"和"有一点妨碍"的比例，服务业企业比例高于工业企业，"中等妨碍"和"较大妨碍"工业企业略分别高出服务业行业约7.1%和3.6%，"严重妨碍"服务业高于工业企业约3.6%。

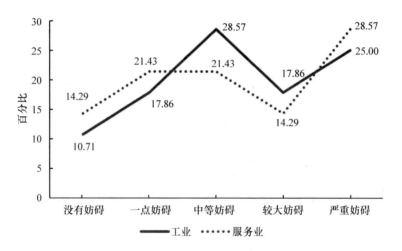

图4-1 不同行业类型劳动力市场规制政策影响程度

由此可见，劳动力市场规制政策对工业企业影响大于服务业企业。

在南非中资企业调查中，接下来是员工素质对不同行业生产经营程度的影响，由图4-2数据观察可见，工业企业选择"没有妨碍"

的比例约为 10.7%，选择"一点妨碍"的比例约为 17.9%，选择
"中等妨碍"的比例约为 35.7%，选择"较大妨碍"的比例约为
25%，选择"严重妨碍"的比例约为 10.7%；服务业企业选择"没
有妨碍"的比例约为 14.3%，选择"一点妨碍"的比例约为
14.3%，选择"中等妨碍"的比例约为 42.9%，选择"较大妨碍"
的比例约为 21.4%，选择"严重妨碍"的比例约为 7.1%。其中，选
择"没有妨碍""中等妨碍"服务业比工业分别高约 3.6% 和 7.2%，
选择"一点妨碍""较大妨碍""严重妨碍"工业企业高于服务业
企业。

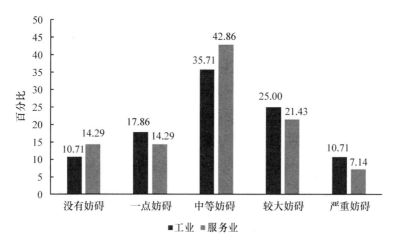

图 4 - 2　不同行业类型员工素质妨碍生产经营的程度

由此可见，绝大多数的工业企业和服务业企业认为员工素质会对
企业的生产经营产生影响。此外，工业企业对于员工素质的要求要略
高一些。

在南非中资企业调查中，接下来是专业技术人才对不同行业生产
经营程度的影响，由图 4 - 3 数据观察可见，工业企业选择"没有妨
碍"的比例为 17.9%，选择"一点妨碍"的比例约为 14.3%，选择
"中等妨碍"的比例约为 21.4%，选择"较大妨碍"的比例约为
35.7%，选择"严重妨碍"的比例约为 10.7%；服务业企业选择

"没有妨碍"的比例约为 21.4%，选择"一点妨碍"的比例约为 35.7%，选择"中等妨碍""较大妨碍""严重妨碍"的比例均约为 14.3%。其中，选择"没有妨碍""一点妨碍""严重妨碍"的服务业企业多于工业企业，选择"中等妨碍""较大妨碍"的工业企业多于服务业企业。

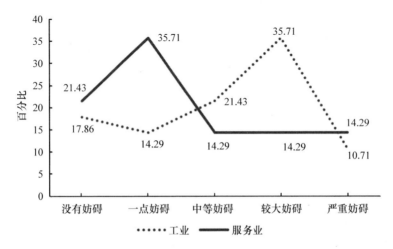

图 4 - 3   不同行业类型专业技术人员妨碍生产经营的程度

由此可见，专业技术人才对工业企业产生的影响比服务业企业大。

在南非中资企业调查中，关于管理人员对不同行业生产经营程度的影响，由图 4 - 4 数据观察可见，工业企业选择"没有妨碍"的比例约为 21.4%，选择"一点妨碍"的比例约为 14.3%，选择"中等妨碍"的比例约为 28.6%，选择"较大妨碍"的比例约为 28.6%，选择"严重妨碍"的比例约为 7.1%；服务业企业选择"没有妨碍"的比例约为 21.4%，选择"一点妨碍"的比例约为 42.9%，选择"中等妨碍""较大妨碍"的比例均约为 28.6%。其中，选择"没有妨碍""中等妨碍"的服务业企业和工业企业的比例相同，选择"较大妨碍""严重妨碍"的比例工业高于服务业，选择"一点妨碍"的比例服务业是工业的 3 倍。

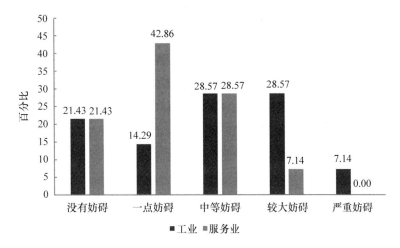

图4-4　不同行业类型管理人员妨碍生产经营的程度

由此可见，管理人员对工业企业产生的影响比服务业企业大。

在南非中资企业调查中，接下来是技能人员对不同行业生产经营程度的影响，由图4-5数据观察可见，工业企业选择"没有妨碍"的比例约为17.9%，选择"一点妨碍"的比例约为10.7%，选择"中等妨碍"的比例约为32.1%，选择"较大妨碍"的比例约为28.6%，选择"严重妨碍"的比例约为10.7%；服务业企业选择"没有妨碍"的比例约为21.4%，选择"一点妨碍"的比例约为35.7%，选择"中等妨碍"的比例约为14.3%，选择"较大妨碍"的比例约为28.6%，选择"没有妨碍"的比例约为7.1%。其中，选择"中等妨碍""较大妨碍""严重妨碍"比例的工业大于服务业。

由此可见，不同行业类型技能人员招聘难度对工业企业的影响比较大，但工业的曲线浮动比服务业小。

在南非中资企业调查中，接下来是是否在经开区企业与劳动力市场规制政策对企业生产经营的妨碍程度。由图4-6数据观察可见，不在经开区的企业选择"没有妨碍"的比例约为8.8%，选择"一点妨碍"的比例约为17.7%，选择"中等妨碍"的比例约为26.5%，

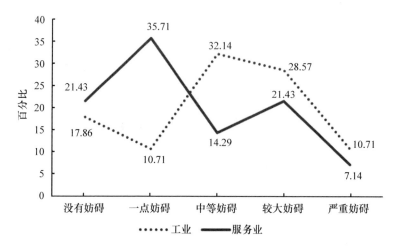

图4-5 不同行业类型技能人员招聘难度妨碍生产经营的程度

选择"较大妨碍"的比例约为14.7%，选择"严重妨碍"的比例约为32.4%；在南非经开区的企业选择"没有妨碍"的比例约为33.3%，选择"一点妨碍"的比例约为16.7%，选择"中等妨碍"的比例约为33.3%，选择"较大妨碍"的比例约为16.7%，选择"严重妨碍"的比例为0。

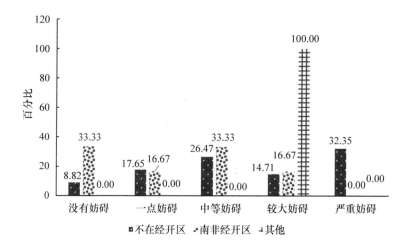

图4-6 是否在经开区企业与劳动力市场规制政策妨碍生产经营的程度

　　由此可见，南非劳动力市场规制政策会对在南中资企业的生产经营活动造成不同程度的影响。整体而言，不在经济开发区内的中资企业受到的影响较大。

　　在南非中资企业调查中，接下来是否在经开区企业与员工素质对不同行业生产经营程度的影响，由图 4-7 数据观察可见，不在经开区的企业选择"没有妨碍"的比例约为 5.9%，选择"一点妨碍"的比例约为 16.7%，选择"中等妨碍"的比例约为 38.2%，选择"较大妨碍"的比例约为 26.5%，选择"严重妨碍"的比例约为 11.8%；在南非经开区的企业选择"没有妨碍"的比例为 50%，选择"一点妨碍""中等妨碍""较大妨碍"的比例均约为 16.7%，选择"严重妨碍"的比例为 0。选择"没有妨碍"的南非经开区企业比例比不在南非经开区的企业高，选择"一点妨碍""中等妨碍""较大妨碍""严重妨碍"的不在经开区企业均比在经开区企业比例高。

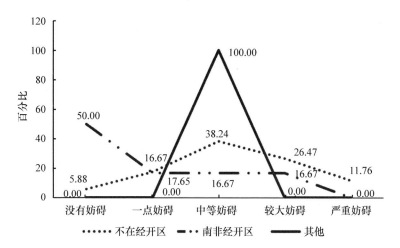

图 4-7　是否在经开区企业与员工素质妨碍生产经营的程度

　　由此可见，企业员工素质对不在经开区企业影响比较大。

　　在南非中资企业调查中，接下来是是否在经开区企业与专业技术人员招聘难度对企业生产经营的妨碍程度。由图 4-8 数据观察可见，不在经开区的企业选择"没有妨碍"的比例约为 14.7%，选择"一点妨碍""中等妨碍""较大妨碍"的比例均约为23.5%，选择"严重妨碍"的比例约为14.7%；在南非经开区的企业选择"没有妨碍"的比例约为33.3%，选择"一点妨碍"的比例约为16.7%，选择"中等妨碍"的比例为0，选择"较大妨碍"的比例约为50%，选择"严重妨碍"的比例为0。

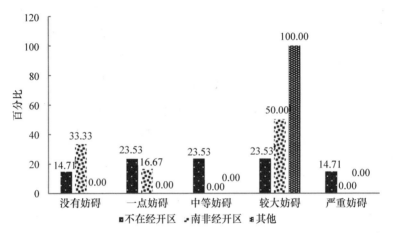

图4-8 是否在经开区企业与专业技术人员招聘难度
妨碍生产经营的程度

总体而言，无论企业是否位于南非经开区内，大多数企业认为专业技术人员的招聘难度会对企业的生产经营产生不同程度的影响。相对而言，专业技术人员的招聘难度对南非经开区内企业的生产经营活动所造成的影响要更大一些。

在南非中资企业调查中，接下来是否在经开区企业与管理人员对不同行业生产经营程度的影响，由图4-9数据观察可见，不在经开区的企业选择"没有妨碍"的比例约为17.7%，选择"一点妨碍"的比例约为26.5%，选择"中等妨碍"的比例约为29.4%，选择"较大妨碍"的比例约为20.6%，选择"严重妨碍"的比例约为5.9%；在南非经开区的企业选择"没有妨碍""中等妨碍"的比例均约为33.3%，选择"一点妨碍""较大妨碍"的比例均约为16.7%，选择"严重妨碍"的比例为0；在其他地区中，选择"较大妨碍"的比例为100%。

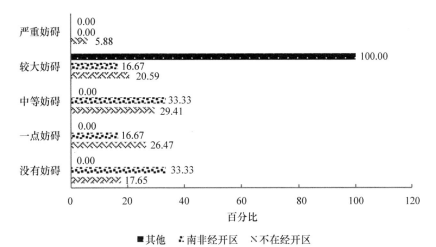

图4-9　是否在经开区企业与管理人员招聘难度妨碍生产经营的程度

由此可见，管理人员招聘难度对其他地区的企业影响最大，大部分地区的企业认为管理人员招聘难度对企业生产经营程度都有"中等妨碍"以上的影响。

在南非中资企业调查中，关于技能人员招聘难度对是否在经开区企业的影响，由图4-10数据观察可见，不在经开区的中资企业选择"没有妨碍""一点妨碍"的比例均约为17.7%，选择"中等妨碍"的比例约为29.4%，选择"较大妨碍"的比例约为23.5%，选择"严重妨碍"的比例约为11.8%；在南非经开区选择"没有妨碍"的比例约为33.3%，选择"一点妨碍""中等妨碍"的比例均约为16.7%，选择"较大妨碍"的比例约为33.3%，选择"严重妨碍"的比例为0；在其他地区选择"较大妨碍"的比例为100%。

由此可见，技能人员招聘难度对其他地区的企业影响最大。技能人员招聘难度对不在南非经开区的中资企业影响比较大，但不在经开区的曲线波动比较小。

在南非中资企业调查中，企业有没有自身工会与劳动力市场规制政策对企业产生的影响，由图4-11数据观察可见，有自身工会的企业选择"没有妨碍"的比例约为17.9%，选择"一点妨碍""严重妨

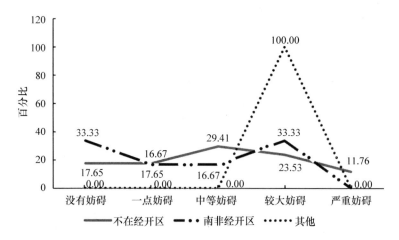

图4-10 是否在经开区企业与技能人员招聘难度妨碍生产经营的程度

碍"的比例均约为10.7%，选择"中等妨碍"的比例约为32.1%，
选择"较大妨碍"的比例约为28.6%；没有自身工会的企业选择
"没有妨碍""较大妨碍"的比例均约为21.4%，选择"一点妨碍"
的比例约为35.7%，选择"中等妨碍"的比例约为14.3%，选择
"严重妨碍"的比例约为7.1%。

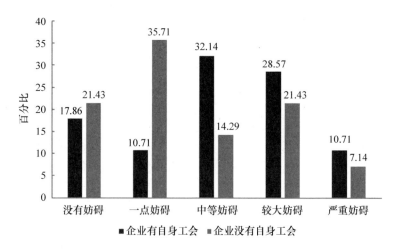

图4-11 企业有没有自身工会与劳动力市场规制政策妨碍生产经营的程度

由此可见，劳动力市场规制政策对有自身工会的企业影响大于没有自身工会的企业，其"中等妨碍"以上的比例高于没有自身工会的企业。

在南非中资企业调查中，企业有没有自身工会与员工素质对企业产生的影响，由图4－12数据观察可见，自身有工会的企业选择"没有妨碍""一点妨碍""严重妨碍"的比例均约为33.3%，选择"中等妨碍"的比例为0，选择"较大妨碍"的比例为0；没有自身工会的企业选择"没有妨碍"的比例约为10.3%，选择"一点妨碍"的比例约为15.4%，选择"中等妨碍"的比例约为41%，选择"较大妨碍"的比例约为25.6%，选择"严重妨碍"的比例约为7.7%。

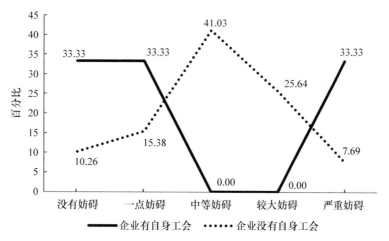

图4－12　企业有没有自身工会与员工素质妨碍生产经营的程度

由此可见，员工素质对自身无工会的企业影响比较大，但有自身工会的企业选择严重妨碍了生产经营的比例高于没有自身工会的企业。

在南非中资企业调查中，企业有没有自身工会与专业技术人员招聘难度对企业产生的影响，由图4－13数据观察可见，自身有工会的企业选择"没有妨碍"的比例约为66.7%，选择"一点妨碍""中等妨碍""较大妨碍"的比例均为0，选择"严重妨碍"的比例约为33.3%；没有自身工会的企业，选择"没有妨碍"的比例约为

15.4%，选择"一点妨碍"的比例约为 23.1%，选择"中等妨碍"的比例约为 20.5%，选择"较大妨碍"的比例约为 30.8%，选择"严重妨碍"的比例约为 10.3%。其中，选择"一点妨碍""中等妨碍"和"较大妨碍"时，没有自身工会企业比重比自身工会企业大。

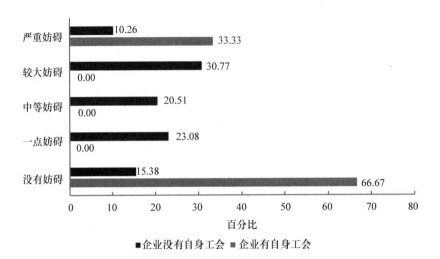

图 4 - 13　企业有没有自身工会与专业技术人员招聘难度妨碍生产经营的程度

　　由此可见，专业技术人员招聘难度对没有自身工会的企业影响比自身有工会的企业大。

　　在南非中资企业调查中，企业有没有自身工会与管理人员招聘难度对企业产生的影响，由图 4 - 14 数据观察可见，企业自身有工会管理人员招聘难度选择"没有妨碍"的比例约为 66.7%，选择"一点妨碍""中等妨碍""较大妨碍"的比例均为 0，选择"严重妨碍"的比例约为 33.3%；没有自身工会的企业选择"没有妨碍"的比例约为 18.0%，选择"一点妨碍"的比例约为 25.6%，选择"中等妨碍"的比例约为 30.8%，选择"较大妨碍"的比例约为 23.1%，选择"严重妨碍"的比例约为 2.6%。其中，没有自身工会企业选择"一点妨碍""中等妨碍""较大妨碍"的比重比有自身工会企业高，有自身工会企业选择"严重妨碍"的比例比没有自身工会企业高。

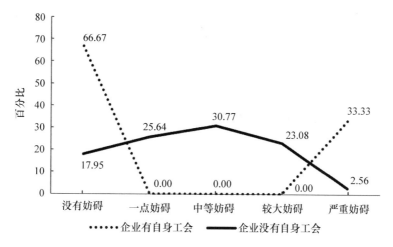

图4-14　企业有没有自身工会与管理人员招聘难度妨碍生产经营的程度

由此可见，管理人员招聘难度对没有自身工会的企业影响比较大。

在南非中资企业调查中，技能人员招聘难度对有没有自身工会企业的影响，由图4-15数据观察可见，有自身工会的企业在技能人员招聘难度对企业生产经营程度的影响上，选择"没有妨碍"的比例约为66.7%，选择"一点妨碍""中等妨碍""较大妨碍"的比例均为0，选择"严重妨碍"的比例约为33.3%；没有自身工会的企业选择"没有妨碍"的比例约为15.4%，选择"一点妨碍"的比例约为20.5%，选择"中等妨碍""较大妨碍"的比例均约为28.2%，选择"严重妨碍"的比例约为7.7%。没有自身工会企业选择"中等妨碍"程度以上的妨碍达六成以上。

由此可见，技能人员招聘难度较大程度妨碍了没有自身工会企业的生产经营。

在南非中资企业调查中，在有无女性高管与劳动力市场规则政策妨碍企业生产经营程度的问题上，由图4-16数据观察可见，有女性高管企业选择"没有妨碍"的比例约为9.4%，选择"一点妨碍""中等妨碍"的比例约为21.9%，选择"较大妨碍"的比例约为15.6%，选择"严重妨碍"的比例约为31.3%；无女性高管企业选择

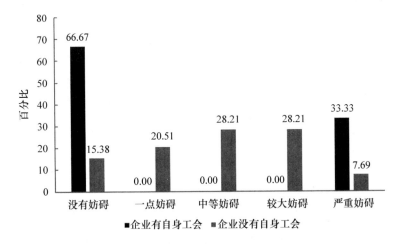

图 4 - 15　企业有没有自身工会与技能人员招聘难度妨碍生产经营的程度

"没有妨碍"的比例为 20%，选择"一点妨碍"的比例为 10%，选择"中等妨碍"的比例为 40%，选择"较大妨碍"的比例为 20%，选择"严重妨碍"的比例为 10%。其中，劳动力市场规制政策对有女性高管的企业影响集中在"中等妨碍""较大妨碍"上，对无女性高管的企业集中在"严重妨碍"上。

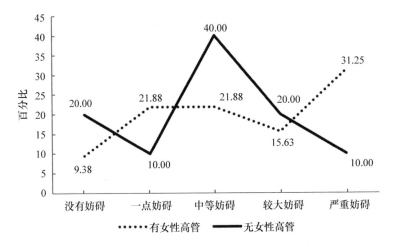

图 4 - 16　有无女性高管与劳动力市场规制政策妨碍生产经营的程度

　　总体来看，劳动力市场规制政策对无女性高管的企业妨碍大于有女性高管的企业。

　　在南非中资企业调查中，在有无女性高管与员工素质对企业生产经营程度的影响上，由图4-17来看，有女性高管的企业选择"没有妨碍"的比例约为9.4%，选择"一点妨碍"的比例为12.5%，选择"中等妨碍"的比例约为43.8%，选择"较大妨碍"的比例为25%，选择"严重妨碍"的比例约为9.4%；无女性高管的企业选择"没有妨碍"的比例为20%，选择"一点妨碍"的比例为30%，选择"中等妨碍"的比例为20%，选择"较大妨碍"的比例为20%，选择"严重妨碍"的比例为10%。其中，有女性高管的企业与无女性高管的企业选择"中等妨碍""较大妨碍"的比例总值分别约为63.8%和45%。

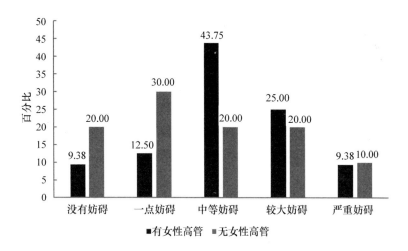

图4-17　有无女性高管与员工素质妨碍生产经营的程度

　　由此可见，员工素质对有女性高管的企业影响大于无女性高管的企业。

　　在南非中资企业调查中，在有无女性高管与专业技术人员招聘难度对企业的影响上，有女性高管企业选择"没有妨碍"的比例约为

18.8%，选择"一点妨碍"的比例为25%，选择"中等妨碍"的比例为12.5%，选择"较大妨碍"的比例为30%，选择"严重妨碍"的比例约为15.6%；无女性高管企业选择"没有妨碍"的比例为20%，选择"一点妨碍"的比例为10%，选择"中等妨碍"的比例为40%，选择"较大妨碍"的比例为30%，选择"严重妨碍"的比例为0。其中，无女性高管的企业选择"中等妨碍""较大妨碍""严重妨碍"的比例总值为70%，有女性高管的企业的比例约为56.3%，且无女性高管的企业总值变动幅度大。

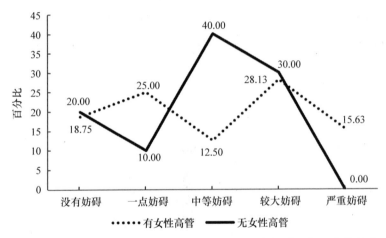

图4-18 有无女性高管与专业技术人员招聘难度妨碍生产经营的程度

由此可见，专业技术人员招聘难度对无女性高管的企业影响大于有女性高管的企业。

在南非中资企业调查中，关于管理人员招聘难度对有无女性高管企业的影响，由图4-19数据观察可见，有女性高管的企业选择"没有妨碍""中等妨碍""较大妨碍"的比例均约为21.9%，选择"一点妨碍"的比例约为28.1%，选择"严重妨碍"的比例约为6.3%；无女性高管企业选择"没有妨碍"的比例为20%，选择"一点妨碍"的比例为10%，选择"中等妨碍"的比例为50%，选择"较大妨碍"的比例为20%，选择"严重妨碍"的比例为0。其中，管理人员招聘难度对企业有较大影响，"中等妨碍"程度以上的比例之和超过五成，尤其是"中等妨碍"程度上无女性高管的比例是有女性高管比例的2倍多。

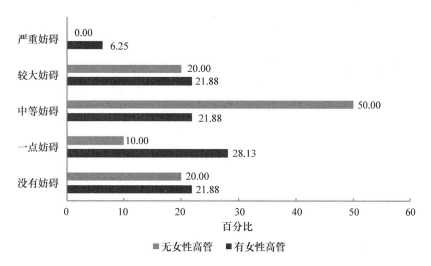

图4-19　有无女性高管与管理人员招聘难度妨碍生产经营的程度

由此可见，管理人员招聘难度对无女性高管的企业影响大于有女性高管的企业。

在南非中资企业调查中，关于技能人员招聘难度对有无女性高管的企业的影响程度，由图4-20数据观察可见，有女性高管的企业选择"没有妨碍"的比例约为21.9%，选择"一点妨碍"的比例约为18.8%，选择"中等妨碍""较大妨碍"的比例均为25%，选择"严重妨碍"的比例约为9.4%；无女性高管的企业选择"没有妨碍"的比例为10%，选择"一点妨碍"的比例为20%，选择"中等妨碍""较大妨碍"的比例均为30%，选择"严重妨碍"的比例为10%。其中，二者"中等妨碍"以上的比例之和超过60%，对有女性高管的企业影响与无女性高管的企业影响相当，"中等妨碍"和"严重妨碍"的比例后者高于前者。

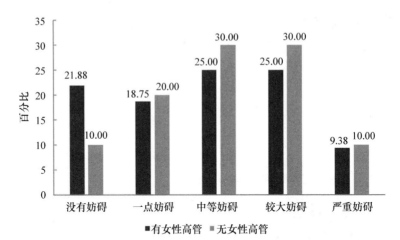

图4-20　有无女性高管与技能人员招聘难度妨碍生产经营的程度

由此可见，技能人员招聘难度对无女性管理人员的企业的生产经营所造成的妨碍更大。

第三节　中资企业对南非公共服务治理的评价

在南非中资企业调查中，关于税率妨碍公司生产经营的程度，由图4-21数据观察可见，不在南非经开区的企业选择"没有妨碍"的比例约为30.3%，选择"一点妨碍"的比例约为18.2%，选择"中等妨碍"的比例约为42.4%，选择"较大妨碍"的比例约为9.1%；在南非经开区企业选择"没有妨碍""一点妨碍"的比例为40%，选择"中等妨碍"的比例为20%，选择"较大妨碍"的比例为0；在其他地区的中资企业选择"一点妨碍"的比例是100%。其中，在南非经开区的中资企业选择"没有妨碍""一点妨碍"的比例一共是80%，而不在南非经开区的中资企业选择比例总值约为48.5%，不在南非经开区的中资企业选择"中等妨碍""较大妨碍"的比例总值约为51.5%。

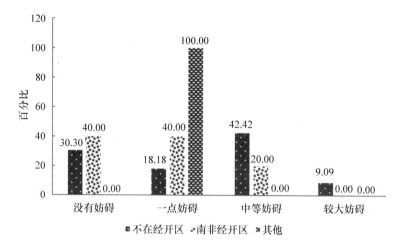

图4-21　税率妨碍公司生产经营的程度

由此可见，税率对不在南非经开区或在其他地区的企业的生产经营的影响更大。

在南非中资企业调查中，关于税收征收对公司生产经营的影响，由图4-22数据观察可见，不在经开区企业在选择"没有妨碍""一点妨碍"的比例均为27.3%，选择"中等妨碍"的比例约为39.4%，选择"较大妨碍"的比例约为6.1%；在南非经开区企业选择"没有妨碍"的比例为60%，选择"一点妨碍""较大妨碍"的比例均为20%，选择"中等妨碍"的比例为0；在其他地区的企业选择"没有妨碍"的比例是100%。其中，不在经开区的中资企业选择"没有妨碍""一点妨碍"的总比例约54.5%，在经开区的中资企业选择"没有妨碍""一点妨碍"的总比例为80%；在经开区的中资企业选择"中等妨碍""较大妨碍"的比例总值为20%，不在经开区的中资企业选择"中等妨碍""较大妨碍"的比例总值约45.5%。

由此可见，税率征收对不在经开区的中资企业产生的影响比在经开区企业大。

在南非中资企业调查中，关于工商许可对公司生产经营的影响，由图4-23数据观察可见，不在南非经开区企业选择"没有妨碍"的

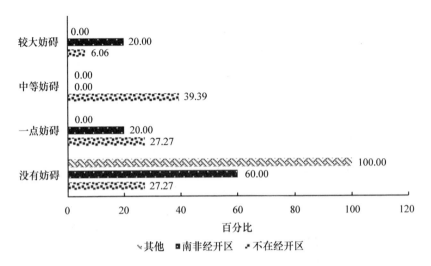

图 4-22 税收征收妨碍公司生产经营的程度

比例约为 63.6%，选择"一点妨碍"的比例约为 18.2%，选择"中等妨碍"的比例约为 16.7%，选择"较大妨碍"的比例为 0，选择"严重妨碍"的比例约为 3.0%；在南非经开区的企业选择"没有妨碍"的比例为 50%，选择"一点妨碍""严重妨碍"的比例为 0，选择"中等妨碍"的比例约为 16.7%，选择"较大妨碍"的比例为 33.3%；在南非其他地区的中资企业选择"没有妨碍"的比例为 100%。其中，不在南非经开区中资企业选择"没有妨碍""一点妨碍"的总比例约为 81.8%，在经开区的中资企业的总比值则为 50%；对于选择"中等妨碍""较大妨碍""严重妨碍"，不在南非经开区中资企业的总比例约为 18.2%，在经开区的中资企业的总比例值则约为 50%。

由此可见，工商许可对在南非经开区中资企业产生的影响比不在经开区的中资企业要大。

在南非中资企业调查中，关于政治不稳定妨碍公司生产经营的程度，由图 4-24 数据观察可见，不在南非经开区的业选择"没有妨

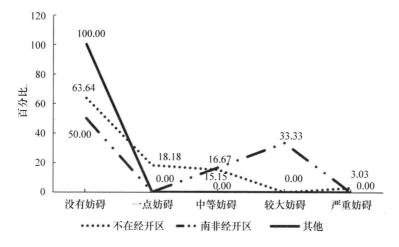

图 4 - 23　工商许可妨碍公司生产经营的程度

碍"的比例约为 18.2%，选择"一点妨碍"的比例约为 39.4%，选择"中等妨碍""较大妨碍"的比例均约为 15.2%，选择"严重妨碍"的比例约为 12.1%；在经开区的企业选择"没有妨碍"的比例约为 33.3%，选择"一点妨碍""中等妨碍""较大妨碍""严重妨碍"的比例均为 16.7%；在其他地区的企业选择"中等妨碍"的比例为 100%。其中，不在南非经开区的企业和在经开区的企业选择"没有妨碍""一点妨碍"的比例总值分别约为 57.6% 和 50%，二者在选择"中等妨碍""较大妨碍""严重妨碍"的比例时，在经开区的企业比例总值略高于不在经开区企业。

总体而言，南非政治不稳定对在经开区的企业影响较大。

在南非中资企业调查中，在调研关于腐败对企业的生产经营影响时，由图 4 - 25 数据观察可见，不在南非经开区的企业选择"没有妨碍"的比例约为 12.1%，选择"一点妨碍"的比例约为 36.4%，选择"中等妨碍"的比例约为 27.3%，选择"较大妨碍"的比例约为 9.1%，选择"严重妨碍"的比例约为 15.2%；在经开区的企业选择"没有妨碍"的比例为 50%，选择"一点妨碍"的比例为 33.3%，选择"中等妨碍""严重妨碍"的比例均为 0，选择"较大妨碍"的

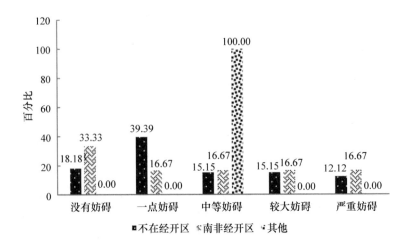

图 4-24 政治不稳定妨碍公司生产经营的程度

比例约为 16.7%；在其他地区的企业选择"一点妨碍"的比例为 100%。其中，不在南非经开区的企业和在经开区的企业选择"没有妨碍""一点妨碍"的比例总值分别约为 48.5% 和 83.3%，二者在选择"中等妨碍""较大妨碍""严重妨碍"的比例时，在经开区的企业的比例只有在选择"较大妨碍"的比例略高于不在经开区的企业。

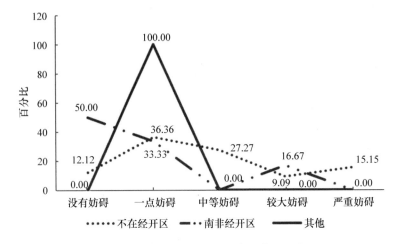

图 4-25 腐败妨碍公司生产经营的程度

总体而言，腐败对不在经开区的企业影响较大。

在南非中资企业调查中，在涉及土地许可对公司生产经营的影响时，由图4-26数据观察可见，不在南非经开区选择"没有妨碍"的比例约为56.3%，选择"一点妨碍"的比例为25%，选择"中等妨碍"的比例为12.5%，选择"较大妨碍"的比例约为6.3%；在经开区企业选择"没有妨碍"的比例约为83.3%，选择"一点妨碍""较大妨碍"的比例均为0，选择"中等妨碍"的比例约为16.7%；在其他地区的企业选择"没有妨碍"的比例为100%。其中，不在南非经开区的企业和在经开区的企业选择"没有妨碍""一点妨碍"的比例总值分别约为81.3%和83.3%，且二者在经开区的企业选择绝大多数选择"没有妨碍"。

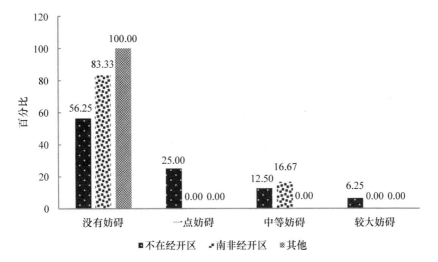

图4-26　土地许可妨碍公司生产经营的程度

总体而言，土地许可对不在经开区的企业影响略大。

在南非中资企业调查中，在调研政府管制与审批妨碍对公司生产经营的影响时，由图4-27数据观察可见，不在南非经开区的企业选择"没有妨碍"的比例约为21.2%，选择"一点妨碍"的比例为30.3%，选择"中等妨碍"的比例约为21.2%，选择"较大妨碍"

的比例为 15.2%，选择"严重妨碍"的比例约为 12.7%；在经开区的企业选择"没有妨碍"的比例约为 33.3%，选择"中等妨碍""严重妨碍"的比例均为 0，选择"一点妨碍"的比例约为 16.7%，选择"较大妨碍"的比例约为 50%；在其他地区的企业选择"一点妨碍"的比例为 100%。其中，不在南非经开区的企业和在经开区的企业选择"没有妨碍""一点妨碍"的比例总值分别约为 51.5% 和 50%，不相上下；选择"中等妨碍""较大妨碍""严重妨碍"的比例中，在经开区的企业选择"较大妨碍"为 50%，是不在经开区企业选择"较大妨碍"的 3 倍多，不在经开区企业选择"中等妨碍""较大妨碍""严重妨碍"分布的比例比较均匀。

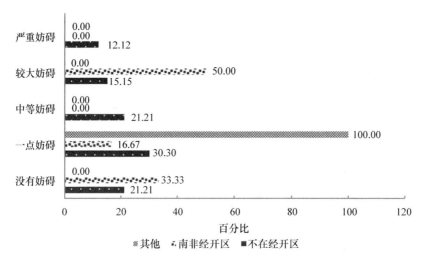

图 4-27 政府管制与审批妨碍公司生产经营的程度

所以，政府管制与审批对在经开区的企业影响更大。

在南非中资企业调查中，在调研按行业划分的税率对企业生产经营的影响时，由图 4-28 数据观察可见，工业企业选择"没有妨碍""中等妨碍"的比例约为 37.0%，选择"一点妨碍"的比例约为 22.2%，选择"较大妨碍"的比例为 3.7%；服务业企业选择"没有妨碍""较大妨碍"的比例约为 15.4%，选择"一点妨碍"的比例约为30.8%，选择"中等妨碍"的比例约为38.5%。其中，工业只有在选择"没有妨碍"的比例是服务业企业的2倍多，在其余的选择中，服务业企业的选择比例均高于工业企业的比例，尤其是在"较大妨碍"的选择中，服务业企业的选择比例是工业企业的4倍多。

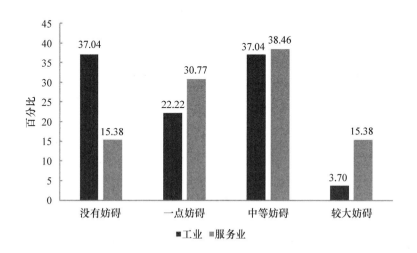

图4-28　按行业划分的税率妨碍企业生产经营的程度

总体而言，按行业划分的税率对服务业企业产生的影响远大于工业企业。

在南非中资企业调查中，在调研按行业划分的税收征收对企业生产经营的影响时，由图4-29数据观察可见，工业企业选择"没有妨碍"的比例约为40.7%，选择"一点妨碍""中等妨碍"的比例均约为25.9%，选择"较大妨碍"的比例约为7.4%；服务业企业选择"没有妨碍"的比例约为15.4%，选择"一点妨碍"的比例约为30.8%，选择"中等妨碍"的比例约为46.2%，选择"较大妨碍"的比例约为7.7%。其中，二者在选择"较大妨碍"的比例相差不远，在选择"一点妨碍""中等妨碍"的比例服务业企业均不同程度地高于工业企业，在选择"没有妨碍"时，工业企业选择的比例是服务业企业的2倍多。

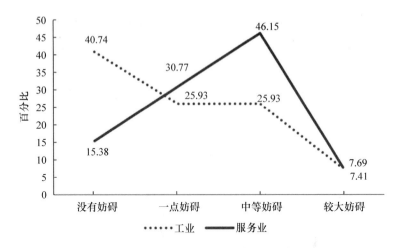

图 4 - 29 按行业划分的税收征收妨碍企业生产经营的程度

总体而言，按行业划分的税收征收对服务业企业产生的影响大于工业企业。

在南非中资企业调查中，在调研按行业划分的工商许可对企业生产经营的影响时，由图 4 - 30 数据观察可见，工业企业选择"没有妨碍"的比例约为 63.0%，选择"一点妨碍"的比例约为 11.1%，选择"中等妨碍"的比例约为 14.8%，选择"较大妨碍"的比例约为 7.4%，选择"严重妨碍"的比例为 3.7%；服务业企业选择"没有妨碍"的比例约为 64.3%，选择"一点妨碍"的比例约为 21.4%，选择"中等妨碍"的比例为 14.3%，选择"较大妨碍""严重妨碍"的比例均为 0。其中，二者在选择"没有妨碍"的比例不相上下，在选择"一点妨碍"时，工业企业的选择比例是服务企业的 1 倍多，选择"中等妨碍""较大妨碍""严重妨碍"的三个选项时，工业企业的选择比例均高于服务业企业。

总体而言，按行业划分的工商许可对工业企业的影响比服务业企业大。

在南非中资企业调查中，在调研按行业划分的政治不稳定对企业生产经营的影响程度时，由图 4 - 31 数据观察可见，工业企业选择

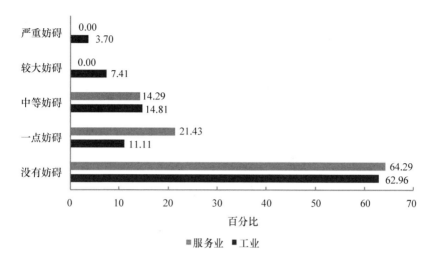

图 4 - 30　按行业划分的工商许可妨碍企业生产经营的程度

"没有妨碍"的比例约为 14.8%，选择"一点妨碍"的比例约为 33.3%，选择"中等妨碍"的比例约为 25.9%，选择"较大妨碍"的比例约为 7.4%，选择"严重妨碍"的比例约为 18.5%；服务业企业选择"没有妨碍""较大妨碍"的比例均约为 28.6%，选择"一点妨碍"的比例约为 35.7%，选择"中等妨碍"的比例约为 7.1%，选择"严重妨碍"的比例为 0。其中，服务业企业在选择"没有妨碍""一点妨碍"的总值约为 64.3%，远高于工业企业的 48.1%；服务业企业在选择"中等妨碍""较大妨碍""严重妨碍"的比例总值约为 35.7%，选择"严重妨碍"的比例为 0。

总之，按行业划分的政治不稳定对工业企业的影响比较大，但服务业企业的曲线波动比工业企业大。

在南非中资企业调查中，在调研按行业划分的腐败对企业生产经营的影响时，由图 4 - 32 数据观察可见，工业企业选择"没有妨碍"的比例约为 14.8%，选择"一点妨碍"的比例约为 40.7%，选择"中等妨碍"的比例约为 22.2%，选择"较大妨碍"的比例为 3.7%，选择"严重妨碍"的比例约为 18.5%；服务业企业选择"没有妨碍"的比例均约为 21.4%，选择"一点妨碍"的比例约为

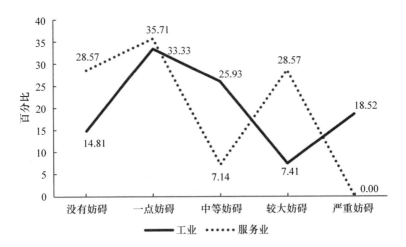

图 4 – 31　按行业划分的政治不稳定妨碍企业生产经营的程度

28.6%，选择"中等妨碍""较大妨碍"的比例均约为 21.4%，选择"严重妨碍"的比例约为 7.1%。其中，二者在选择"没有妨碍""一点妨碍""中等妨碍"的比例总值相近，服务业企业选择"较大妨碍"的比例是工业企业的 5 倍多，选择"严重妨碍"时的比例工业企业是服务业企业的 2 倍多。

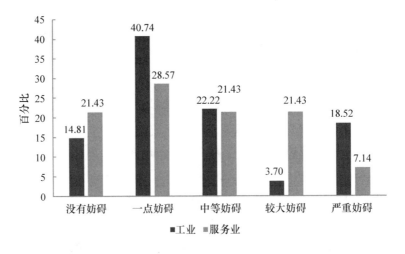

图 4 – 32　按行业划分的腐败妨碍企业生产经营的程度

　　总之，按行业划分的腐败对服务业企业产生的影响比工业企业大。

　　在南非中资企业调查中，在涉及土地许可对企业生产经营的产生的影响时，由图4-33数据观察可见，工业企业选择"没有妨碍"的比例约为51.9%，选择"一点妨碍"的比例约为25.9%，选择"中等妨碍"的比例约为22.2%，选择"较大妨碍""严重妨碍"的比例均为0；服务业企业选择"没有妨碍"的比例约为76.9%，选择"一点妨碍"的比例约为7.7%，选择"中等妨碍""严重妨碍"的比例为0，选择"较大妨碍"的比例约为15.4%。其中，二者大多数都选择"没有妨碍"，在选择"一点妨碍""较大妨碍""严重妨碍"的比例总值，工业企业的选择比例是服务业企业的2倍多。

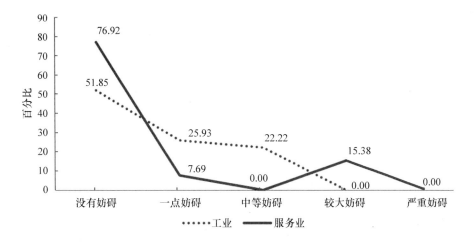

图4-33　按行业划分的土地许可妨碍企业生产经营的程度

　　总体而言，土地许可对工业企业产生的影响比服务企业大。

　　在南非中资企业调查中，在涉及按行业划分的政府管制与审批妨碍企业生产经营的程度时，由图4-34数据观察可见，工业企业选择"没有妨碍"的比例约为11.1%，选择"一点妨碍"的比例约为33.3%，选择"中等妨碍"的比例约为22.2%，选择"较大妨碍"的比例约为18.5%，选择"严重妨碍"的比例约为14.8%；服务业企业选择"没有妨碍"的比例约为42.9%，选择"一点妨碍""较大妨碍"的比例均约为 21.4%，选择"中等妨碍"的比例约为 14.3%，选择"严重妨碍"的比例为0。其中，工业企业和服务业企业选择"中等妨碍""较大妨碍""严重妨碍"的比例总值约为 55.6%和35.7%。

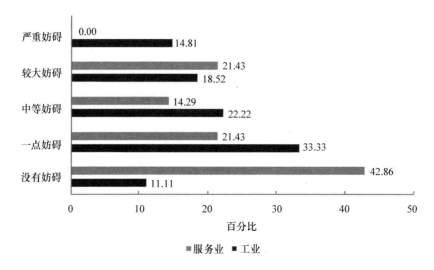

图4-34　按行业划分的政府管制与审批妨碍企业生产经营的程度

由此可见，政府管制与审批对工业企业的影响比较大。

第四节　南非中资企业投资风险分析

在南非中资企业的调查中，对是否进行过南非投资的可行性考察时，由表4-11数据观察可见，近九成的企业都进行了投资的可行性考察。工业企业有约89.3%进行过考察，服务业企业100%进行过考察。不在经济开发区的企业有约91.2%进行过考察，在经济开发区的企业100%进行过考察，其他地区的企业100%进行过考察。经济开发区的企业考察比例高于其他地区，经济开发区是一个经济特区，因而有必要对其进行全面了解。有女性高管的企业有约93.8%进行过考察，无女性高管的企业有90%进行过考察，有女性高管的企业考察比例高于无女性高管的企业，女性行事更为谨慎。

表4-11　　　　　企业是否进行过南非投资的可行性考察状况　　（单位：%）

	有可行性考察	无可行性考察
工业	89.29	10.71
服务业	100.00	0.00
不在经开区	91.18	8.82
南非经开区	100.00	0.00
其他	100.00	0.00
有女性高管	93.75	6.25
无女性高管	90.00	10.00

　　在南非中资企业的调查中，关于投资前南非考察类型，由表4-12数据观察可见，工业企业中有96%进行过市场竞争调查，72%进行过南非外国直接投资法律法规考察，52%进行过南非宗教、文化和生活习惯考察，80%进行过南非劳动力素质考察，约4%进行其他方面考察；服务业企业有100%进行过市场竞争调查，约92.9%进行过南非外国直接投资法律法规考察，约71.4%进行过南非宗教、文化和生活习惯考察，约71.4%进行过南非劳动力素质考察，约7.1%进行其他方面考察；不在经济开发区的企业有100%进行过市场竞争调查，约80.7%进行过南非外国直接投资法律法规考察，约58.1%进行过南非宗教、文化和生活习惯考察，约74.2%进行过南非劳动力素质考察，其他方面考察较少；经济开发区的企业有约83.3%进行过市场竞争调查，约83.3%进行过南非外国直接投资法律法规考察，约83.3%进行过南非宗教、文化和生活习惯考察，100%进行过南非劳动力素质考察，没有进行其他方面考察；其他地区的企业有100%进行过市场竞争调查，100%进行过南非外国直接投资法律法规考察，

100%进行过南非宗教、文化和生活习惯考察，100%进行过南非劳动力素质考察，100%进行过其他方面考察；有女性高管的企业100%进行过市场竞争调查，约83.3%进行过南非外国直接投资法律法规考察，60%进行过南非宗教、文化和生活习惯考察，80%进行过南非劳动力素质考察，其他方面考察较少；无女性高管的企业有约88.9%进行过市场竞争调查，约66.7%进行过南非外国直接投资法律法规考察，约55.6%进行过南非宗教、文化和生活习惯考察，约66.7%进行过南非劳动力素质考察，未进行过其他方面考察。

表 4-12　　　　　　　　企业投资前南非考察类型　　　　（单位：%）

	市场竞争调查		南非外国直接投资法律法规		南非宗教、文化和生活习惯		南非劳动力素质		其他方面考察	
	否	是	否	是	否	是	否	是	否	是
工业	4.00	96.00	28.00	72.00	48.00	52.00	20.00	80.00	96.00	4.00
服务业	0.00	100.00	7.14	92.86	28.57	71.43	28.57	71.43	92.86	7.14
不在经开区	0.00	100.00	19.35	80.65	41.94	58.06	25.81	74.19	96.77	3.23
南非经开区	16.67	83.33	16.67	83.33	16.67	83.33	0.00	100.00	100.00	0.00
其他	0.00	100.00	0.00	100.00	100.00	0.00	0.00	100.00	0.00	100.00
有女性高管	0.00	100.00	16.67	83.33	40.00	60.00	20.00	80.00	93.33	6.67
无女性高管	11.11	88.89	33.33	66.67	44.44	55.56	33.33	66.67	100.00	0.00

　　总而言之，企业投资前都会进行市场竞争调查，近九成进行过南非外国直接投资法律法规考察，再次是进行过南非宗教、文化和生活习惯及南非劳动力素质考察。

　　在南非中资企业的调查中，涉及中资企业2017年安全生产额外支付的问题，由表4-13数据观察可见，约57.1%的工业企业安全生产有额外支付，约71.4%的服务业企业安全生产有额外支付，服务业企业安全生产额外支付的比例高于工业企业，这与服务业企业安全性高有关；不在经济开发区的企业约61.8%安全生产有额外支付，经济开发区的企业约66.7%安全生产有额外支付，其他地区的企业安全生产没有额外支付，在经济开发区的企业安全生产额外支付高于不在经济开发区的企业；有女性高管的企业有约71.9%安全生产有额外支付，无女性高管的企业约有30%安全生产有额外支付，有女性高管的企业安全生产额外支付的比例高于无女性高管的企业。

表 4 - 13　　　　　　　　　2017 年企业安全生产额外支付　　　　　（单位：%）

	安全生产有额外支付	安全生产无额外支付
工业	57.14	42.86
服务业	71.43	28.57
不在经开区	61.76	38.24
南非经开区	66.67	33.33
其他	0.00	100.00
有女性高管	71.88	28.12
无女性高管	30.00	70.00

　　总体而言，近六成以上的企业有安全生产额外支付。

　　在南非中资企业调查中，关于 2017 年企业偷盗损失状况，由表 4 - 14 数据观察可见，工业企业中，约42.9%发生过偷盗损失，服务业企业中，约35.7%发生过偷盗损失，工业企业发生偷盗损失的比例高于服务业企业，这与工业企业规模大有关；不在经济开发区的企业中，约38.2%发生过偷盗损失，经济开发区的企业中，约33.3%发生过偷盗损失，其他地区的企业100%发生过偷盗损失，这与经济开发区的有效管理有关；有女性高管的企业有50%发生过偷盗损失，无女性高管的企业有10%发生过偷盗损失。

表 4 – 14   2017 年企业偷盗损失状况   （单位：%）

	发生过偷盗损失	未发生偷盗损失
工业	42.86	57.14
服务业	35.71	64.29
不在经开区	38.24	61.76
南非经开区	33.33	66.67
其他	100.00	0.00
有女性高管	50.00	50.00
无女性高管	10.00	90.00

总体而言，无论企业类型如何，是否位于南非经开区，或者有无女性高管，在南中资企业都曾经或多或少地遭遇过偷盗行为，或许需要在南中资企业进一步提高自身安全防范意识，同时采取更加有效的防范措施。

在南非中资企业调查中，关于 2018 年南非政治环境情况，由图 4 – 35 数据观察可见，企业管理层认为南非政治环境"比较稳定"的比例约为 26.2%，认为南非政治环境"稳定"的比例约为 33.3%，认为"不稳定，有党派争斗要小心"的比例约为 9.5%，认为"不好说、存在不稳定的风险"的比例约为 31.0%。其中，认为南非政治环境比较稳定和政治环境稳定的比例总值约为 59.5%。

所以，中资企业管理层整体上对南非政局的稳定持乐观态度。

在南非中资企业未来一年经营风险主要方面及比重的调查中，由表 4 – 15 数据观察可见，工业企业认为存在员工工资增长的风险约占 71.4%，存在市场竞争上升的风险约占 82.1%，存在资源获取难度增加的风险占 25%，存在研发后劲不足的风险约占 10.7%，存在政策限制加强的风险占 50%，存在优惠政策效用降低或到期的风险约占 7.1%，存在政治环境变化的风险约占 28.6%，存在中资企业增多的风险约占 14.3%，存在产品或服务无话语权的风险约占 3.6%，其他方面的风险约占 7.1%。

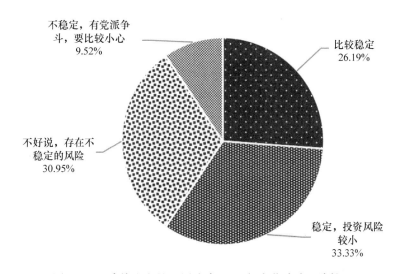

不稳定，有党派争
斗，要比较小心
9.52%

比较稳定
26.19%

不好说，存在不
稳定的风险
30.95%

稳定，投资风险
较小
33.33%

图4-35　中资企业管理层认为2018年南非政治环境情况

表4-15　　　　　　　　　　　企业未来一年经营风险主要方面及比重　　　　　　（单位：%）

	员工工资增长	市场竞争上升	资源获取难度增加	研发后劲不足	政策限制加强	优惠政策效用降低或到期	政治环境变化	中资企业增多	产品或服务无话语权	其他方面
工业	71.43	82.14	25.00	10.71	50.00	7.14	28.57	14.29	3.57	7.14
服务业	64.29	78.57	14.29	14.29	42.86	7.14	14.29	28.57	14.29	21.43
不在经开区	70.59	82.35	20.59	8.82	47.06	5.88	20.59	23.53	8.82	11.76
南非经开区	50.00	83.33	16.67	33.33	66.67	0.00	33.33	0.00	0.00	16.67
其他	100.00	0.00	0.00	0.00	0.00	100.00	100.00	0.00	0.00	0.00
有女性高管	75.00	90.63	25.00	9.38	40.63	6.25	15.63	18.75	6.25	12.50
无女性高管	50.00	50.00	10.00	20.00	70.00	10.00	50.00	20.00	10.00	10.00

　　服务业企业认为存在员工工资增长的风险约占64.3%，存在市场竞争上升的风险约占78.6%，存在资源获取难度增加的风险约占

14.3%，存在研发后劲不足的风险约占 14.3%，存在政策限制加强的风险约占 42.9%，存在优惠政策效用降低或到期的风险约占 7.1%，存在政治环境变化的风险约占 14.3%，存在中资企业增多的风险约占 28.6%，存在产品或服务无话语权的风险约占 14.3%，其他方面的风险约占 21.4%。

不在经济开发区的企业认为存在员工工资增长的风险约占 70.6%，存在市场竞争上升的风险约占 82.4%，存在资源获取难度增加的风险约占 20.6%，存在研发后劲不足的风险约占 8.8%，存在政策限制加强的风险约占 47.1%，存在优惠政策效用降低或到期的风险约占 5.9%，存在政治环境变化的风险约占 20.6%，存在中资企业增多的风险约占 23.5%，存在产品或服务无话语权的风险占 8.8%，其他方面的风险占 11.8%。

在经济开发区的企业认为存在员工工资增长的风险占 50%，存在市场竞争上升的风险约占 83.3%，存在资源获取难度增加的风险约占 16.7%，存在研发后劲不足的风险约占 33.3%，存在政策限制加强的风险约占 66.7%，存在优惠政策效用降低或到期的风险为 0，存在政治环境变化的风险约占 33.3%，存在中资企业增多的风险为 0，存在产品或服务无话语权的风险为 0，其他方面的风险约占 16.7%。

其他地区的企业认为存在员工工资增长的风险占 100%，存在市场竞争上升的风险为 0，存在资源获取难度增加的风险为 0，存在研发后劲不足的风险为 0，存在政策限制加强的风险为 0，存在优惠政策效用降低或到期的风险占 100%，存在政治环境变化的风险占 100%，存在中资企业增多的风险为 0，存在产品或服务无话语权的风险为 0，其他方面的风险为 0。

有女性高管的企业认为存在员工工资增长的风险占 75%，存在市场竞争上升的风险约占 90.6%，存在资源获取难度增加的风险占 25%，存在研发后劲不足的风险约占 9.4%，存在政策限制加强的风险约占 40.6%，存在优惠政策效用降低或到期的风险约占 6.3%，存在政治环境变化的风险约占 15.6%，存在中资企业增多的风险约占

18.8%，存在产品或服务无话语权的风险约占 6.3%，其他方面的风险占 12.5%。

无女性高管的企业认为存在员工工资增长的风险占 50%，存在市场竞争上升的风险占 50%，存在资源获取难度增加的风险占 10%，存在研发后劲不足的风险占 20%，存在政策限制加强的风险占 70%，存在优惠政策效用降低或到期的风险占 10%，存在政治环境变化的风险占 50%，存在中资企业增多的风险占 20%，存在产品或服务无话语权的风险占 10%，其他方面的风险占 10%。

总体而言，企业认为未来一年经营风险主要在于员工工资增长、市场竞争上升、政策限制加强这几个方面。在南非经济开发区的多数企业认为在未来一年的经营风险主要集中在工资增长上，其次为政策限制加强。几乎所有企业对优惠政策效用降低或到期进行风险预测的比例普遍不高，可见其政策性较强，优惠政策明显。但其他地区的企业认为未来一年对优惠政策效用降低或到期的风险预测比例是所有类型企业中最高的，可见南非经济开发区的优惠政策对中资企业的生存和发展是有利的。相对于无女性高管的企业而言，有女性高管的企业在评价未来一年经营风险时更关注市场竞争上升、员工工资增长和资源获取难度增加这几个方面。

第 五 章

南非中资企业雇佣行为与
劳动风险分析

本章将对南非中资企业的雇佣行为与劳动风险进行分析，主要包括三方面：首先，主要通过按照规模大小来划分的企业在南非籍员工和中国籍员工构成本公司的生产员工、非生产员工、中高层管理人员、技术和设计人员的构成上，以及通过对中国籍员工和南非员工的流动情况来分析中资企业的员工构成；其次，通过对南非中资企业派遣的高管任命的时间、对英语和南非语言掌握的程度、培训当地员工的次数和规模、语言沟通的重要性以及员工相关能力重要性等方面的分析来掌握南非中资企业的雇佣行为；最后，通过对南非中资企业与本地员工发生劳动纠纷涉及的人数、原因和时间以及最后的解决途径完成对南非中资企业劳资纠纷及处理效果的分析。

第一节　南非中资企业员工构成分析

在南非中资企业的调查中，关于企业员工的构成，由表 5 - 1 数据观察可见，南非员工占比均值约 78%，最大值达到 100%，那么此时其他国家员工占比为 0，整个企业几乎全是南非员工，最小值也达 0，标准差较大，约为 22.3。中国员工占比均值约为 22%，远低于南非员工占比的均值，约低 56%，其他国家员工没有。

表5-1		企业员工构成		（单位：%）
	均值	标准差	最大值	最小值
女性员工占比	31.36	18.72	70.00	0.00
南非员工占比	78.03	22.32	100.00	0.00
中国员工占比	21.97	22.32	100.00	0.00
其他国家员工占比	0.00	0.00	0.00	0.00

由此可见，在南非中资企业中，南非员工占绝大部分，中资企业为促进南非就业做出了贡献。其中女性员工占比约为31.4%，标准差约为18.7，南非中资企业女性职工占比差别较大，最大值为70%，最小值为0。

在南非中资企业调查中，企业一线工人或生产员工构成，由表5-2数据观察可见，企业一线员工或生产员工均值约47.8%，标准差很大，约为35，最大值约90%，最小值为0。在一线员工或生产员工中，南非员工占比均值约94.4%，最大值达100%，此时一线员工或生产员工几乎全部是南非籍，最小值约为29.1%，中国员工占比均值约为5.5%，其他国家员工占比均值约为0.1%。

表5-2		企业一线工人或生产员工构成		（单位：%）
	均值	标准差	最大值	最小值
一线员工或生产员工占比	47.83	34.98	90.00	0.00
一线员工或生产员工中南非员工占比	94.38	16.40	100.00	29.07
一线员工或生产员工中中国员工占比	5.53	16.41	70.93	0.00
一线员工或生产员工中其他国家员工占比	0.09	0.53	2.94	0.00

由此可见，在南非中资企业中，绝大多数的一线或生产员工为南非人，这也基本符合南非劳动力充足但整体教育水平不高以及劳动技能欠缺的特点。但从另一个侧面还是可以反映出在南非中资企业为促进当地就业所作出的贡献。

在南非中资企业调查中，关于企业中高层管理员工构成的问题，由表5-3数据观察可见，中高层管理员工占比均值约为12.4%，最大值也仅约为43.5%，最小值约为0.7%。中高层管理人员中，南非员工占比均值约为32.3%，最大值为100%，最小值为0，标准差较大，约为28。中国员工占比均值约为67.8%，最大值约为100%，最小值为0，标准差值较大，约为28。

表5-3 企业中高层管理员工构成 （单位：%）

	均值	标准差	最大值	最小值
中高层管理员工占比	12.41	9.35	43.48	0.67
中高层管理人员中南非员工占比	32.25	28.04	100.00	0.00
中高层管理人员中中国员工占比	67.75	28.04	100.00	0.00

由此可见，在南非中资企业中高层管理员工中，中国员工占大多数，南非员工占比较少，这与中高层管理员工学历和教育水平要求较高有关，南非的教育水平还有待发展，当地员工的教育管理水平还有待提高，满足中高层管理员工要求的比例较少，因而中国外派的中高层管理人员较多。

在南非中资企业调查中，关于企业技术人员和设计人员构成，由表5-4数据观察可见，技术人员和设计人员占比均值为12.5%，最大值为70%，最小值为0。在技术人员和设计人员中，南非员工占比均值约为56.7%，最大值100%，最小值为0，中国员工占比均值约为42.5%，最大值为100%，最小值为0。

表5-4 企业技术人员和设计人员构成 （单位：%）

	均值	标准差	最大值	最小值
技术人员和设计人员占比	12.50	14.54	70.00	0.00
技术人员和设计人员中南非员工占比	56.65	42.48	100.00	0.00
技术人员和设计人员中中国员工占比	42.47	42.00	100.00	0.00

　　由此可见，在南非中资企业技术人员和设计人员中，南非员工比中国员工多。另外，其标准差值超过35，可知南非中资企业中，技术员和设计人员每个企业差别较大。

　　在南非中资企业调查中，关于企业非生产员工构成，由表5－5数据观察可见，非生产员工占比均值约为14.8%，最大值约为72.2%，最小值为0。在非生产员工中，南非员工占比均值约为67.5%，最大值为100%，最小值为0。中国员工占比均值约为28.2%，最大值为100%，最小值为0。

表5－5	企业非生产员工构成			（单位：%）
	均值	标准差	最大值	最小值
非生产员工占比	14.82	17.56	72.22	0.00
非生产员工中南非员工占比	67.54	33.37	100.00	0.00
非生产员工中中国员工占比	28.16	32.75	100.00	0.00

　　由此可见，在南非中资企业非生产员工中南非员工略多于中国员工。另外，其标准差值超过30，可知南非中资企业中，非生产员工每个企业差别较大。

　　在南非中资企业调查中，关于按企业规模大小划分的企业员工构成的问题，由表5－6数据观察可见，小型企业女性员工占比均值低于中型企业和大型企业，依次分别约为26.2%、28.7%、35.8%，越大型企业女性员工越多。其中，大型中资企业女性员工差别较大，标准差约为20.1，最大值为70%，最小值约为3.3%，小型企业标准差最小，约为17.4，最大值约为45.5%，最小值为0，小型企业女性员工差别较小；就中高管理层来说，小型企业中高管理层员工的比例高于中型企业，高出约10.5%，其均值分别约为24.5%和14%。大型企业中高管理层的员工比例虽小，但其差别不大，标准差值仅约为3.7，是本表中标准差值最小的；就技术人员和设计人员来说，小型企业是三类企业中均值最高的，约为16.2%，小型企业

与中型企业技术人员和设计人员均值差不多，约为 16.3% 和
18.1%，但大型企业技术人员和设计人员的标准差值低于中、小型
企业，为其一半，其技术员和设计人员的差别较小；就非生产员工
占比来说，小型企业的非生产员工占比均值最大，约为 18.8%，中
型企业和大型企业占比均值较小，分别为 15% 和约 13.5%。中型企
业中非生产员工比例差别也最大，标差值约 21.2，最多的约
72.2%，最小的为 0。

表 5-6　　　　　　按企业规模大小划分的企业员工构成　　　（单位：%）

	企业规模类型	均值	标准差	最大值	最小值
女性员工占比	小型企业	26.17	17.42	45.45	0.00
	中型企业	28.72	17.88	62.50	0.00
	大型企业	35.84	20.07	70.00	3.33
中高管理层占比	小型企业	24.49	7.29	36.36	16.67
	中型企业	14.01	10.03	43.48	4.23
	大型企业	7.09	3.69	14.55	0.67
技术人员和设计人员占比	小型企业	16.16	16.32	36.36	0.00
	中型企业	14.50	18.11	70.00	0.00
	大型企业	9.19	8.49	33.33	0.00
非生产员工占比	小型企业	18.79	20.96	50.00	0.00
	中型企业	15.00	21.17	72.22	0.00
	大型企业	13.46	12.23	35.00	0.00

在南非中资企业调查中，关于企业全部人员流动情况的问题，由
表 5-7 数据观察可见，就新增雇佣人员来说，大型企业的新增雇佣
人员均值最高，约 35.9，远远高于中型企业的 7.3 和小型企业的
1.4，当然，大型企业新增雇佣人员的差别也较大，标准差高约
49.3，最大值为 200，最小值为 0。可以看出，大型企业新增雇佣人
员最多。

表5－7　　　　　　　　　　　企业全部人员流动情况

	企业规模类型	均值	标准差	最大值	最小值
新增雇佣人员	小型企业	1.4	1.34	3	0
	中型企业	7.32	13.51	60	0
	大型企业	35.88	49.28	200	0
辞职人员	小型企业	1.8	2.49	6	0
	中型企业	5.63	10.56	35	0
	大型企业	17.29	23.36	100	0
净流入人员	小型企业	-0.4	3.21	2	-6
	中型企业	1.68	9.18	25	-25
	大型企业	18.59	29.27	100	-5

就辞职人员来说，大型企业的辞职人员也远高于中型企业和小型企业，其均值约17.3，而中型企业和小型企业辞职人员的均值约为5.6和1.8。同样，大型企业辞职人员差别较大，标准差约23.4，最大值为100，最小值为0；大型企业的净流入人员也远高于中型企业和小型企业，其均值约18.6，而中型企业和小型企业辞职人员的均值约为1.7和－0.4。大型企业人员流动性较大，新增雇员多，辞职人员也多。小型企业人员最稳定，新增雇佣人员比辞职人员少，因而其净流入量约为－0.4。

同样，每家大型企业净流入人员差别较大，标准差约29.3，最大值为100，最小值为－5，说明有些企业辞职的人员更多，有些中型企业辞职的人员比新雇佣的人员多。

在南非中资企业调查中，企业南非人员流动情况，由表5－8数据观察可见，就新增雇佣人员而言，大型企业的新增雇佣人员均值最高，约33.7，远远高于中型企业7.1和小型企业的1，当然，大型企业新增雇佣人员的差别也较大，标准差约49.7，最大值为200，最小值为0。大型企业辞职的南非人员也远高于中型企业和小型企业，其均值约17.1，而中型企业和小型企业辞职的南非人员均值约为5.6和

1.6。同样,大型企业每家企业辞职人员差别较大,标准差约24.1,最大值为100,最小值为0。

表5-8 企业南非人员流动情况

	企业规模类型	均值	标准差	最大值	最小值
新增雇佣人员	小型企业	1	1	2	0
	中型企业	7.05	13.08	58	0
	大型企业	33.65	49.69	200	0
辞职人员	小型企业	1.6	2.51	6	0
	中型企业	5.63	10.56	35	0
	大型企业	17.13	24.12	100	0
净流入人员	小型企业	-0.6	3.13	2	-6
	中型企业	1.42	8.88	23	-25
	大型企业	17.63	29.83	100	-5

由此可见,大型企业新增南非雇佣人员较多,辞职人员也最多,其流动性也高于中型企业和小型企业;大型企业南非人员的净流入也远高于中型企业和小型企业,其均值约17.6,而中型企业和小型企业辞职人员的均值约为1.4和-0.6,大型企业南非籍员工流动性较大,小型企业人员最稳定,新增雇佣人员比辞职人员都较少,因而其净流入量为-0.6。同样,大型企业净流入人员差别较大,标准差约17.6,最大值为100,最小值为-5,说明有些企业辞职的南非籍员工更多。有些中型企业辞职的南非人员比新雇佣的人员少。

在南非中资企业调查中,关于企业中中国人员流动情况的问题,由表5-9数据观察可见,就中国员工而言,大型企业的新增雇佣人员均值最高,约为2.2,高于中型企业的0.3,小型企业的0.4。大型企业新增雇佣人员的差别也较大,标准差约为5.1,最大值约为20,最小值为0;小型企业辞职的中国员工也高于中型企业和大型企业,其均值约0.2,而中型企业和大型企业无中国员工辞职。

表 5 - 9　　　　　　　　　　　企业中中国人员流动情况

	企业规模类型	均值	标准差	最大值	最小值
新增雇佣人员	小型企业	0.4	0.89	2	0
	中型企业	0.26	0.65	2	0
	大型企业	2.24	5.06	20	0
辞职人员	小型企业	0.2	0.45	1	0
	中型企业	0	0	0	0
	大型企业	0	0	0	0
净流入人员	小型企业	0.2	0.45	1	0
	中型企业	0.26	0.65	2	0
	大型企业	2.13	5.2	20	0

同样，小型企业辞职中国员工差别较大，标准差约为 0.5，最大值约为 1，最小值为 0。大型企业中中国员工新增雇佣人员多，辞职人员无，其流动性相对较大；大型企业的净流入中国人员也远高于中型企业和小型企业，其均值约为 2.1，而中型企业和小型企业分别约为 0.3 和 0.2，人员都较稳定，新增雇佣人员和辞职人员都较少。

同样，每家大型企业净流入人员差别较大，标准差为 5.2，最大值为 20，最小值为 0，说明有些大型企业辞职的中国员工更多。不管企业大小如何，中国员工的稳定性都要远远高于南非员工的稳定性，也远远高于整个企业员工的稳定性。

第二节　南非中资企业的雇佣行为分析

在南非中资企业的调查中，中国派到南非高管的平均派遣时间，由图 5 - 1 数据观察可见，未满一年的占 12.5%，一年至三年的占 12.5%，四年至六年的占 62.5%，六年以上的占 12.5%。

由此可见，中国派到南非的高管中，六成以上的人驻扎时间为四年至六年，时间较长，六年以上的不到两成。由此可见，派遣时间多数为四年至六年。

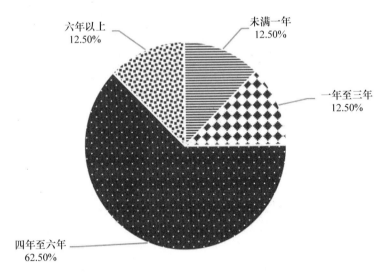

图 5-1　中国派到南非高管的平均派遣时间

在南非中资企业调查中，企业高管英语流利程度，由表 5-10 数据观察可见，工业企业高管英语非常流利的约占 21.4%，流利的约占 46.4%，可以交流的约占 32.1%，会一点和完全不会的没有，全部人都可以用英语交流；服务业企业高管英语非常流利的占 50%，流利的约占 42.9%，可以交流的约占 7.1%，会一点的和完全不会的没有。可见服务业的企业高管英语流利程度高于工业企业，一半的人英语非常流利，这与服务业的行业性质有关，其需要沟通和交流的要求和机会比较多，即使刚派驻时只是可以交流，经过锻炼，也可以提升到流利或非常流利的程度。

表 5-10　　　　　　　　　企业高管英语流利程度　　　　　　　（单位：%）

	完全不会	会一点	可以交流	流利	非常流利
工业	0.00	0.00	32.14	46.43	21.43
服务业	0.00	0.00	7.14	42.86	50.00
不在经开区	0.00	0.00	20.59	47.06	32.35
南非经开区	0.00	0.00	33.33	50.00	16.67
其他	0.00	0.00	100.00	0.00	0.00

不在经开区的企业高管英语非常流利的约占 32.4% ，流利的约占 47.1% ，可以交流的约占 20.6% ，会一点的和完全不会的没有，大家都能交流，大部分都流利；在南非经开区的企业高管英语非常流利的约占 16.7% ，流利的为 50% ，可以交流的约占 33.3% ，会一点的和完全不会的没有；在其他地区的企业高管中，100% 的人可以交流。

由此可见，不在经济开发区和在经开区高管英语流利程度以上的比例总分别约为 79.4% 和 66.7% ，要高于其他地区的企业的 0 。经开区是南非政府为促进经济发展，划出的独立区域，享有许多优惠政策，只要企业满足条件，即可入驻，与其他地区交流沟通可能相对较少。

在南非中资企业调查中，关于企业高管南非语言流利程度，由表5－11 数据观察可见，工业企业高管南非语言非常流利的占 0 ，流利的约占 10.7% ，可以交流的约占 17.9% ，会一点的约为 17.9% ，完全不会的约占 53.6% ，会一点的高管超过 46.4% ；服务业企业高管南非语言非常流利的约占 7.1% ，流利的约占 14.3% ，可以交流的占 0 ，会一点的约占 35.7% ，完全不会约占 42.9% 。可见工业、服务业企业高管南非语言流利程度以上的比例不多，10% 至 20% 之间，近一半的人仅会一点，非常流利的占比更少。

表 5－11　　　　　　　　企业高管南非语言流利程度　　　　　　（单位：%）

	完全不会	会一点	可以交流	流利	非常流利
工业	53.57	17.86	17.86	10.71	0.00
服务业	42.86	35.71	0.00	14.29	7.14
不在经开区	44.12	26.47	11.76	14.71	2.94
南非经开区	66.67	16.67	16.67	0.00	0.00
其他	100.00	0.00	0.00	0.00	0.00

不在经开区的企业高管南非语言非常流利的约为 2.9% ，流利的约占 14.7% ，可以交流的约占 11.8% ，会一点的约占 26.5% ，完全

不会的约占 44.1%；在经开区的企业高管南非语言非常流利的为 0，流利的也为 0，可以交流的约占 16.7%，会一点的约占 16.7%，完全不会的约占 66.7%；在其他地区的企业高管中，对南非语言完全不会的占 100%。

由此可见，在其他地区的高管南非语言流利以上程度的没有，不在经济开发区企业、工业企业和服务企业高管南非语言可以交流程度以上的比例总值分别约为 29.4%、28.6% 和 21.4%，在经开区企业高管南非语言达到可以交流以上程度的比例总值约为 16.7%，相对来说，在经开区企业高管南非语言程度最不占优势。

在南非，其官方语言总共 11 种，英语为主流官方语言，所以中资企业高管的南非语言的掌握情况不是很平均。只要懂英语，虽不懂南非语言也不影响交流。

在南非中资企业调查中，企业培训人员规模与次数，由表 5-12 数据观察可见，企业 2018 年对南非员工培训人数均值约为 207.1 人，各企业差别很大，标准差高约 378.9，最大值 1440 人，最小值为 3 人。2018 年培训次数均值约为 25.8 次，最大值为 600 次，最小值为 1 次。2018 年中资企业南非员工培训人数和次数都较多。

表 5-12　　　　　　　　企业培训人员规模与次数　　　　　　（单位：人，次）

	均值	标准差	最大值	最小值
2018 年培训的南非员工人数	207.06	378.94	1440	3
2018 年培训的次数	25.78	105.11	600	1
工业企业员工培训次数	39.58	135.99	600	1
服务业企业员工培训次数	5.62	7.64	30	1
不在任何经济开发区的企业员工培训次数	30.32	118.88	600	1
南非经济开发区的企业员工培训次数	无	无	无	无
其他企业员工培训次数	8.6	15.34	36	1
有自身工会的企业员工培训次数	16	5.66	20	12
没有自身工会的企业员工培训次数	26.43	108.63	600	1

　　工业企业员工培训次数均值为 39.6 次，服务业企业员工培训次数均值约为 5.6 次，低于工业企业，但服务业企业培训次数标准差也低于工业企业，低出 128.4。按是否在经济开发区划分，不在任何经济开发区的企业员工培训次数均值约为 30.3 次，其他地区的企业员工培训次数均值约为 8.6 次，经济开发区没有数据。没有自身工会的企业员工培训次数均值约为 26.4 次，高于有自身工会的企业员工培训次数均值约 10.4。

　　在南非的中资企业调查中，关于企业对员工培训的类型，由表 5-13 数据观察可见，南非中资企业对员工培训的类型有管理与领导能力、人际交往与沟通技能、职业道德与责任心、写作能力、计算机或一般 IT 使用技能、工作专用技能、英文读写、安全生产和其他能力。

表 5-13　　　　　　　　　企业对员工培训的类型　　　　　　（单位：%）

	管理与领导能力	人际交往与沟通技能	职业道德与责任心	写作能力	计算机或一般 IT 使用技能	工作专用技能	英文读写	安全生产	其他能力
工业	31.58	26.32	5.26	21.05	15.79	57.89	5.26	89.47	5.26
服务业	71.43	71.43	7.14	50.00	28.57	71.43	0.00	64.29	7.14
不在经开区	53.85	50.00	0.00	26.92	15.38	61.54	0.00	76.92	7.69
南非经开区	40.00	40.00	40.00	60.00	60.00	60.00	20.00	80.00	0.00
其他	0.00	0.00	0.00	100.00	0.00	100.00	0.00	100.00	0.00
有自身工会	50.00	0.00	0.00	0.00	0.00	0.00	0.00	50.00	50.00
没有自身工会	48.39	48.39	6.45	35.48	22.58	67.74	3.23	80.65	3.23

　　其中，工业企业，培训最多的是安全生产，约占 89.5%，其次是工作专用技能，约占 57.9%，再次是管理与领导能力和人际交往与沟通技能，分别约为 31.6% 和 26.3%；服务业企业，培训最多的是管理与领导能力、人际交往与沟通技能和工作专用技能，均约为

71.4%，其他依次是安全生产和写作能力，分别约为 64.3% 和 50%。

工业生产最重要的是安全，工业企业非常重视这点，把它放在首位来培训。工业和服务业企业对工作专用技能、人际交往与沟通技能和管理与领导能力都较重视；对于不在经济开发区的企业，培训最多的是安全生产，约 76.9%，其次是工作专用技能约 61.5%，再次是管理与领导能力和人际交往与沟通技能力，分别约为 53.9% 和 50%。

对于在经济开发区的企业培训最多的是安全生产，占 80%，其次是工作专用技能、写作能力、计算机或一般 IT 使用技能、工作专用技能，都为 60%。其他地区工作专用技能和安全生产达 100%。其他项目没有培训。就有没有自身工会来说，有自身工会的企业，培训最多的是安全生产、其他能力和管理与领导能力均约为 50%。没有自身工会的企业，培训最多的是安全生产约为 80.7%，其次为工作专用技能约为 67.7%，再次为管理与领导能力、人际交往与沟通技能，均约为 48.4%。

由此可见，所有的中资企业都非常重视安全生产的培训，其次为工作专用技能、管理与领导能力。

在南非中资企业的调查中，就企业没有正规培训的原因调查中，由图 5-2 数据观察可见，公司没有正规培训，最主要的原因是"不需要"，有约 44.4% 的企业持此观点，其次认为是"缺乏企业工作相关的培训项目"，约有 22.2% 的企业持此观点，"成本过高、在东道国没有机构提供培训、不知道"，都占比约为 11.1%。

在南非中资企业的调查中，关于 2017 年南非中资企业招聘遇到的问题类型，由表 5-14 数据观察可见，就工业企业而言，最大的问题是缺乏所需的技能，占比约为 60.7%，其次是期望薪酬过高，占比约为 40.7%，再次是对工作条件不满，占比约为 23.1%，对交流困难和求职者过少的少。就服务业来说，约有 42.9% 的企业认为应聘者缺乏所需的技能，其次是期望薪酬过高和求职者过少，分别约为 35.7% 和 14.3%。

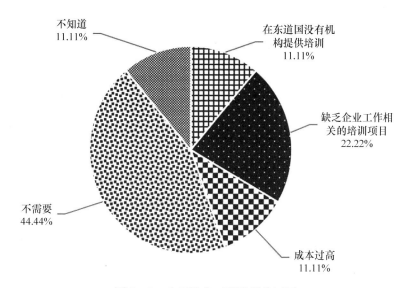

图 5 - 2 公司没有正规培训的原因

表 5 - 14		2017 年企业招聘遇到的问题类型			（单位：%）
	求职者过少	缺乏所需技能	期望薪酬过高	对工作条件不满	交流困难
工业	14.81	60.71	40.74	23.08	11.54
服务业	14.29	42.86	35.71	0.00	0.00
不在经开区	15.15	50.00	33.33	12.50	6.25
南非经开区	16.67	83.33	66.67	16.67	16.67
其他	0.00	100.00	100.00	100.00	0.00
有自身工会	33.33	33.33	33.33	0.00	0.00
没有自身工会	13.16	56.41	39.47	16.22	8.11

　　不管是工业企业还是服务业企业，都认为招聘过程中遇到最大的问题是缺乏所需的技能，可见南非满足企业需要的人才较缺乏，然后就是期望薪酬过高。同样就是否在经济开发区的企业来说，招聘过程中遇到的问题仍是缺乏所需的技能、期望薪酬过高和交流困难。

　　就是否有自身工会的企业来说，招聘过程中遇到的问题依然是缺乏所需技能、期望薪酬过高和交流困难。

总体而言，缺乏所需技能是中资企业在南非招聘过程中遇到的主要问题，这与南非国情有关，国家的教育水平有待提高，人才匮乏，包括交流困难也与国家的教育水平有关。期望薪酬过高这个问题是企业招聘过程中普遍遇到的问题，所有企业都会遇到类似的问题。招聘过程中较少遇到求职者过少和对工作条件不满的，可见求职人数不少，只是满足条件的少。

在南非中资企业调查中，企业主认为语言沟通能力的重要性，由图 5-3 数据观察可见，企业主认为中文听说能力最不重要的约占 82.9%，认为重要的占比小；认为英文听说能力最重要的约占 65.9%，很重要的约占 19.5%，重要的约占 9.8%，由此可见，近七成的企业主认为英文听说能力重要；就沟通能力来说，超过九成的企业主认为重要，其中，认为最重要的占比约为 39%，很重要的约为 41.5%，重要的约为 17.1%，不太重要和最不重要的均为 0。

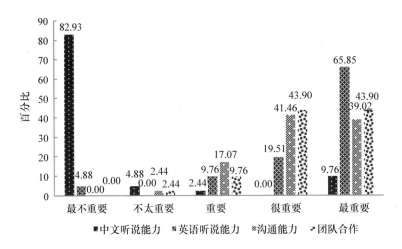

图 5-3　企业主认为语言沟通能力的重要性

由此可见，相对于中文听说能力，英文听说能力更为重要。另外，几乎所有的企业主都认为语言沟通能力重要，因而在企业培训时也比较注重沟通能力的培训。

在南非中资企业调查中，由图 5 - 4 数据观察可见，企业主认为员工的时间管理能力、问题解决能力、独立工作能力和相关技能都重要，其在重要程度上的占比分别约为 92.7%、92.7%、95.1%、100%。南非中资企业认为最重要的是时间管理的能力和问题解决的能力。

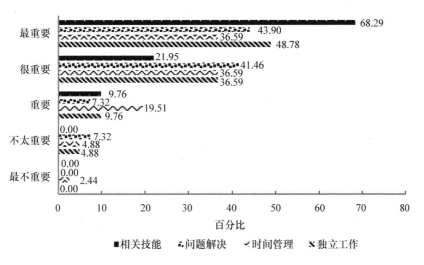

图 5 - 4　企业主认为员工相关能力的重要性

第三节　南非中资企业劳资纠纷及处理效果分析

在南非中资企业调查中，由图 5 - 5 数据观察可见，最长劳动争议持续时间为 0 天的约占 56.1%，1—7 天的约占 31.7%，7 天以上的为 12.2%。

由此可见，其劳资纠纷处理得较好，近六成持续时间未到 1 天，当天就解决了，较少有持续 7 天以上的。

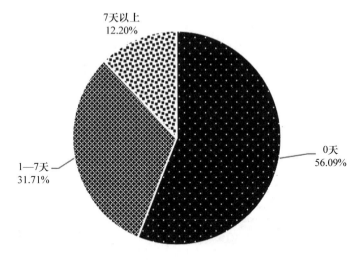

图 5 - 5　最长劳动争议的持续时间

在南非中资企业调查中，关于影响最大的劳动争议涉及人数，由图 5 - 6 数据观察可见，涉及 0 人的约为 51.2%，1—50 人约占 34.2%，51—200 人的约占 9.8%，200 人以上的约占 4.9%，近五成的中资企业没有发生劳动争议，涉及人数 200 人以上的劳动争议更少。

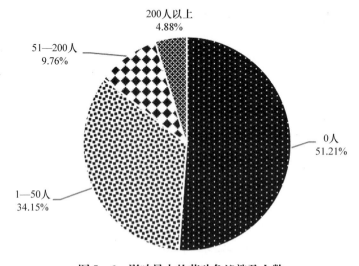

图 5 - 6　影响最大的劳动争议涉及人数

由此可见，南非中资企业员工劳动争议涉及人数较少。

在南非中资企业的调查中，涉及企业产生的劳动争议的原因，由表 5 – 15 数据观察可见，其劳动争议的主要原因有工资纠纷、社会保障纠纷、劳动合同纠纷，以及在工业企业、不在经济开发区的企业、有女性高管的企业及没有自身工会的企业中有少量的雇佣外籍员工引发的冲突，没有因不满现有的安全生产条件、环境和资源保护力度不足而产生的争议，可见中资企业安全生产是过关的，环境和资源保护力度也是足够的，这与其重视安全生产培训和重视环境和资源保护有一定的关系。

表 5 – 15　　　　　　　　　　　企业产生的劳动争议的原因　　　　　　　　　（单位：%）

	工资纠纷	社会保障纠纷	劳动合同纠纷	雇佣外籍员工引发冲突	不满现有的安全生产条件	环境和资源保护力度不足	其他原因
工业	78.95	21.05	10.53	5.26	0.00	0.00	15.79
服务业	100.00	50.00	50.00	0.00	0.00	0.00	0.00
不在经开区	83.33	27.78	16.67	5.56	0.00	0.00	11.11
南非经开区	50.00	0.00	0.00	0.00	0.00	0.00	50.00
其他	100.00	0.00	0.00	0.00	0.00	0.00	0.00
有女性高管	75.00	18.75	12.50	6.25	0.00	0.00	18.75
无女性高管	100.00	40.00	20.00	0.00	0.00	0.00	0.00
有自身工会	50.00	0.00	0.00	0.00	0.00	0.00	50.00
没有自身工会	84.21	26.32	15.79	5.26	0.00	0.00	10.53

就行业来说，不管是工业企业还是服务业企业，劳动纠纷中工资纠纷占比较高，分别约为 79% 和 100%，其次是社会保障纠纷，分别约为 21.1% 和 50%，最后才是劳动合同纠纷，分别约 10.5% 和 100%。工业企业的工资纠纷略低于服务业，因为工业企业的利润率稍高，且其劳动合同纠纷也较低。

不在经济开发区的企业中，其工资纠纷占比约为 83.3%，劳动合同纠纷约为 16.7%；在经济开发区的企业中，工资纠纷为 50%。不在经济开发区的企业劳动合同纠纷和社会保障纠纷分别约为 16.7% 和 27.8%。其他地区主要是工资纠纷，为 100%。由此可见，经济开发区企业的工资问题处理得较好。

在有自身工会的企业中，其工资纠纷占比为 50%，劳动合同纠纷和社会保障纠纷都为 0，在没有自身工会的企业中，工资纠纷约为 84.2%，劳动合同纠纷约为 15.8%，社会保障纠纷约为 26.3%。由此可见，南非工会的存在有利于保障工人的合法权益。

在南非中资企业的调查中，有关企业近三年来劳动争议的解决途径问题，由表 5-16 数据观察可见，或采取与行业工会谈判解决，或当地警察协助解决，或中国商会居中调停，或采取法律途径解决，或采取其他途径解决。在工业企业中，通过行业工会谈判解决的争议中，解决了的约占 35.3%，通过当地警察协助解决的争议中，解决了的为 0，通过中国商会居中调停争议的约占 29.4%；通过法律途径，解决了的争议占 5.9%；通过其他途径，解决了的争议约占 29.4%。在服务业企业中，通过行业工会谈判解决的争议，解决了的为 0；通过当地警察协助解决的争议，都没有解决；通过中国商会居中调停的争议，没有解决了的；通过法律途径，解决了的争议为 0；通过其他途径，解决了的争议占 100%。

表 5-16　　　　　　　企业近三年劳动争议解决途径　　　　（单位：%）

	与行业工会谈判解决		当地警察协助解决		中国商会居中调停		法律途径		其他途径	
	是	否	是	否	是	否	是	否	是	否
工业	35.29	5.88	0.00	29.41	29.41	35.29	5.88	0.00	29.41	29.41
服务业	0.00	0.00	0.00	100.00	0.00	0.00	0.00	0.00	100.00	0.00
不在经开区	31.25	6.25	0.00	37.50	25.00	31.25	6.25	0.00	37.50	25.00
南非经开区	50.00	0.00	0.00	0.00	50.00	50.00	0.00	0.00	0.00	50.00

续表

	与行业工会谈判解决		当地警察协助解决		中国商会居中调停		法律途径		其他途径	
	是	否	是	否	是	否	是	否	是	否
其他	0.00	0.00	0.00	100.00	0.00	0.00	0.00	0.00	100.00	0.00
有女性高管	35.71	7.14	0.00	42.86	14.29	35.71	7.14	0.00	42.86	14.29
无女性高管	20.00	0.00	0.00	20.00	60.00	20.00	0.00	0.00	20.00	60.00
有自身工会	50.00	0.00	0.00	50.00	0.00	50.00	0.00	0.00	50.00	0.00
没有自身工会	29.41	5.88	0.00	35.29	29.41	29.41	5.88	0.00	35.29	29.41

由此可见，不管行业如何，解决争议的途径方式多样，但见效都不太明显。

在不在经济开发区的企业中，通过行业工会谈判解决的争议中，解决了的约占31.3%；通过当地警察协助解决的争议中，解决了的占0；通过中国商会居中调停的争议，解决了的占25%；通过法律途径，解决了的争议约占6.3%；通过其他途径，解决了的争议占37.5%。在经济开发区的企业中，通过行业工会谈判解决的争议中，解决了的占50%；通过当地警察协助解决的争议中，都没有解决；通过中国商会居中调停的争议，解决了的争议占50%；通过法律途径解决的争议中，都没有解决；通过其他途径，解决了的争议为0。在其他地区，通过其他途径，解决的有100%。

由此可见，不在经济开发区的企业争议中，其他途径在解决争议时的效果相对明显，其次是行业工会和中国商会的解决方式。在经济开发区的企业争议中，行业工会谈判和中国商会居中调停解决的效果较好。

在有女性高管的企业中，通过行业工会谈判解决的争议中，解决了的约占35.7%；通过当地警察协助解决的争议中，解决了的为0；

通过中国商会居中调停的争议，解决了的约14.3%；通过法律途径，解决了的争议约占7.1%；通过其他途径，解决了的争议约占42.9%。在没有女性高管的企业中，通过行业工会谈判解决的争议中，解决了的占20%；通过当地警察协助解决的争议中，没有解决的；通过中国商会居中调停的争议，解决了的争议占60%；通过法律途径，解决了的争议约为0；通过其他途径，解决了的占20%。

由此可见，在有女性高管的企业中，其他途径在解决争议时的效果相对明显，其次是工会谈判解决方式。在没有女性高管的企业争议中，中国商会调停解决途径方式解决的效果较好，其次是其他途径和工会谈判解决方式。

在有自身工会的企业中，通过行业工会谈判解决的争议中，解决了的占50%；通过当地警察协助解决的争议中，都没解决；通过中国商会居中调停的争议，没有解决；通过法律途径，解决了的争议，都没解决；通过其他途径，解决了的争议占50%。在没有自身工会的企业中，通过行业工会谈判解决的争议中，解决了的占约29.4%；通过当地警察协助解决的争议中，都没解决；通过中国商会居中调停的争议，解决了的争议约占29.4%；通过法律途径，都没解决；通过其他途径，解决的约占35.3%。

由此可见，在有自身工会的企业中，工会谈判和其他途径都比较见效。在没有自身工会的企业争议中，其他途径方式解决的效果较好，其次是工会谈判和中国商会调停解决。

通过对南非中资企业员工构成分析、南非中资企业的雇佣行为分析和南非中资企业劳资纠纷及处理效果分析，可以看到南非中资企业在促进当地人民的就业方面发挥了巨大的作用，同时，南非中资企业在遇到劳资纠纷时往往会采取非常积极的态度予以面对并及时进行处理，以此最大限度地降低其对企业生产经营活动的影响。虽然绝大多数的南非中资企业高层管理人员的南非本地语言水平不高，但英语水平普遍较好，对于企业的生产经营活动正常开展不会造成大的影响。

第 六 章

南非中资企业本地化经营与
企业国际形象分析

本章将从在南非中资企业的本地化经营程度、中资企业对南非社会责任的履行情况、企业在南非形象和认知度以及企业在南非的公共外交情况进行调查分析，以期得出关于在南中资企业本地化经营的概况，进而全面了解在南中资企业的国际形象。

第一节　南非中资企业本地化
经营程度

如表 6 - 1 至表 6 - 3 所示，调查统计了各受访企业更换原材料供应商和产品经销商的一些基本情况。表 6 - 1 显示的是受访企业中表示更换过南非供应商的有 21 家，总计更换了 173 家，平均每个企业更换了 8.2 家左右，最多更换了 30 家。在更换南非经销商情况方面，有 5 家受访企业表示更换过，共更换过 34 家，平均更换 6.8 家左右，最多的企业更换了 15 家南非经销商。总体看来，受访中资企业更换供应商的情况更多一些，更换频率也更大。南非中资企业更换供应商的标准差和最大值大于更换的经销商，也说明更换供应商的中资企业内部差异较大。

表6-1　　　　　　　　南非供应商、销售商更换数量　　　　（单位：个）

	更换过的企业	更换数量	平均值	标准差	最大值	最小值
供应商	21	173	8.24	7.65	30	1
经销商	5	34	6.8	5.67	15	1

受访中资企业均表示除南非本土的供应商和经销商之外，它们也与其他国家的供应商和经销商有着广泛的合作。如表6-2所示，受访企业表示其另外的供应商来自除南非以外的23个国家，平均每个企业约有2.2个不同国别的供应商，最多达到10个国家。另外，受访企业的经销商总计来自7个不同国家，平均每个企业有来自约2.6个不同国家的经销商，最多的达到6个国家。受访企业非南非供应商和经销商的数量差异并不大，标准差相差也较小，但个别企业有特别多的不同国家的供应商，由此判断在受访企业中，总体看来其生产和销售均较为全球化。

表6-2　　　　　　　　非南非供应商、经销商来源国　　　　（单位：个）

	来源国的国别数量	均值	标准差	最大值	最小值
供应商	23	2.17	2.35	10	1
经销商	7	2.57	1.9	6	1

表6-3所示的是受访中资企业的中国供应商和经销商的情况，中国的供应商远多于中国经销商，企业合作的中国供应商高达120家，平均每个企业有中国供应商5家；经销商仅有10家，平均每个企业仅1.4家左右。

调查显示，绝大部分的南非中资企业与国内原材料供应商合作较为紧密，相关合作成本较低，进货渠道便捷。中国供应商的标准差较大，说明南非当地中资企业与合作的中国供应商个体差异较大。中资企业合作的中国经销商极少，说明这些企业产品主要针对当地企业，因而与当地的经销商合作较多。

表6-3 中国的供应商、经销商数量 （单位：家）

	中国的供应商、经销商数量	均值	标准差	最大值	最小值
供应商	120	5	4.54	15	1
经销商	10	1.43	0.79	3	1

在南非中资企业的本地化过程和生产经营中，不可避免地会与合作方产生相关纠纷，所以调查中也统计分析了在南非中资企业发生经济纠纷的相关情况，如表6-4至表6-6所示。表6-4呈现的是处在不同类型城市中的中资企业发生经济纠纷的基本情况。

总的来说，经济纠纷的发生率都比较低，在首都城市，没有与供应商或经销商发生经济纠纷的案例。在规模较小的商业城市，有部分企业与其供应商发生纠纷的案例，占比小于一成。

表6-4 城市类型与经济纠纷情况 （单位：%）

	与供应商经济纠纷		与经销商经济纠纷	
	是	否	是	否
首都城市	0.00	100.00	0.00	100.00
商业城市	8.33	91.67	0.00	100.00
非城市	0.00	100.00	0.00	100.00

调查也从不同维度上统计了各类企业发生和解决经济纠纷的基本情况，如表6-5以及表6-6所示。表6-5呈现的是有女性高管的企业和没有女性高管的企业在发生和解决经济纠纷时的不同情况。在有女性高管的企业中，与供应商发生经济纠纷的企业占比8%，而纠纷最后的解决途径全部为企业与供应商之间签订的商业合同，没有与经销商发生经济纠纷案例。而在没有女性高管的企业中，没有企业与供应商发生过经济纠纷，也没有与经销商发生过经济纠纷。

总体来看，虽然经济纠纷的发生概率均较低，但受访企业有与供应商发生经济纠纷的情况，在有女高管的企业发生的概率较高。

表6-5　　　　　　企业高管性别与经济纠纷解决及其途径　　　　　（单位：%）

	与供应商经济纠纷				与经销商经济纠纷			
	是	否	途径		是	否	途径	
			公司负责	按商业合同			公司负责	按商业合同
有女性高管	8.00	92.00	0.00	100.00	0.00	100.00	无	无
无女性高管	0.00	100.00	0.00	0.00	0.00	100.00	无	无

　　如表6-6所示为有自身工会的企业和没有自身工会的企业中发生和解决经济纠纷的情况差异。没有自身工会的企业要比有自身工会的企业更容易与供应商和经销商发生纠纷，其与供应商发生经济纠纷的占比约为6.7%，与经销商发生经济纠纷的占比则高达约31.3%。总体看来，没有自身工会的企业更容易与供应商和经销商产生经济纠纷。

表6-6　　　　　企业工会、全国工会与经济纠纷解决及其途径　　　　（单位：%）

	与供应商经济纠纷				与经销商经济纠纷			
	是	否	途径		是	否	途径	
			公司负责	按商业合同			公司负责	按商业合同
有自身工会	0.00	100.00	0.00	0.00	0.00	100.00	无	无
没有自身工会	6.67	93.33	0.00	100.00	31.25	68.75	无	无

　　调查还从另一个角度统计了平均每家受访企业合作的南非与非南非的供应商和经销商数量情况，如表6-7所示，以反映中资企业供销商的本地化程度。结果显示受访企业平均拥有近10.6家南非供应商，5.5家非南非供应商，以及约13.2家南非经销商和1.3家非南非经销商。

　　总的来说，无论是供应商，还是经销商，南非中资企业的本地化程度都很高，尤其在经销商方面，南非本地企业的平均数约为非南非企业的10.4倍。但南非本地的供应商和经销商标准差均远高于非南非供应商和经销商，说明南非本地的供应商和经销商内部差异较大，两极分化较严重。

表6-7　　　　　　　　中资企业供销商本地化程度　　　　　　（单位：家）

		数量均值	标准差	最大值	最小值
南非	供应商	10.56	15.78	80	0
	经销商	13.23	21.63	90	0
非南非	供应商	5.5	9.07	50	0
	经销商	1.27	3.22	15	0

调查进一步统计了南非中资企业与南非本地供应商和非南非供应商的合作情况，如图6-1所示。有约26.8%的企业没有南非本地供应商，有约42.9%的企业没有非南非供应商。有四成左右企业有1—10家南非供应商和非南非供应商。有约34.2%的企业有10家以上南非供应商，有约16.7%的企业有10家以上非南非供应商。综合看来，有10家以上供应商的企业较为侧重选择南非本地供应商，10家以下的企业选择南非供应商与非南非供应商占比大致相当。

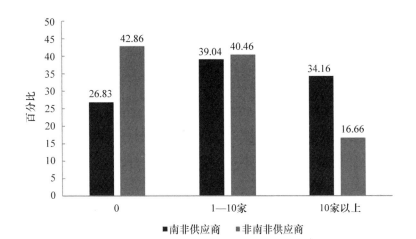

图6-1　供应商数量百分比分布

图 6 - 2 呈现的是与中资企业合作的经销商的国别分布情况。有约 30.8% 的企业表示没有南非本地的经销商，约 73.1% 的企业表示没有与非南非的经销商合作过。拥有 1—10 家南非本地经销商的企业占比约为 34.6%，而拥有 1—10 家非南非经销商的企业占比则约为 23.1%。拥有 10 家以上南非本地经销商的企业占比约为 34.6%，而拥有 10 家以上非南非经销商的企业占比仅约为 3.9%。

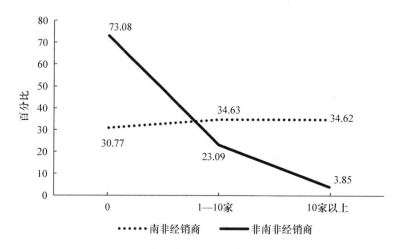

图 6 - 2　南非及非南非经销商数量的百分比

综上所述可见，大多数的在南中资企业更倾向于选择南非本地的经销商进行合作。这也与大多数企业的产品销售市场为南非的基本情况相符。

图 6 - 3 呈现的是中资企业与南非供销商及经销商合作开始时间的分布情况。2000—2005 年，中资企业与供应商进行的合作极少，仅有 10%。2006—2010 年开始，合作的供应商开始增多，较前一个时间段翻了一番。南非中资企业与供应商合作的巅峰在 2011—2015 年，其合作的供应商是前一个时间段的 2 倍，占比达到约 46.7%。2016 年以来，合作的供应商开始减少，回落到 20%。与经销商的合作时间与供应商一样，在同一时间段达到峰值——有约 55.6% 的企业

是在 2011—2015 年与南非经销商开始合作的，其次是在 2000—2005
年以及 2016 年以来合作的最多，达到约 16.7%，合作最少的时间段
在 2006—2010 年，仅有约 11.1%。据此推测，2011—2015 年有大批
中资企业进驻南非，进而与供应商以及经销商的合作都出现了巅峰。

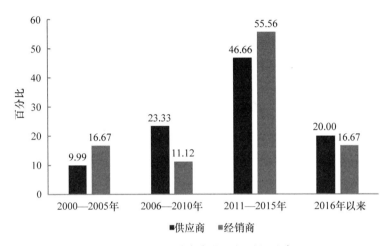

图 6-3　南非供销商合作开始时间及占比

　　图 6-4 呈现的是企业的固定资产来源国分布情况，除两成左右的
企业没有新增设备之外，有约 23.8% 的企业表示其主要设备和其他固
定资产来自中国和南非，另外近一成企业的设备来自中国和非南非国
家，4.8% 的企业，其设备同时来自中国、南非和非南非国家。只有
2.4% 的企业其设备只来自南非当地，有 4.8% 的企业其设备只来自非
南非国家。设备只来自中国的企业占比最高，达到了约 28.6%。

　　结合该图可看出，在南非中资企业的固定资产的主要来源国是中
国，此外，较多中资企业也使用南非当地以及非南非国家的机器设
备。只用南非设备或非南非设备的企业数量极少。

　　为完善企业本地化程度的分析，调查统计了各受访企业内南非员
工的占比情况。如表 6-8 所示，受访企业中南非员工平均占总员工
的约 78%，占比极高。在中高层管理人员及技术人员和设计人员中
南非员工占比最低，均不到一成，分别约为 3.6% 和 8.2%。非生产

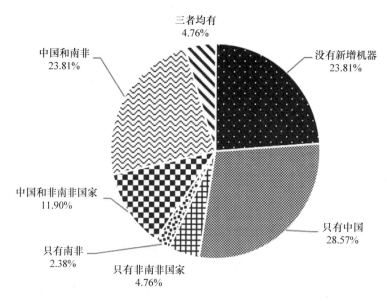

图 6-4 企业固定资产来源国

类员工南非员工的占比约一成。而在一线员工或生产员工中南非员工占比则超过四成。从受教育程度来看，受过中等教育的南非员工最多，占总员工数量的约34.3%；接受过大学本科及以上学历教育的员工较少，仅占一成左右；受过初等教育及以下的南非员工也较多，占比约22.9%。

表6-8	不同条件下的南非员工占总体的比例			（单位：%）
	均值	标准差	最大值	最小值
南非员工占比	78.03	22.32	100.00	0.00
中高层管理员工中的南非员工占员工总人数的比例	3.63	4.61	20.00	0.00
技术人员和设计人员中的南非员工占员工总人数的比例	8.20	13.28	62.50	0.00
非生产员工中的南非员工占员工总人数的比例	10.06	13.69	72.22	0.00

续表

	均值	标准差	最大值	最小值
一线员工或生产员工中的南非员工占员工总人数的比例	45.23	34.66	90.00	0.00
初等教育及以下的南非员工占员工总人数的比例	22.91	28.43	83.33	0.00
中等教育的南非员工占员工总人数的比例	34.33	27.56	86.21	0.00
大学本科及以上学历的南非员工占员工总人数的比例	9.55	16.98	86.67	0.00

总体看来，受访企业大多都雇用了相当数量的南非员工，占比约八成，就这一点来看，受访中资企业的本地化程度较高。但当地员工的受教育水平依然较低，受高等教育的本地员工占比依然较少，多数员工为工人，管理人员及技术人员和设计人员数量较少。

第二节　南非中资企业社会责任履行程度

企业在创造利润、对股东和员工承担法律责任的同时，还要承担对消费者、社区和环境的责任，企业的社会责任是一种道德或意识形态理论，主要讨论政府、股份有限公司、机构及个人是否有责任对社会做出贡献。分为正面及负面：正面是指有责任参与（社会活动）；负面指有责任不参与。企业社会责任的观念是由营利组织发起，以可持续发展的企业为概念，观念起源较早；而后有了社会企业，由非营利之公益团体发起，并以公益活动作为核心概念。[1]

---

[1] 《企业社会责任》，2019 年 8 月 16 日，维基百科（https://zh.wikipedia.org/wiki/%E4%BC%81%E6%A5%AD%E7%A4%BE%E6%9C%83%E8%B2%AC%E4%BB%BB）。

图6-5所示的是受访中资企业对当地各项社会责任的履行概况。结果显示中资企业在南非履行其社会责任的首要方式是教育援助和实物形式的公益慈善，对当地进行社会服务设施的援助次之。此外，直接捐钱也占到了一定的比重，约54.3%。另外也有一些受访企业表示会与当地进行一些文体交流活动，或进行一些当地落后领域的项目培训，这两块占比都达到约42.9%。相应来说，卫生援助、基础设施援助实施的较少，有约22.9%。南非中资企业实施最少的项目是修建寺院和水利设施，占比仅有约11.4%。

总体看来，在南非中资企业履行其在南非的社会责任的主要方向更加侧重于教育援助、实物形式的公益慈善两方面，并积极开展社会服务和文化交流项目，修建寺院、水利设施等工程项目做得较少。

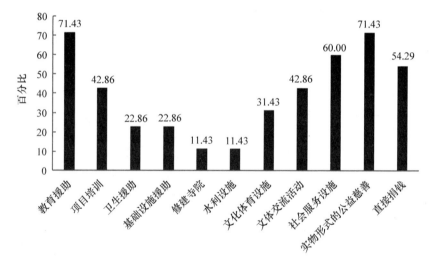

图6-5 企业各项社会责任履行概况

表6-9呈现的是不同类型企业为履行社会责任而采取相应措施的比较情况。首先，在企业有无参与制定国际标准这一维度下，参与制定国际标准的企业比没有参与制定的企业更加重视设置专门社会责任办公室或相应主管，有40%的参与过国际标准化制定的企业设有专门的社会责任办公室或相应事项的主管。而且，参与了国际标准化

制定的企业有60%建立了社会责任、企业公益行为准则的规章制度。没有参与国际标准化制定的企业相应的占比只有约9.1%。但是在社会责任支出变化这一块，没有参与国际标准化制定的企业社会责任支出增加的占比显著高于参与国际标准化制定的企业。

　　就工业和服务业来看，工业企业在设置专门社会责任办公室或相应主管，建立社会责任、企业公益行为准则的规章制度，以及年度公益计划这三块都显著落后于服务业企业。服务业企业相应的占比高达约42.9%、50%、64.3%，而工业企业只有约14.8%、18.5%、40.7%。在社会责任支出变化这一块，工业企业的支出增长额则显著高于服务业企业，多出约15%。

表6-9　　　　　　　　　　　企业社会责任履行程度　　　　　　　　（单位：%）

	设置专门社会责任办公室或相应主管		建立了社会责任、企业公益行为准则的规章制度		是否在公司年度计划中制订年度公益计划		2016—2018企业社会责任支出变化	
	是	否	是	否	是	否	不变	增加
参与国际标准化制定	40.00	60.00	60.00	40.00	80.00	20.00	80.00	20.00
没有国际标准化制定	9.09	90.91	9.09	90.91	31.82	68.18	31.82	68.18
工业	14.81	85.19	18.52	81.48	40.74	59.26	18.18	81.82
服务业	42.86	57.14	50.00	50.00	64.29	35.71	33.33	66.67
不在经开区	24.24	75.76	30.30	69.70	51.52	48.48	23.53	76.47
南非开发区	33.33	66.67	33.33	66.67	33.33	66.67	50.00	50.00
其他	0.00	100.00	0.00	100.00	100.00	0.00	0.00	100.00
有自身工会	33.33	66.67	33.33	66.67	66.67	33.33	50.00	50.00
没有自身工会	23.68	76.32	28.95	71.05	47.37	52.63	22.22	77.78

　　就企业是否位于南非经济技术开发区这一维度下，在设置专门社会责任办公室或相应主管以及建立社会责任、企业公益行为准则的规章制度上，位于经开区的企业强于不在经开区的企业，占比分别约为

33.3%、33.3%和24.2%、30.3%。但在制订企业年度公益计划这一块，不在经开区的企业要强于在经开区的企业，不在经开区企业的占比约51.5%，高于在经开区企业的约33.3%。同样，在社会责任支出变化这一块，不在经开区企业的支出增长额显著高于在经开区的企业，多出约26.5%。

最后，就有没有自身工会这一维度而言，有自身工会的企业在设置专门社会责任办公室或相应主管以及建立社会责任、企业公益行为准则的规章制度以及年度公益计划这三块都显著强于没有自身工会企业。有自身工会的企业相应的占比高达约33.3%、33.3%、66.7%，而没有自身工会的企业只有约23.7%、29.0%、47.4%。然而，在社会责任支出变化这一块，没有自身工会企业的支出增长额则显著高于有自身工会的企业，多出约27.8%，约为77.8%。

就南非中资企业而言，无论从哪个维度来看，都履行了一定的企业社会责任，并且社会责任的支出都呈现增长的趋势。在企业有没有位于经济开发区、有没有自身工会，是服务业还是工业这几个维度下，不位于经开区、没有自身工会以及服务业企业在这几个指标的占比都低于在经开区、有自身工会的企业及工业企业。然而，在是否参与制定国际标准这一维度，针对企业社会责任支出变化这一指标，没有参与国际标准化制定的企业支出的增幅高于参与国际标准化制定的企业。

据推测，上述指标较低的企业可能进驻南非较晚，没有工会、没有制定国际标准也没有进驻工业园区，所以相应的企业社会责任制度体系还不完善，但为了追赶同行业领先者，因而企业社会责任支出大幅增加，而同行业领先者企业社会责任制度体系已比较完善，因而支出没有太大变化。

调查中比较了不同企业对员工提供福利的情况，如表6-10所示。在企业有无参与制定国际标准这一维度下，没有参与制定国际标准的企业比参与国际标准化制定的企业加班更多，有约86.4%没有参与国际标准化制定的企业有加班现象。参与了国际标准化制定的企业全部为员工提供午餐并设有餐厅，而没有参与国际标准化制定的企业相应的占比只有约 40.9%。同时，有 80% 参与了国际标准化制定的企业为员工提供住宿，而没有参与国际标准化制定的企业相应的占比只有约 54.6%。在是否有员工文体活动中心这一块，参与国际标准化制定的企业有员工文体活动中心的占比则高于没有参与国际标准化制定的企业，高出约 8 个百分点。

　　就工业和服务业来看，在是否有员工食堂或午餐安排、是否提供员工宿舍、是否有员工文体活动中心这三块都显著落后于服务业企业。服务业企业相应的占比高达约 85.7%、64.3%、57.1%，而工业企业只约 50%、57.1%、32.1%。在是否有加班这一块，工业企业则显著高于服务业企业，多出约 6.6%。

　　就企业是否位于南非经济技术开发区这一维度下，在是否有加班以及是否有员工食堂或午餐安排两个领域，位于经开区的企业略多于不在经开区的企业，占比分别约为 83.3%、66.7% 和 81.8%、58.8%。但在是否提供员工宿舍这一块，在经开区的企业要显著强于不在经开区的企业，在经开区企业的占比约为 83.3%，高于在经开区企业的约 52.9%。同样，在是否有员工文体活动中心这一块，在经开区企业显著多于不在经开区的企业，多出约 31.4%。

　　最后，就有没有自身工会这一维度而言，有自身工会的企业在是否有加班、是否有员工食堂或午餐安排、是否提供员工宿舍、是否有员工文体活动中心这几个指标中都多于没有自身工会企业。有自身工会的企业相应的占比高达 100%、66.7%、66.7%、66.7%，而没有自身工会的企业只有约 81.6%、61.5%、59.0%、38.5%。

　　在南非的中资企业，无论从哪个维度来看，都为员工提供了一定的社会福利。在企业有没有位于经济开发区、有没有自身工会，是服务业还是工业这几个维度下，不位于经开区、没有自身工会以及服务业企业在这几个指标的占比都低于在经开区、有自身工会的企业及工业企业。然而，在是否参与制定国际标准、是工业还是服务业企业这两个维度，针对是否有加班这一指标，没有参与国际标准化制定、工业企业的加班比率高于参与国际标准化制定的企业和服务业企业。

据推测，上述指标较低的企业可能进驻南非较晚，没有工会、没有制定国际标准也没有进驻工业园区，所以相应的企业社会福利体系还不完善，因而相应员工福利指标都较同行业领先者低，同时，工业企业包含较多建筑企业及制造业企业，为追求经济效益，加班多于服务业企业属正常现象。

表6-10 企业福利待遇比较 （单位：%）

	是否有加班		是否有员工食堂或午餐安排		是否提供员工宿舍		是否有员工文体活动中心	
	是	否	是	否	是	否	是	否
参与国际标准化制定	80.00	20.00	100.00	0.00	80.00	20.00	40.00	60.00
没有国际标准化制定	86.36	13.64	40.91	59.09	54.55	45.45	31.82	68.18
工业	85.19	14.81	50.00	50.00	57.14	42.86	32.14	67.86
服务业	78.57	21.43	85.71	14.29	64.29	35.71	57.14	42.86
不在经开区	81.82	18.18	58.82	41.18	52.94	47.06	35.29	64.71
南非开发区	83.33	16.67	66.67	33.33	83.33	16.67	66.67	33.33
其他	100.00	0.00	100.00	0.00	100.00	0.00	100.00	0.00
有自身工会	100.00	0.00	66.67	33.33	66.67	33.33	66.67	33.33
没有自身工会	81.58	18.42	61.54	38.46	58.97	41.03	38.46	61.54

与员工的聚餐情况也是反映企业文化和企业形象的重要因素之一，为全面探讨企业对南非当地社会责任的履行情况，着重调查分析了企业安排南非员工参与聚餐的情况，如表6-11所示，所有的企业都与南非员工聚餐过。与当地员工聚餐有助于企业与员工之间更好地了解，会增加员工对企业的认同感。

数据显示，参与国际标准化制定以及有自身工会的企业与南非员工聚餐的比率达到了100%，而没有参与国际标准化制定及没有自身工会的企业比率只有约77.3%和87.2%。然而，服务业企业及不在南非开发区的企业与南非员工聚餐的比率却高于工业企业在经济开发区的企业。

据推测，工业企业多为建筑业和制造业，工人上班时间较长，较少有时间与中方聚餐。参与国际标准化制定及有工会的企业，企业制度健全，公司文化较好，与南非员工聚餐频率较高。

表 6 - 11　　　　　　**企业与南非员工聚餐情况比较**　　　　（单位：%）

	与南非员工聚餐	未与南非员工聚餐
参与国际标准化制定	100.00	0.00
没有国际标准化制定	77.27	22.73
工业	82.14	17.86
服务业	100.00	0.00
不在经开区	88.24	11.76
南非开发区	83.33	16.67
其他	100.00	0.00
有自身工会	100.00	0.00
没有自身工会	87.18	12.82

表 6 - 12 呈现了不同类型企业对于其履行社会责任的情况进行的海外宣传比较。总体来看，参与国际标准化制定的企业会更加注重海外社会责任的宣传。对于工业和服务业企业来说，服务业企业更重视海外宣传，相较工业企业，海外社会责任的宣传多出约 32.2%。而在经开区的企业要远比不在经开区和其他地区的企业更加注重社会责任的海外宣传。从有没有自身工会的企业社会责任的海外宣传情况比较来看，有自身工会的企业也要好于没有自身工会的企业。

表 6 - 12　　　　　**企业对社会责任进行的海外宣传比较**　　　（单位：%）

	对企业社会责任海外宣传过	对企业社会责任未海外宣传
参与国际标准化制定	40.00	60.00
没有国际标准化制定	31.82	68.18

续表

	对企业社会责任海外宣传过	对企业社会责任未海外宣传
工业	32.14	67.86
服务业	64.29	35.71
不在经开区	41.18	58.82
南非开发区	66.67	33.33
其他	0.00	100.00
有自身工会	66.67	33.33
没有自身工会	41.03	58.97

在调查中还请受访中资企业对相关国家企业履行国际社会责任进行了评价，1 分为最不为南非居民所接受，10 分为南非居民最欢迎，如图 6-6 所示。得分最高的为在南非的中国企业，平均分为 6.9 分。其次为英国、德国、美国的企业，平均得分 6 分左右。在南非有巨大市场的日本企业得分在 5.46 分，高于法国、印度和俄罗斯的企业。评分最低的为在南非的俄罗斯企业，平均得分为 4.71 分。

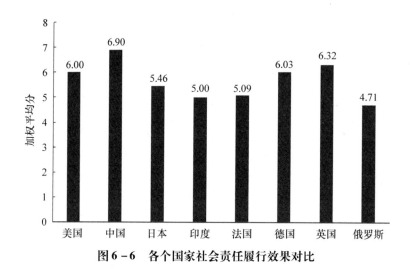

图 6-6 各个国家社会责任履行效果对比

这一评分比较反映出在南非中资企业对于国际社会责任方面做得较好，由于对南非当地居民来说是外来企业，居民对企业的态度和评价很大程度上影响着企业在南非的生产运营，所以我国在南非中资企业在履行相关国际社会责任上比较积极，以便为在南非中资企业最大限度地为自己在南非的顺利生产经营创造更好的环境条件。俄罗斯企业因为在南非极少，较少从事企业社会责任海外宣传，因而评分较低。

第三节　南非中资企业形象传播及南非认可度分析

企业形象传播主要是指企业以外部公众作为传播对象，通过积极而主动的对外传播方式阐明企业目标形象的宗旨，传达企业为实现公众价值所做出的努力。在企业形象传播中，产品/服务、广告、公关活动、CI 设计是最常用的对外传播方式。①

本节将从企业宣传手段、南非方面对企业产品的满意度以及对中资企业在南非投资的态度三个方面分析调查在南非中资企业的形象及其在南非的认可度。首先调查分析了在南非中资企业主要选择的宣传手段，如图 6 - 7 所示，企业首要选择的还是南非本地媒体进行宣传，占比达到了约 42.9%，其次"只做不说"这一方式在南非中资企业中也占有较大比重，占比 38.1%，这一方式侧重于用企业实力和产品质量来进行企业形象的塑造和宣传。另外，南非新媒体推特或脸书、南非华人媒体这两种宣传方式也是被频繁使用的宣传手段，占比分别达到约 31.0% 和 28.6%。使用率最低的宣传手段为通过南非新媒体微信进行宣传，主要原因在于目前微信在南非新媒体领域的市场占有率较低，因此在南中资企业会更加倾向于选择产品成熟度和市场

①《企业形象传播》，2019 年 8 月 15 日，百度百科（https://baike.baidu.com/item/%E4%BC%81%E4%B8%9A%E5%BD%A2%E8%B1%A1%E4%BC%A0%E6%92%AD/2303609？fr = aladdin）。

占有率更高的推特和脸书作为企业对外宣传的新媒体平台。推测可能当地民众平常接触当地媒体较多，因而南非当地媒体是中资企业进行宣传的首要方式。

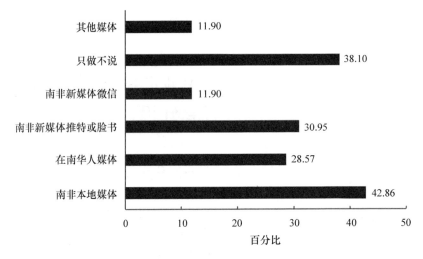

图6-7 企业形象宣传手段对比

调查进一步统计了受访企业使用和拥有社交账号的情况，如图6-8所示。有一半的企业表示没有相关的社交媒体公众账号，另有近一半的企业表示其拥有账号的数量在6个以内，极少数企业拥有超过6个社交账号。仍有近一半的企业没有采用社交账号进行企业形象宣传。在大数据和信息化的时代，通过社交账号进行企业形象的塑造和宣传是高效且生动的宣传方式，对于没有社交账号的企业来说，在社交媒体网络平台上进行适当的形象宣传是十分必要的。

调查还邀请了受访企业在调查中为其产品和服务在南非的认可度进行评分，在1—10分范围内，1分为最不认可，10分为最认可，评分结果如表6-13所示。注册超过五年的企业，为其产品和服务在南非的认可度所给出的平均评分为7.7分，注册低于五年的企业平均评分为7.9分，企业注册时长对其产品认可度的影响并不大。另外，工业企业和服务业企业、在经开区和不在经开区的企业在平均评分上的

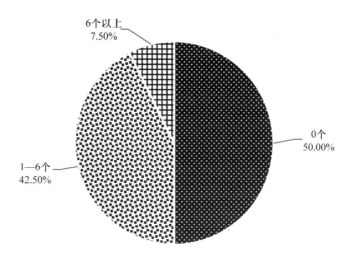

图 6 - 8　南非中资企业社交媒体公众账号数量比较

差异也并不明显。较为明显的数据差异发生在参与了国际标准化制定的企业和没参与国际标准化制定的企业之间，以及有自身工会和没有自身工会的企业。参与国际标准化制定的企业为其产品在南非的认可度平均评分为 9 分，而没有参与国际标准化制定的企业给出的评分为 7.1 分。有自身工会的企业给出的评分是 9 分，没有自身工会企业给出的评分是 7.6 分。

对于这一明显差异，可以推测参与国际标准化制定的企业在产品质量上往往有着更为严苛和更高标准的要求，所以给出的评分较高。有工会的企业公司制度健全，工会工人与公司领导交流的机会更多，产品可能会更好，因而相较于无工会企业评分更高。

表 6 - 13	中资企业产品在南非的认可度对比			（单位：分）
	均值	标准差	最大值	最小值
注册超过五年	7.67	1.78	10	3
注册低于五年	7.86	0.90	9	6
参与国际标准化制定	9	0.71	10	8
没有国际标准化制定	7.14	1.77	9	3

续表

	均值	标准差	最大值	最小值
工业	7.50	1.77	10	3
服务业	8.07	1.38	10	5
不在经开区	7.81	1.51	10	4
南非开发区	7.33	2.25	9	3
其他	9	0	9	9
有自身工会	9	1.41	10	8
没有自身工会	7.63	1.65	10	3

调查中，受访企业也对其他国家在南非的国际形象进行了评价，评分结果如表6-14所示。在南非形象评分较高的国家为中国和英国，得分同为7.38分，其次为德国和美国，分别为6.69分和6.33分。接下来是法国和日本，分别为5.87分和5.85分。评分最低的是印度，仅为5.18分。

根据评分可推测中国在南非有着较好的国家形象。英国由于是南非殖民时代的宗主国，影响力较大，因而国家形象也较好。印度在南非企业较少，社会认知度较低，因而国家形象评分可能较低。

表6-14　　　　　　　　国家形象打分对比

	均值	标准差	最大值	最小值
美国	6.33	2	10	1
中国	7.38	1.46	10	5
日本	5.85	1.83	9	1
印度	5.18	1.77	8	1
法国	5.87	1.89	9	1
德国	6.69	1.95	10	1
英国	7.38	1.39	10	4

调查还统计了在南中资企业认为南非当地居民对其在南非投资所

持态度的分布情况，如图 6 – 9 所示。有约 63.4% 的企业表示南非居民对它们在南非的投资是表示欢迎的，另有 12.2% 的南非居民对于中资企业是持比较欢迎的态度，有约 19.5% 的南非居民对于中资企业是持无所谓的态度，持不欢迎态度的南非居民仅有约 4.9%。

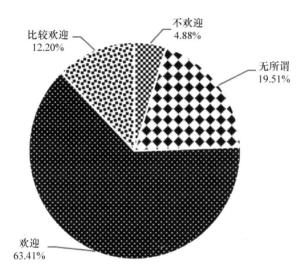

图 6 – 9　当地居民对于中资企业在南非投资的态度

由此看出，绝大部分的南非居民对于中资企业进入南非是持积极态度的，极少有人表示拒绝和排斥，除了南非居民本身对外资企业的态度之外，具体每个企业的生产经营方向以及企业形象也是影响南非居民对企业评价的重要因素。

第四节　南非中资企业的公共外交分析

随着中国综合国力的显著增长和国际影响力的明显提升，尤其是"一带一路"倡议的实施，中国企业"走出去"的步伐明显加快，程度不断加深。为有效保障海外利益，中国企业自觉不自觉地开展了公共外交实践。尤其是党的十八大报告明确提出"扎实推进公共和人文外交，维护我国海外合法权益"后，中国企业公共外交意识逐渐加强。[①]

本节将从受访中资企业与南非各层级领导的往来情况以及企业对南非政局形势的不同看法进行调查，进而对南非中资企业在南非开展公共外交的情况进行分析。

表 6 – 15 呈现的是不同类别的受访企业与南非同类企业高层管理者的往来情况。在工业企业中，与同类企业高管有往来的企业约34.6%，表示往来频繁的有约 11.5%，较少往来的有一半，没有往来的极少，仅有约 3.9%。在服务业企业中，表示有往来的企业占绝大多数，有约 71.4%，表示往来频繁的企业有约 21.4%，较少往来的有约 7.1%，没有往来的一家企业都没有。总体看来服务业企业与南非同类企业高管的往来要比工业企业密切一些。另外，从企业是否处在经开区这一维度上来看，所有处在南非经开区的企业都表示与南非同类企业高管有往来或往来频繁的总共有 80%，占据了开发区企业的绝大多数，往来较少的有两成，没有往来的一家都没有。不在南非经开区的企业有约 45.5% 表示与同类企业高管有往来，但往来频繁的企业仅有一成多，往来较少的约有四成，没有往来的仅约 3%。

表 6 – 15　　　企业与南非同类企业的高层管理者的往来情况　　（单位：%）

	没有往来	较少往来	有往来	往来频繁
工业	3.85	50.00	34.62	11.54
服务业	0.00	7.14	71.43	21.43
不在经开区	3.03	39.39	45.45	12.12
南非经开区	0.00	20.00	40.00	40.00
其他	0.00	0.00	100.00	0.00

[①] 魏修柏、杨立华：《中国企业公共外交的现状、特点与模式：基于企业案例的研究》（2018 年 3 月 23 日），2019 年 8 月 18 日，中国网（http://news.china.com.cn/world/2018 – 03/23/content_ 50741590_ 0. htm）。

由此可以推测，服务类企业更需要与同行业高管交流，互通有无，了解市场行情和市场的变化。同时，由于不处在任何经开区，这样的企业缺乏此行业市场、技术信息，再加之各企业分散，同行业管管之间的交流相较于在经开区的企业会少一些。

调查还统计了受访企业与其所在地行政长官的往来情况，如表6-16所示。有约78.6%的服务业企业表示与所在地行政长官有来往，往来频繁的有约7.1%，而表示往来较少的服务业企业占约14.3%，没有往来的企业一家都没有。工业企业方面，表示有往来的工业企业仅占三成，往来频繁的一家都没有，往来较少的高达近六成，没有来往的也有一成多。

表6-16　　　　　　　　企业与所在地的行政长官的往来情况　　　　（单位：%）

	没有往来	较少往来	有往来	往来频繁
工业	11.11	59.26	29.63	0.00
服务业	0.00	14.29	78.57	7.14
不在经开区	6.06	45.45	45.45	3.03
南非经开区	16.67	50.00	33.33	0.00
其他	0.00	0.00	100.00	0.00

可以推测，由于服务类企业需要了解政府法律法规以及政策的变动，所以在其运营过程中会较多涉及与政府的往来，在这一调查结果上，服务类企业与当地行政长官的交往比工业企业要频繁得多。

从企业所处区域这一维度来看，有约16.7%处在南非经开区的企业表示与当地行政长官没有往来，而持相同态度的不在任何经开区的企业仅有约6.1%。另外有一半在南非经开区的企业表示与当地行政长官较少往来，有约33.3%的企业与政府行政长官有往来，没有企业表示往来频繁。表示有往来的不在任何经开区的企业占比达约45.5%，往来频繁的约3%。

可以推测，这可能是由于不在经开区的企业缺乏相关政策的帮助和扶持，所以需要自身主动与南非政府行政长官加深交往、交流来促进自身企业在南非的稳定发展。

表6-17呈现的是各类型受访企业与南非行业部门相关领导的往来情况。与行业部门相关领导往来频繁的工业企业仅约为7.4%，有往来的占四成多，另外有四成工业企业表示较少往来，有一成企业没有往来。在受访服务业企业中，与相关领导往来频繁的企业一家都没有，与行业部门相关领导有往来的企业有100%，没有企业表示与行业部门相关领导较少往来或没有往来。

由此可见，少部分工业企业与行业部门的相关领导往来频繁，但也有不往来或较少往来的企业。而服务业企业虽没有往来频繁的企业，但所有企业都与行业部门的相关领导有往来。

从企业所处区域来看，不在经开区的企业没有一家企业与相关行业部门的领导往来频繁，约六成企业表示有往来，较少往来的约占三成，仅一成左右表示没有往来。处在南非经开区的企业，有约33.3%的企业表示与相关领导往来频繁，有往来的企业也占一半，有约16.7%的企业表示与行业部门相关领导较少往来，没有一家企业与行业部门相关领导没有往来。

由此看来，位于经开区的企业与南非行业部门的政府领导都有往来，与之联系更为密切。

表6-17　　　　　企业与南非行业部门的政府领导的往来情况　　　　（单位：%）

	没有往来	较少往来	有往来	往来频繁
工业	11.11	40.74	40.74	7.41
服务业	0.00	0.00	100.00	0.00
不在经开区	9.09	30.30	60.61	0.00
南非经开区	0.00	16.67	50.00	33.33
其他	0.00	0.00	100.00	0.00

调查也分析了受访企业与当地规制或行政管理部门主要领导的往

来情况，如表 6-18 所示。在受访的工业企业中，没有企业表示与当地规制或行政管理部门的主要领导往来频繁。就工业而言，有约22.2% 的企业表示与当地规制或行政管理部门主要领导有往来，但较少往来的企业约有六成，没有往来的企业也有约 18.5%。而在服务业企业中，有约92.9% 的企业表示有往来，与相关领导较少往来的企业仅有约 7.1%，没有一家企业与当地规制或行政管理部门的主要领导没有往来。

由此可见，服务业企业与相关领导都有往来，比工业企业的往来较多一些。

对于处在不同区域的企业来说，有约42.4% 的不在经开区的企业表示与相关领导有往来，有约45.5% 的企业表示与之较少往来，也有约12.1% 的企业与当地规制或行政管理部门的主要领导没有往来。处在南非经开区的企业与相关领导有往来的占约66.7%，约16.7% 的企业表示与相关领导较少往来，也有约16.7% 的企业与相关领导没有往来。

总的来说，服务业企业与相关领导的往来比工业企业的往来多一些。

表 6-18　　　　　企业与当地规制或行政管理部门的
主要领导的往来情况　　　　　　　　（单位：%）

	没有往来	较少往来	有往来	往来频繁
工业	18.52	59.26	22.22	0.00
服务业	0.00	7.14	92.86	0.00
不在经开区	12.12	45.45	42.42	0.00
南非经开区	16.67	16.67	66.67	0.00
其他	0.00	100.00	0.00	0.00

综合以上四个表的数据得出，与工业企业相比，服务业企业更加注重与相关领导和高层的往来，这是因为工业企业由于大部分是享受

相关政策或工程合作而进入的南非，当合作协议达成之后，在日常生产经营中便不用太频繁地与相关领导和高层接触，而服务业企业则完全相反，它们更需要频繁接触相关高层和领导以便及时获取对自身生产经营有用的信息和资源，从而使其更好地在南非立足和发展。

对于不同区域的企业来说，不在经开区的企业由于较分散分布，所以能够享受的优惠和照顾政策相对就比较少，企业相关信息获得的渠道也较少，资源和人脉需要企业自己去经营和争取，所以这类企业与相关高层的来往频率相对较低。

调查还统计了受访企业与南非最大在野党的交往情况，以更完整地呈现和分析企业的公共外交情况，如图6-10、图6-11和图6-12所示。

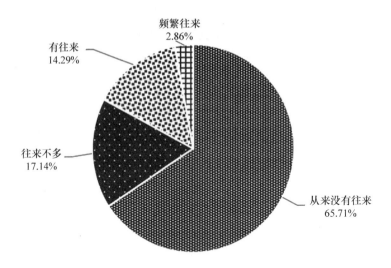

图6-10 企业管理层与该政党的领导交往情况

图6-10主要体现了企业管理者与在野党的交往情况。从图中可以看到，有约65.7%的企业管理者都表示与该党派没有往来，有约17.1%的企业管理者与该政党往来不多，有约14.3%的企业管理者与该政党有往来，频繁往来的企业管理者仅占约2.9%。

由此可见，大部分企业管理者与政党没有交往。

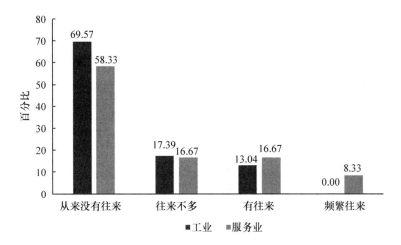

图 6 - 11　按行业划分的企业与该政党的领导交往程度对比

图 6 - 11 主要体现了不同行业与该在野党的交往情况。从图中可以看到，约七成工业企业都表示与该党派没有往来，有约 17.4% 的工业企业与该政党有往来不多，仅有约一成的工业企业表示与该政党有往来，没有一家企业与该政党频繁往来。在服务业企业的情况方面，有约 58.3% 的服务业企业表示与该政党没有往来，有约 16.7% 的服务业企业与该政党往来不多，也有约 16.7% 的服务业企业表示有往来，还有不到一成的服务业企业表示与该政党频繁往来。

根据这一数据差异推测，由于工业企业大多是与南非当局政府所进行的项目合作，所以只有极少情况下会和南非最大在野党进行接触，而服务业企业则因其经营方向，或多或少会与不同的政治群体产生联系，所以与该政党的往来是服务业企业较多一些，但总体看来，大多数企业与南非最大在野党都没有交集。

图 6 - 12 呈现的则是处在不同区域的企业与上述政党的交往情况。所有在南非经开区的企业和其他地区的企业都与该政党没有往来。不在经开区的企业中，有约 66.7% 的企业表示没有往来，约 13.3% 的企业表示与该政党往来不多，另有约 16.7% 的企业表示与该政党有一定程度的往来。仍有约 3.3% 企业表示与该政党频繁往来。

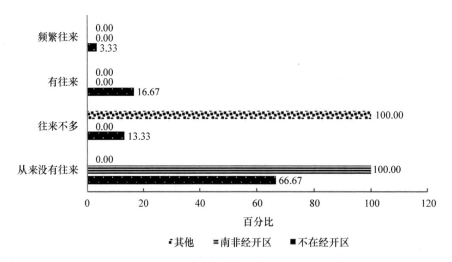

图 6 - 12　按是否在经济开发区划分的企业与该政党的领导交往程度对比

据此推测，对于不在经开区的企业来说，它们的日常生产和经营活动所需的资源和人脉就需要其自己去经营和构建，所以在调查中呈现出不在经开区的企业与南非最大在野党交往略频繁的情况，但总体来看，绝大部分企业仍是与该政党没有交往的。

第七章

南非中资企业员工的职业
发展与工作条件

　　企业与员工是相互依存的关系。理想状态下，企业的发展和员工的发展之间应该呈现出良性循环的运转态势。员工的智慧和汗水换来企业的发展壮大，而企业的发展壮大则会反过来为员工提供更好的工作环境、劳动收入乃至个人发展。但现实状态下，总不会有十全十美的事物存在。即便是运转已经貌似达到理想状态的企业也依然存在着这样或那样的问题，其中就包括了企业和员工之间既合作又对立的矛盾关系，这也印证了唯物辩证法对事物发展基本规律的判断。

　　2018 年 11 月 29 日，由南非中国经贸协会参与撰写的《在南非中资企业履行社会责任的报告》在比勒陀利亚正式发布。报告显示，在南中资企业员工数量超过 3.2 万人，本地员工数量约 3 万人，员工本地化率达 93.75%。[①] 出席《报告》发布会的中国驻南非大使林松添指出，中资企业不仅是中南关系发展的重要受益者，也是建设者和贡献者。目前，中方在南各类投资企业累计投资超过 250 亿美元，为当地创造 40 余万个就业岗位，并为南非贡献了大量税收。[②]

---

　　① 王曦：《〈在南非中资企业履行社会责任的报告〉发布》（2018 年 11 月 30 日），2019 年 8 月 15 日，中国新闻网（http://www.chinanews.com/cj/2018/11 – 30/8688896.shtml）。

　　② 王磊：《驻南非大使林松添出席〈在南非中资企业履行社会责任报告〉发布会》（2018 年 12 月 3 日），2019 年 8 月 15 日，人民网（https://www.focac.org/chn/zfgx/zzjw/t1618426.htm）。

随着越来越多的中资企业进入南非市场，为南非本地提供的就业岗位将会越来越多。那么，在南中资企业员工的职业发展与工作条件究竟如何？我们将在本章结合调研所获取的数据资料，通过对下列五个方面的描述予以分析和解读。

第一节　职业经历和工作环境

本节将对在南中资企业本地雇员的职业经历及工作环境进行描述和分析，包括员工在当前企业的工作时长分布、员工获得现工作的主要途径、员工家人在本企业的数量、按性别划分的员工日常工作使用电脑状况四个方面。

在本书第二章的表2－15中我们曾经详细分析过"在当前企业工作时长不同的员工的年龄差异"情况，而图7－1只对企业员工在企业工作时长的分布情况进行描述，并未增加其他子项。

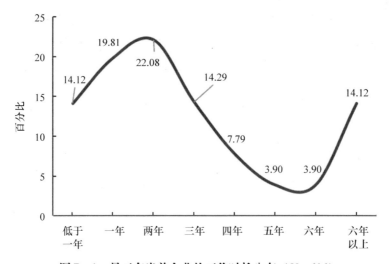

图7－1　员工在当前企业的工作时长分布（$N = 616$）

由图中数据观察可见，企业员工工作时长呈不规则 S 形曲线分布。最高峰值约为 22.1%，出现在两年这个时间节点上，意味着在所有受访员工中，工作时长为两年左右的人数是最多的。而最低谷值为 3.9%，出现在五年和六年这两个时间节点上，意味着在所有受访员工中，工作时长为五年或六年的人数是最少的。但是，在曲线的起点和终点处达成了一个平衡，即为同一家企业工作时长低于一年的雇员人数和六年以上的雇员人数是一样的，占比均约为 14.1%。

同时，我们还可以看到，从员工进入企业工作之日起到两年这个时间段内，人数呈现出明显的上升趋势。而且这个时间段内的员工人数在所有员工总数中的占比也是最大的，约为 56%。

从两年这个时间节点开始一直到五年、六年这个时间节点之间，曲线呈现出急速下滑的趋势，峰谷值达到了约 18.0%。说明这段时间离开企业的人数较多。

从六年这个时间节点开始，曲线又呈现出急速上升的趋势，从 3.9% 增长到了约 14.1%。

根据上述数据描述，我们可以看到，在南中资企业中本地雇员在工作稳定性方面的表现波动幅度较大。通常在工作满两年后，企业内部便会出现部分雇员流失的情况，且流失的现象会一直持续到工作时长六年的时间节点。这说明，两年至六年这个时间段是企业雇员最不稳定的阶段。

对于一家企业而言，要想提升企业效益，就必须找到合适的雇员，并使之成为熟练的员工，从而更好地提升企业的生产和经营效率，而这些都需要各项成本的投入。但是，培养出来的员工却在此后离开了企业另谋他职，对于企业而言的确是一笔不小的损失。因此，如何能够让自己拥有更加稳定的雇员队伍，最大限度地降低因人员的频繁流动而带来的损失，是每个企业都应该思考的问题。

当然，企业自身实力的强弱，工资福利待遇的高低，工作条件的优劣等因素会给雇员队伍的稳定性带来一定程度上的影响。但是，根据我们实地调研走访的情况来看，雇员稳定性的高低也不完全是由企业来决定的。南非民众，特别是黑人民众的受教育程度（包括普通教育和职业教育）偏低，国内法律法规对于黑人劳动力的保护程度偏高，劳动契约和奉献精神不足，等等，都在一定程度上影响到了企业雇员队伍的稳定性。因此，如何提高民众的受教育程度，如何增强民众的劳动技能，如何提升民众的契约和奉献精神，也是南非政府应该思考的问题。

企业的生产活动要想正常运转必须具备诸多必要的条件，而员工就是其中不可或缺的一个。企业可以通过多种渠道来找到自己需要的员工，而员工也可以通过不同渠道来获悉企业的招工信息。

从表 7-1 中可以看到，在 615 个有效样本数据中，频数最高的选项是"直接来企业应聘"，人数达到 218 人。而频数排在第二位的选项是"通过亲戚朋友"的介绍，人数达到 195 人。选择这两个选项的人数之和约占受访员工总数的 67.2%。而选择其他选项的人数占比均较小。

表 7-1　　　　　　　　　员工获得现工作的主要途径　　　　　（单位：人，%）

获得此工作主要途径	频数	百分比
在职业介绍机构登记求职	63	10.24
参加招聘会	33	5.37
通过学校就业中心	14	2.28
看到招聘广告	36	5.85
通过亲戚朋友	195	31.71
直接来企业应聘	218	35.45
雇主直接联系	46	7.48
其他	10	1.63
总计	615	100.00

由数据分析可以得知，在南中资企业雇员中的大多数人在求职的过程中会选择直接去企业求职或者通过亲戚朋友来了解企业的用工信息。根据我们实地调研走访的情况来看，直接登门求职的人通常是居住在企业所在地周边的人。当企业还处在建设阶段，还没有正式开始

生产运营的时候，最先知道这一情况的，必定是周边的居民。所以，直接登门求职者的占比最高也就不是什么值得奇怪的事情。南非一直高企的失业率对于政府和民众而言不是个好事，但从另一个角度来看，也许就意味着企业不会因为缺少劳动力而犯愁。当然，员工的素质是否能满足企业的用工需求就是另外一个话题了。

正是因为经济发展的疲软才导致了南非国内就业岗位，特别是新增就业岗位的供给不足，进而导致了失业率的高企。而对于那些已经在企业内找到了工作的人，在获悉企业的用工需求后，便会尽快地通知自己的亲戚或者朋友前来应聘。这也是为什么选择"通过亲戚朋友"这一选项的人数仅次于直接应聘者的原因。看来，中国那句"肥水不流外人田"的老话到了国外也说得通。

还有一个需要我们关注的数据就是，选择"通过学校就业中心"这一选项的人数只有14人，占比仅为2.3%。一般而言，只有到了大学层次的学校教育机构才会设立就业中心这一类的部门，而本书第二章表2-17的数据显示，南非本地雇员中学历层次占比最大的是中学或者专科学历（约74.1%）。因此，只有2.3%的员工是通过这一途径进入企业，也再次印证了南非目前高等教育普及率较低的现状。

根据非洲信息通信技术研究组织与2018年7月发布的《南非信息通信技术状况》报告，南非高等教育的毛入学率约为19.4%。[1] 反观中国，中国教育部2019年2月26日在北京召开"2018年教育事业发展有关情况"新闻发布会。教育部高等教育司副司长范海林在会上表示，总体而言，中国已建成了世界上规模最大的高等教育体系，高等教育毛入学率达到48.1%，中国即将由高等教育大众化阶段进入普及化阶段。[2] 相比之下，需要南非政府做的事情确实还不少。

---

[1] Alison Gillwald, Onkokame Mothobi and Broc Rademan, The State of ICT in South Africa, Research ICT Africa, July 2018, p. 18.

[2] 郭超凯：《教育部：高等教育毛入学率达48.1%　将进入高等教育普及化阶段》（2019年2月26日），2019年8月15日，中新网（http://www.chinanews.com/sh/2019/02-26/8765168.shtml）。

表 7 - 1 的数据告诉我们，有约 31.7% 的企业雇员是通过亲戚或朋友的介绍进入企业工作的。而表 7 - 2 的数据则会进一步告诉我们企业员工的家人在同一家企业工作的情况。

表7-2	员工家人在本企业的数量	（单位：人，%）
家人在本企业的数量	频数	百分比
1	71	58.20
2	29	23.77
3	8	6.56
≥4	14	11.48
总计	122	100.00

从表中数据可知，在所有受访员工中，有总共 122 位员工的不同数量的家人在同一家企业工作，而这些家人的总数则至少为 209 人（4 人以上暂按 4 人计算）。其中，只有 1 位家人在本企业工作的员工人数占比是最高的，为 58.2%。而家人数量为 2 人或 1 人的人数占比总和则达到了约 82%。

这说明，同一家人中为同一家企业工作的家人数量以 1—3 人居多，而一家人中有超过 3 人为同一家企业工作的发生概率并不是太高。

不过，还有一个很有趣的现象就是，以家庭为单位在企业工作的人数总和达到了至少 317 人，如果假设 625 份有效问卷中所有人都回答了这个问题，而恰好同一个家庭中仅有一位成员接受了我们的问卷调研，那么这些人约占受访员工总数的 50.7%。如果假设成立的话，这个比例算是比较高的了。

表 7 - 3 所呈现的是有关员工日常工作条件的状况，在此我们只选择了员工在日常工作中是否会使用到电脑这个指标，同时划分为男、女两个维度以做进一步观察。之所以选择是否使用电脑来区分员工的工作条件，其实是因为一般在工作中会使用到电脑的员工基本上

应该是属于管理人员一类的岗位，而没有使用过电脑的员工基本上应该是属于企业的一线工人。而按照性别来予以区分，主要是为了观察企业中男女员工在岗位分配上的差异性。

表7-3　　　　　　按性别划分的员工日常工作使用电脑状况　　　　（单位：%）

日常工作是否使用电脑	男	女
是	33.77	25.95
否	66.23	74.05
总计	100.00	100.00

注：$N=624$。

从获取的 624 份有效样本数据观察可见，在日常工作中使用电脑的员工占比较少，均值接近三成（约为 29.9%）。其中，使用电脑的男性员工人数占比要高出同类型女性员工约 7.8 个百分点。

也就是说，企业中从事管理工作和从事一线生产的人员比例约为 1:2.3。同时，从事管理工作的男性员工人数要多于女性员工人数。或者说，有更多的一线工人是女性。但是，双方之间的差距并不大，而且也不能因此判断企业在雇用不同岗位员工时存在性别上的倾向性。

第二节　职业培训、晋升与工作时间

本节将重点探讨企业员工在进入企业后所接受的职业培训情况、为企业工作期间职位的晋升情况，以及企业管理人员和非管理人员的工作时间情况。

通常情况下，企业会在新员工初入企业之际安排规模大小不一的入职培训，以帮助他们了解公司历史、基本工作流程、行为规范、组织结构、人员结构等相关内容，其目的是使新员工熟悉工作岗位的要求和规范，并尽快融入企业的团队和氛围之中。入职培训对于企业将新入职员工快速地转化为生产力并最大限度提升企业生产经营的安全性具有重要意义。

表 7-4 呈现的是按性别划分的企业员工在入职后所接受的培训内容情况。

表 7-4 　　　　按性别划分的员工入职后的培训内容（多选题）　　（单位：%）

入职后培训或进修内容	男	女
管理技能	13.27	8.54
人际交往技能	8.74	7.91
写作能力	5.83	3.16
职业道德	14.56	12.66
中文读写	5.50	2.85
英文读写	5.50	4.11
计算机技能	10.36	2.53
技术性技能	15.21	3.48
安全生产	26.21	9.18
其他	2.91	1.27
没有培训	44.34	62.34

注：$N = 625$。

从表中数据观察可见，占比最大的选项是"没有培训"。在 625 个有效样本数据中，选择这一选项的男女员工人数占比分别约 44.3% 和 62.3%。此外，有约 26.2% 的男性员工选择了"安全生产"，约 12.7% 的女性员工选择了"职业道德"。

从整体数据观察可见，企业在开展培训项目时并无性别上的倾向，无论男性员工或者女性员工均可参与。但从数据的具体分布情况来看，接受过培训的男性员工的比例要高于女性员工。其中，人数占比的差距在 5 个百分点以上的项目分别为"安全生产""技术性技能"和"计算机技能"。

根据本书第五章表 5 – 12 的数据显示，2018 年，接受过各类培训的中资企业南非籍员工人数的均值约为 207 人，而培训次数的均值约为 26 次。表 5 – 13 的数据显示，工业型企业组织最多的培训项目是"安全生产"，约 89.5% 的受访企业选择了这一项。其次是"工作专用技能"，企业数量占比约为 57.9%。而在服务型企业中，培训最多的项目是"管理与领导能力""人际交往与沟通技能"和"工作专用技能"，企业数量占比均约为 71.4%。由此可见，在南中资企业对新入职员工乃至在岗员工进行培训应该是比较常见的现象。

但是表 7 – 4 的数据却显示，有超过半数（男女占比均值约为 53.3%）的员工没有接受过任何的培训。根据分析推测，原因可能在于企业主或管理者与企业员工之间对于培训的理解存在偏差。根据我们实地调研走访所了解到的情况来看，企业对于员工的培训还是比较重视的，但非常正规地组织员工集中培训的现象在绝大多数的受访企业中并不常见，更多的培训内容其实是融入到了实际的生产经营活动过程中。但不管怎么说，必须承认的一点就是，根据实际需要对员工进行培训是企业保障生产经营活动正常有序开展所必备的环节之一。

表 7 – 5 呈现的是按性别划分的员工最近一次的培训内容情况。有效样本数据为 269 份，这是因为在上一个问题中，有大部分的员工选择了没有接受过培训的选项，因此没有参与此项问题的调查。

表 7 – 5 　　　　 按性别划分的员工最近一次的培训内容（多选题） 　　（单位：%）

最近一次培训的内容	男	女
管理技能	17.58	21.15
人际交往技能	13.94	15.38
写作能力	5.45	7.69
职业道德	23.03	28.85
中文读写	4.85	4.81
英文读写	7.88	15.38

续表

最近一次培训的内容	男	女
计算机技能	10.91	6.73
技术性技能	21.21	11.54
安全生产	36.36	25.96
其他	1.21	2.88
没有培训	5.45	1.92

注：$N = 269$。

　　从表中数据观察可见，在最近一次针对男性员工开展的培训中，"安全生产""职业道德"和"技术性技能"这三项的占比排在前三位，且均超过了20%。而在最近一次针对女性员工开展的培训中占据前三位的分别是"职业道德""安全生产"和"管理技能"，占比同样都超过了20%。

　　其中，男性员工中接受了"安全生产"培训的人数占比最大，约为36.4%，比参与此项培训的女性员工的占比高出约10.4个百分点。而女性员工中接受了"职业道德"培训的人数占比最大，约为28.9%，比参与此项培训的男性员工的占比高出约5.8个百分点。

　　由此可以看出，企业对于安全生产和职业道德的重视程度相对较高。企业的安全生产和员工的职业道德不仅关乎企业的正常运转和发展，更关乎企业员工个人的切身利益，企业对这方面的培训内容加以重视也在情理之中。

　　此外，选择接受过"中文读写"培训的男女员工人数占比均未超过5%，说明在南中资企业对于员工中文水平的要求并不高，特别是对于一线的生产工人而言。在我们实地面访的过程中也可以观察到，使用中文与受访员工进行交流的可能性几乎是不存在的，英语是最可行的交流工具。当然，也有少部分员工只会南非当地的语言，这也解释了为什么会有约7.9%的男性员工和约15.4%的女性员工曾接受过"英文读写"培训的原因。

　　按理说，只有在前一题中选择了接受过项目培训的员工才能进入到这一题，否则就会直接跳过。但本题数据却显示，有约5.5%的男性员工和约1.9%的女性员工选择了"没有培训"，有点令人费解。或许是员工对于题目的理解出现了偏差。当然，在可选项中设置这一选项，似乎也存在误导的可能性。

职业晋升是指企业内部员工从某一个工作岗位向另一个具有更高挑战性，需要承担更大职责，以及享有更多职权的工作岗位流动的过程。通常情况下，企业内部会有一套比较完善的职业晋升制度，这也是企业为了激励员工或者留住人才的措施之一。晋升的依据有可能是员工的资历和经验，也有可能是员工的能力和才干。当然，人际关系的选项也不能被完全排除。一个运转良好的企业必然不会忽视合理晋升机制的建立。

表7-6呈现的是企业内部员工职业晋升的状况，并进一步按性别进行了细分。从表中数据观察可见，男女员工都能获得一定的职业晋升机会。在617个有效样本数据中，有近三成（约29.6%）的男性员工表示曾获得职位的晋升，而女性员工中的这一比例接近两成（约18.5%），男女比例的均值约为24.1%。

表7-6　　　　　　　　　**按性别划分的员工的职业晋升状况**　　　　　（单位：天，%）

进入本企业后是否有职业晋升	男	女
是	29.61	18.53
否	70.39	81.47
总计	100.00	100.00

注：$N = 617$。

由此可见，企业内部能获得职业晋升机会的人只占所有员工总数的一小部分，但这是符合基本规律的。此外，男性员工占比高出女性员工占比约11.1个百分点，表明在企业获得职位晋升机会的男性员工人数多于女性员工人数，但我们也不能据此判定企业在员工的职业晋升过程中存在性别倾向问题。

　　企业内部的工作岗位可以粗分为管理和非管理两类。虽然根据企业的性质不同会出现二者之间的比例变动，但从总体上而言，管理人员的岗位数量要少于非管理人员的岗位数量。如果出现了比例颠倒的状况，那么企业整体的生产经营状况应该是出现了问题，甚或是比较大的问题。

　　表7-7呈现的便是企业内部管理人员与非管理人员的分布情况，并进一步按性别进行了细分。从表中数据观察可见，企业中管理人员和非管理人员之间的比例约为1∶4（管理人员比例均值与非管理人员比例均值之间的比值），基本上呈正态分布。

表7-7　　　　　　　　按性别划分的管理人员与非管理人员分布　　　　（单位：%）

是否是管理人员	男	女
管理人员	23.86	15.58
非管理人员	76.14	84.42
总计	100.00	100.00

注：$N=614$。

　　其中，男性管理人员在企业中的占比约为23.9%，比女性管理人员的占比高出约8.3个百分点。相应地，女性非管理人员的占比比男性非管理人员的占比要高出约8.3个百分点。

　　这说明，在企业的管理层中，男性员工的人数要多于女性员工，但我们同样不能据此判定企业在挑选管理岗位人选的过程中存在性别倾向问题。

　　表7-8呈现的是企业内部管理人员与非管理人员上月[①]平均每周工作天数的差异。从表中数据观察可见，无论是管理人员还是非管理人员，平均每周工作5天的人数是最多的。其中，管理人员中工作6

----

　　① 根据本次调研时间的跨度（2019年4月中下旬至5月中上旬）以及员工受访时间的不同，本题所涉及之"上月"的概念指的是2019年3月或者4月。

天的人数占比约为50.8%，而非管理人员中这一占比约为43.1%，均值约为47%。也就是说，企业中有接近一半的员工在上月平均每周的工作天数为5天。而每周工作5天也符合南非《基本雇佣条件法案》（Basic Conditions of Employment Act）有关雇员每周工作时长的有关规定，即每周5天，每天9小时，每周不超过45小时。[①]

表7-8　　管理人员与非管理人员上月平均每周工作天数的差异

（单位：天，%）

上月平均每周工作天数	管理人员	非管理人员
1	0.00	0.41
2	0.00	0.21
3	0.83	0.21
4	2.50	2.47
5	50.83	43.09
6	39.17	37.73
7	6.67	15.88
总计	100.00	100.00

注：$N=605$。

当然，每周工作时间在6天的员工数量也不在少数。其中，管理人员中工作6天的人数占比约为39.2%，而非管理人员中这一占比约为37.7%，均值约为38.5%。也就是说，企业中有接近四成的员工在上月平均每周的工作天数为6天。当然，根据上一段中提到的《法案》之规定，如果雇员每周需要工作5天以上的，每天的工作时长不能超过8小时，但工作总时数的上限依然为45小时。如果有超时工作的情况出现，必须跟雇员商定好，然后支付加班费用。而加班费的

① 南非颁布的《基本雇佣条件法案》中对雇员工作时长有具体的规定，每周不得超过45小时为最基本的标准。在对图3-3的描述中有相关内容的阐述，但更多详细规定可参阅该法案，在此不再赘言。下同。

标准一般为正常工资水平的 1.5 倍。

此外，还有约 6.7% 的管理人员和约 15.9% 的非管理人员每周的工作天数达到了 7 天。

综合观察可见，上月每周工作天数为 5 天、6 天的人数是最多的。其中，管理人员中工作 5 天、6 天的人数占比为 90%，而非管理人员中这一占比约为 80.8%，均值约为 85.4%。

第三节 工会组织与社会保障

本节将重点分析企业的工会组织以及员工的社会保障情况。

本书已经多次提及南非的工会组织。南非的工会模式源自英国，最初的工会组织则是由南非的英国工人于 19 世纪晚期建立。第一次世界大战后，南非黑人开始建立自己的工会组织。最早成立的应该是 1917 年由南非工党组建的非洲产业工人工会。随后，更多的工会组织开始出现在南非的土地上。不可否认的是，南非各种级别、形式和规模的工会组织曾经在团结各行各业的民众起身反抗殖民统治方面有着不可磨灭的历史功绩。时至今日，南非工会大会依然是执政的以非国大为主体的三方联盟中的重要一极。对于任何在南非投资的企业而言，工会组织的力量都是不容小觑的。

1994 年新南非成立前就建立了社会保障制度，但却带有强烈的种族歧视色彩。直到新南非成立才开始逐步建立和完善惠及全体南非人民的社会保障制度和体系。虽然目前南非的社会保障和救济制度已经比较完善，但是由于南非的社会保障制度具有多面性和多部门性，因此很难从单一的角度或标准准确地分析覆盖面问题。但综合多方资料显示，社会保障的覆盖率仍然不高。

表 7-9 呈现的是按性别划分的员工加入企业工会状况。有效样本数仅为 198 个，是因为本题的前提条件是企业有自身的工会存在，而在表 2-6 中我们已经知道，在所有被调研企业中，只有约 28.6%

的企业是有自身工会的。这无形中就将另外约71.4%的企业的员工
排除在了此题之外。

表7-9	按性别划分的员工加入企业工会状况		（单位：%）
本人是否加入企业工会	男	女	总计
是	34.78	59.43	47.98
否	65.22	40.57	52.02

注：$N = 198$。

从表中数据观察可见，在不考虑性别的前提下，加入和未加入企
业工会的员工数量非常接近，占比分别约为48%和52%，未加入工
会的员工人数略多一些。如果按照198个有效样本数据计算，加入了
企业工会的员工人数为95人。如果再按照总共625位参与调研的员
工人数来计算，加入企业工会的人数占比仅为15.2%。

如果按照性别差异分开计算，在加入工会的员工中，女性员工占
比（约59.4%）要高于男性员工占比（34.8%）约24.7个百分点。
而在未加入工会的员工中，这一状况正好相反。

综合上述数据描述可见，即便是少数的企业中拥有自己的工会存
在，也仅有相对少数的员工会选择加入工会。而且，女性员工加入工
会的积极性要明显高于男性员工。这或许是因为女性的危机感更强，
更希望可以通过工会的力量来保护自己。

南非工会力量的过分强大首先会令许多企业对于组建自己的工会
顾虑重重。前文提到过，许多企业会寻求第三方劳务公司解决劳动力
的问题就是出于这方面因素的考虑。南非经济发展不力，就业岗位供
给不足，失业率高企，这些都是不争的事实。能找到一份相对稳定的
工作，获得一份相对稳定的收入，对于当下许多南非民众来说并不是
一件容易的事情。在我们的调研过程中，的确从不少企业主或者管理
者的口中听到过有关中资企业在与工会的抗衡中血本无归，最终忍痛
退出南非市场的故事。在南非，合法的罢工可以轻而易举地搞垮一家

企业。可问题是，企业垮了，员工怎么办？失去工作的员工又必须重新投入劳动力市场，重新去跟别人竞争为数不多的工作岗位。退一万步说，即便是一两次罢工的诉求得到了妥善的解决，但是作为企业而言，谁又愿意雇用三天两头因为无理要求闹罢工的员工呢？更何况，很多中资企业在员工工资水平和福利待遇方面的表现并不算苛刻。

这些也许不能完全解释为什么表7-9中的数据显示只有极少一部分的员工（15.2%）加入了企业自身的工会组织。但或许可以从另外一个角度看出一些不一样的东西。那就是，目前南非民众对待企业与工会之间关系的态度上或许在悄然发生着一些变化。也许这样打比方并不是很合适，但或许我们可以把企业看作面包和牛奶，把工会看作自由和民主。那么问题来了，哪一个对于目前南非的广大民众更重要呢？

南非除了企业内部的工会组织，每个行业还有自己的行业工会，并且还有全国性的工会组织。表7-10呈现的就是企业员工加入行业工会组织的状况，并按性别做进一步的细分。

表7-10　　　　　　　按性别划分的员工加入行业工会状况　　　　（单位：%）

本人是否加入行业工会	男	女	总计
是	7.92	13.31	10.64
否	88.78	85.06	86.91
当地没有行业工会	3.30	1.62	2.45

注：$N=611$。

从表中数据观察可见，总计约10.6%的企业员工加入了某个行业工会，其中加入工会的女性员工人数占比（约13.3%）高出男性员工人数占比（约7.9%）约5.4个百分点。虽然差距并不明显，但同样表明女性员工在加入行业工会组织的积极性上要高于男性员工。

未加入行业工会的企业员工人数占比总计约为86.9%，其中男、女员工的比例基本相当，分别约为88.8%和85.1%。此外，还有总计约2.5%的员工表示当地没有行业工会的存在。

　　通过上述数据描述可见，绝大多数的企业员工并没有选择加入某个行业工会组织，而这个数据比没有加入企业自身工会组织的人数比例还要高出约 35 个百分点。由此可见，在南中资企业的员工中，加入企业工会的人数不多，加入行业工会的人数更少。在分析表 7 – 9 的数据时提到，在南中资企业中有工会组织的企业数量不多，这或许可以被看作造成加入企业内部工会组织人数偏少的一个客观原因。但在有工会组织的企业中，选择加入的人数偏少就可能更多属于主观方面的原因了。这种观点即便是上升到行业工会的层面来看也基本上是说得通的。因为只有约 2.5% 的员工表示当地没有行业工会，那么在剩下的 97.5% 的员工中仅有 10.6% 的员工选择了加入行业工会，如果不是主观原因在起作用那还能有怎样的解释呢？当然，人的主观意识是取决于客观因素的，也许正是南非客观存在的现实环境决定了企业员工是否加入工会组织的主观选择。

　　表 7 – 11 呈现的是企业管理人员与非管理人员加入行业工会的状况。

表 7 – 11　　　　　　管理人员与非管理人员加入行业工会状况　　　　（单位：%）

是否加入行业工会	管理人员	非管理人员
是	6.84	10.70
否	92.31	86.42
当地没有行业工会	0.85	2.88
总计	100.00	100.00

注：$N = 603$。

　　从表中数据观察可见，无论是管理人员抑或是非管理人员，加入了某个行业工会的人数占比非常低。其中，管理人员中仅有约 6.8% 的人选择了加入，而在非管理人员中这一比例略高，为 10.7%。与此形成鲜明对照的是，绝大多数的管理人员（约 92.3%）或者非管理人员（约 86.4%）并未加入某个行业工会。

在分析前面两张表的时候做过一些可能不太成熟的解读，这张表中又呈现出类似的情况，因此不再赘言。

唯物辩证法认为，矛盾，即事物内部或事物之间既对立又统一的辩证关系，是事物普遍联系的根本内容。企业和员工之间也存在着矛盾辩证统一的关系。从统一的角度解释，企业与员工之间是相互依存的关系。企业需要依靠员工来保证生产经营活动的正常运转，并在此过程中创造出源源不断的剩余价值以获得利益和发展。员工则需要依靠企业来获取必要的个人收入乃至个人发展；从矛盾的角度解释，企业的要求和员工的诉求之间需要找到一个平衡点来实现双方之间利益交集的最大化。但是，如果找不到这个平衡点，那么企业和员工之间就会出现矛盾甚至冲突。当然，矛盾纠纷也有可能出现在员工之间。

表7-12呈现的就是员工与企业之间出现矛盾纠纷后寻求解决方式的差异性，并按管理人员和非管理人员这两个不同的岗位类别做了进一步细分。

表7-12　　　　　　　管理人员与非管理人员解决纠纷方式的差异　　　　（单位：%）

最有可能采取的解决纠纷方式	管理人员	非管理人员
找企业管理部门投诉	71.93	54.68
找企业工会投诉	6.14	16.42
找行业工会投诉	3.51	6.86
向劳动监察部门投诉	5.26	4.57
独自停工、辞职	0.88	2.29
参与罢工	0.00	3.53
上网反映情况	0.88	0.62
没有采取任何行动	8.77	9.56
其他	2.63	1.46
总计	100.00	100.00

注：$N = 595$。

从表中数据观察可见，在管理员群体中，"找企业管理部门投诉"成为最常见的纠纷解决方式，而选择此种方式的人数占比达到约

71.9%。排在第二、三位的纠纷解决方式是找"企业工会投诉"和"向劳动监察部门投诉",但人数占比较少,分别约为6.1%和5.3%。同时,我们注意到,有约8.8%的管理人员表示,纠纷产生时,他们不会采取任何行动。

在非管理人员群体中,最常见的纠纷解决方式同样是"找企业管理部门投诉",人数占比约为54.7%。排在第二、三位的纠纷解决方式是"找企业工会投诉"和"找行业工会投诉",占比分别约为16.4%和6.9%。同时,我们注意到,有约9.6%的非管理人员表示,纠纷产生时,他们不会采取任何行动。

当然,也有管理人员或非管理人员选择了其他的解决方式,但占比均较小。

从上述数据描述可见,在纠纷出现时,多数管理人员和非管理人员会直接找企业管理部门投诉。这或许可以说明,多数在南中资企业中有着比较完善的纠纷解决机制和顺畅的劳资沟通渠道,而且这个机制或渠道的运转状况良好。许多出现在企业和员工以及员工和员工之间的纠纷可以通过这一方式得以妥善解决。这同时也可以在一定程度上体现出企业对于内部纠纷的重视程度,以及企业在解决此类问题方面所表现出的应对能力,而且这一能力得到了多数员工的认可。

同时,我们也注意到,选择"找企业管理部门投诉"这一方式的管理人员占比要高出非管理人员占比约17.3个百分点,而选择找企业工会或者行业工会投诉的非管理人员占比要分别高出管理人员占比约10.3个和3.4个百分点。这说明,在企业内部出现纠纷的时候,更多的身处管理岗位的员工会倾向于依靠企业内部的机制或渠道来解决问题。虽然从整体上而言,找工会投诉的人并不多,但在寻求此种方式的员工群体中,身处非管理人员岗位的员工人数还是要更多一些。

此外,我们还注意到另外两点:

(1)没有管理人员会选择罢工这一方式,或许可以说明达到管理层级别的员工在处理纠纷时表现得要更为冷静一些。

(2)选择"上网反映情况"的员工人数也是极少的。根据南非统计局 2019 年 5 月 28 日发布的《综合住户调查（2018）》报告，在全国范围内，只有 3% 的家庭无法使用固定电话或手机。有 89% 的南非家庭只使用手机。相比之下，只有 0.1% 的南非家庭只使用固定电话。在 64.7% 的南非家庭中至少有一名家庭成员会在家中、工作场所、学习场所或网吧使用互联网。在全国范围内，使用移动设备上网（60.1%）要比在家上网（10.4%）、工作时上网（16.2%）和其他地方上网（10.1%）普遍得多。[1] 由此可见，南非的互联网覆盖率并不算低，特别是在人口密度较大的城市，多数人都可以通过手机连接互联网。但是在世界早已迈入互联网时代的今天，南非员工在遇到劳动纠纷时，却极少有人会通过互联网来向有关部门反映情况，一方面可能是因为大部分的问题可以通过企业内部或者工会组织来解决；另一方面也有可能是因为网上投诉的相关机制建设并不完善，或者投诉的渠道并不通畅。当然，网速、资费等也有可能是阻碍员工寻求这一解决方式的相关因素。

南非已经建立了相对完善的社会保障机制。但总体而言，在诸多客观因素的制约下，保障的覆盖范围并不能令人满意。

表 7 - 13 呈现的是企业员工是否享有社会保障的情况，并按管理人员和非管理人员这两个不同的岗位类别做了进一步细分。

表 7 - 13　　　　　管理人员与非管理人员是否享有社会保障[2]　　　（单位：%）

是否享有社会保障	管理人员	非管理人员
是	51.67	13.14
否	48.33	86.86
总计	100.00	100.00

注：$N = 607$。

---

① Stats SA, General Household Survey 2018, May 28, 2019, pp. 56 - 58.

② 社会保障是以国家或政府为主体，依据法律，通过国民收入的再分配，对公民在暂时或永久丧失劳动能力以及由于各种原因而导致生活困难时给予物质帮助，以保障其基本生活的制度。

从表中数据观察可见，在管理员群体中，超过五成（约51.7%）的员工享有社会保障，而在非管理人员群体中，仅有不到一成半（约13.1%）的员工享有社会保障。

由此可见，目前在南非中资企业工作的员工中，只有少数人享有社会保障。而在享有社会保障的员工中，管理人员占比要远高于非管理人员占比，二者之间的占比差约为38.5个百分点，差距较大。

一方面，我们可以将其看作目前南非社会保障覆盖率不高的现实反映。另一方面，我们还可以看到，职位越高或者收入越高的人就越有机会享受社会保障。如何提高社会保障在全体国民，特别是底层民众中的覆盖率，让老有所养、病有所医成为普遍的现实，切实提高人民的获得感和幸福感，是需要南非政府着力解决的问题。

表7-14呈现的是企业管理人员与非管理人员所享有的社会保障类型。有效样本数仅为126个，是因为这个问题只针对享有社保的员工而设。不享有社保的员工不在此题调查范围内。

表7-14　　管理人员与非管理人员享有的社会保障类型（多选题）（单位：%）

享有哪些社会保障	管理人员	非管理人员
医疗保险	64.52	76.56
养老保险	48.39	31.25
其他保险	9.68	6.25
不清楚	12.90	7.81

注：$N = 126$。

从表中数据观察可见，在管理人员群体中，有约64.5%的人享有医疗保险，约48.4%的人享有养老保险，约9.7%的人享有其他类型的保险，还有12.9%的人知道自己有保险却不知道为何种保险。

在非管理人员群体中，有约76.6%的人享有医疗保险，约31.3%的人享有医疗保险，约6.3%的人享有其他类型的保险，还有约7.8%的人同样知道自己有保险却不知道为何种保险。

从上述数据描述可见，管理人员和非管理人员在所享有的社保类型上存在差异性。更多的非管理人员享有医疗保险，其人员占比要比管理人员占比高出约 12 个百分点。相对于更多从事管理工作的人员而言，医疗保险对于工作在生产一线的非管理人员可能要更重要一些。此外，更多的管理人员则享有养老保险，其人员占比要比非管理人员占比高出约 17.1 个百分点。相对而言，管理人员的工作稳定性更大。因此，养老保险对于他们的重要性可能就更高一些。

当然，享有社会保障的有效员工样本基数只有 126 个这个情况或许也是值得我们后续思考和研究的问题。

第四节　个人和家庭收入

企业根据员工的工作情况支付一定的报酬是维持企业生产经营正常运转的基本要求。员工通过劳动从企业获得的收入则是维持个人乃至家庭日常开支的重要保障。本节将通过调研获取的数据资料对在南中资企业员工的个人和家庭收入情况进行分析和解读。

表 7 – 15 呈现的是在南中资企业员工中是否存在工资拖欠的情况，并按管理人员和非管理人员这两个不同的岗位类别做了进一步细分。

表 7 – 15　　　　　管理人员与非管理人员工资拖欠状况　　　　（单位：%）

未结算工资超过 1 个月	管理人员	非管理人员
超过一个月	8.33	6.35
未拖欠工资/拖欠未超过一个月	91.67	93.65
总计	100.00	100.00

注：N = 608。

从表中数据观察可见，无论是管理人员还是非管理人员，工资被拖欠超过一个月的情况比较少见。约 91.7% 的管理人员和 93.7% 的非管理人员表示未出现过工资被拖欠或者拖欠超过一个月的情况。

由此可见，虽然存在工资拖欠的情况，但是绝大多数的在南中资企业在按时支付员工工资方面的记录良好。相信这样的记录已经为在南中资企业树立起了一个良好的形象，同时也为更多即将或者计划进入南非市场的中资企业在南非本地劳动力市场上预设了一个良好的口碑。

表7-16呈现的是按性别划分的企业员工月收入层次分布情况。

表7-16　　　　　　按性别划分的员工月收入层次分布　　　（单位：兰特，%）

性别	1000—2000	2001—2600	2601—3500	3501—7450	7451及以上
男	16.98	16.98	16.60	21.89	27.55
女	30.42	18.63	21.67	17.11	12.17
总计	23.67	17.80	19.13	19.51	19.89

注：$N=528$。

2018年5月30日，南非议会以投票方式通过并公布最新国家最低工资标准，将在正式实施的两年内再次进行调整。除农场工人（包括参与林业活动的工人）、家政工人、扩展公共工程项目（EPWP）和学生工作者以外的工人的最低工资为每小时20兰特。[1] 2019年1月1日，该标准正式实施。而根据时任南非副总统的拉马福萨于2017年2月9日宣布此项最低工资标准时的表述，每周40小时和45小时工作时间的月薪将分别为3500兰特和3900兰特。[2]

从表中数据观察可见，月收入在3500兰特及以下的员工人数占比较大，约为60.6%，而月收入在3500兰特以上的员工人数占比约为39.4%。经济指标（Trading Economics）网站数据显示，2019年第

① 刘畅：《南非通过最低工资标准　可线上申请最低工资豁免权》（2018年5月31日），2019年8月17日，人民网（http：//world.people.com.cn/n1/2018/0531/c1002-30024399.html）。

② 刘畅：《南非政府正式公布最低工资标准》（2017年2月9日），2019年8月17日，人民网（http：//world.people.com.cn/n1/2017/0209/c1002-29070333.html）。

一季度南非的月工资平均水平为 20855 兰特。[①] 由此看来，接受我们调研的企业员工的月工资水平还相当低。

但实情可能并非如此简单。南非在冲破种族隔离的藩篱后建立了全民普选的民主国家，至今已经 25 年。但事实上，根据世界银行的数据，南非如今已经成为世界上经济最不平等的国家，而且没有之一。在全部有可比数据的国家中，南非的贫富差距是最大的，最富的 10% 人口掌握了社会总财富的 71%。[②] 所以，月平均 20855 兰特的收入水平其实是被那些极少数的超高收入人群给拉高了。而真正广大的普通劳动者的实际收入水平并不高，很多人的月收入水平反倒是因为新出台的最低工资标准而得以提升的。

从性别的角度观察可见，男性员工的整体收入水平要明显高于女性员工。受访员工中，月收入在 3500 兰特以上的男性员工占比约为 49.4%，而女性员工的占比则约为 29.3%，比男性员工占比低了 20.1 个百分点。

虽然数据差距较大，但根据我们实地调研走访所了解到的情况来看，并未发现在南中资企业在支付员工工资方面存在性别上的倾向问题。而之所以会出现这样的状况，往往跟员工实际从事的工作岗位、性质、时长等因素存在着密切的关系。

表 7 - 17 所呈现的是按年龄组划分的企业员工月收入层次分布情况。

表 7 - 17　　　按年龄组划分的员工月收入层次分布　　（单位：兰特，%）

年龄组	1000—2000	2001—2600	2601—3500	3501—7450	7451 及以上
18—25 岁	35.38	18.46	20.00	18.46	7.69
26—35 岁	21.21	13.42	18.18	25.11	22.08

① Trading Economics, South Africa Average Monthly Gross Wage, https://tradingeconomics.com/south-africa/wages, Aug. 17, 2019.

② 谷智轩：《CNN 评价南非民主制度：实行了 25 年，仍是全球最不平等国家》（2019 年 5 月 7 日），2019 年 8 月 17 日，观察者网（https://www.guancha.cn/internation/2019_ 05_ 07_ 500650. shtml）。

续表

年龄组	1000—2000	2001—2600	2601—3500	3501—7450	7451 及以上
36 岁及以上	17. 96	23. 35	19. 76	12. 57	26. 35
总计	23. 67	17. 80	19. 13	19. 51	19. 89

注：$N = 528$。

从表中的总计数据观察，各层次收入的员工人数分布比较平均，相互之间的差距并不大。占比最高的是月收入在1000—2000兰特的员工群体，约为23.7%。

从年龄组的角度观察，在18—25岁年龄组中，员工月收入在1000—2000兰特的人数是最多的，约占该年龄组总人数的35.4%，且高出此收入层次的均值约11.7个百分点。此外，月收入在7451兰特以上的人数极少，人数占比仅约为7.7%。

在26—35岁年龄组中，员工月收入在3501—7450兰特的人数是最多的，约占该年龄组总人数的25.1%。此外，月收入在2001—2600兰特的人数最少，占比约为13.4%。

在36岁及以上年龄组中，员工月收入在7451兰特及以上的人数是最多的，约占该年龄组总人数的26.4%。此外，月收入在3501—7450兰特的人数最少，占比约为12.6%。

同时还可以发现，在收入层次最低的员工群体中，人数会随着员工年龄的增长而减少；而在收入层次最高的员工群体中，人数则会随着员工年龄的增长而增多。其他收入层次的不同年龄段的人数占比未见这一变化规律。

超过50%的年轻人失业率一直是令南非政府感到头痛的问题。思想不成熟、情绪易波动、受教育程度低、劳动技能缺乏等可能是年轻人就业困难的内部因素；经济发展低迷、就业岗位不足、教育成本过高等则可能是年轻人无法抗衡的外部因素。内外因素的联动推高了年轻人的失业率。这或许也可以解释为什么大多数的年轻人都集中在最低的收入层次上。

但是我们还是可以看到，有约47.2%的26—35岁年龄段的年轻人的月收入超过了3500兰特。这其中就有一些人是从一名普通的一线工人通过自己的汗水和努力拼搏出来的。所以，机会总不会辜负那些愿意踏实做事，又不断学习和思考的人。

表7-18呈现的是按受教育程度划分的员工月收入层次分布情况。

表7-18 　　　　　　按受教育程度划分的员工月收入层次分布 　　（单位：兰特，%）

最高学历	1000—2000	2001—2600	2601—3500	3501—7450	7451及以上
未受过教育	34.78	26.09	17.39	17.39	4.35
小学学历	36.76	36.76	19.12	5.88	1.47
中学或专科学历	22.84	15.99	20.81	23.35	17.01
本科及以上学历	0.00	0.00	2.63	2.63	94.74
总数	23.52	17.97	19.12	19.31	20.08

注：$N = 523$。

从总数一栏的数据观察可见，各个收入层次上的人数基本相当，差距并不明显。但属于最低收入层次的人数相对较多，占比约为23.5%。

在未接受过教育的员工群体中，属于最低收入层次的人数最多，占比约为34.8%。随着收入层次的提高，员工的数量呈逐步下降趋势分布。属于最高收入层次的人数最少，占比约为4.4%。

在接受过小学阶段教育的员工群体中，员工的数量同样随收入层次的提升而下降。人数占比最多的是1000—2000兰特/月和2001—2600兰特/月这两个收入层次，均约为36.8%。属于最高收入层次的人数极少，占比仅约为1.5%。

在接受过中学或专科学历教育的员工群体中，员工的数量会随着收入层次的提升出现不规则的S形曲线分布，峰谷值约为7.4%。

在接受过本科及以上学历教育的员工群体中，绝大多数人的月收入达到了最高收入层次，即7451兰特/月及以上，占比约为94.7%。

由上述数据描述可见，员工的受教育程度对月收入存在较大的影响，二者之间基本上呈正比关系。

　　根据南非统计局 2019 年 5 月 28 日发布的《综合住户调查
(2018)》报告，在全国范围内，高等教育机构的在校生人数为736820
人。其中，75% 的学生是黑人，14.6% 是白人，5% 是印度/亚洲人，
5.3% 是有色人。从 2002 年到 2018 年，南非 18—29 岁人群的高等教育
入学率基本不变，保持在 4.4% 的水平。但是，这个年龄段的白人和印
度/亚洲人分别有 12.4% 和 11.6% 进入了高等教育机构，而有色人和黑
人的这一比例分别为 2.9% 和 3.8%。[①]

　　必须承认的是，南非政府在提高国民受教育程度方面一直在努力。
南非没有受过任何教育的 20 岁及以上人口比例从 2002 年的 11.4% 下
降到了 2018 年的 4.5%，而同期拥有 12 级以上学历的人口比例则从
30.5% 上升到 45.2%。在 20 岁以上的成年人中，只有 5.5% 的人被认
为是文盲。[②]

　　但是，高等教育资源的不足以及高额的教育成本支出成为阻碍绝
大多数南非年轻人，特别是年轻的黑人继续前进的拦路虎。归根结
底，还是经济的问题。只有大力发展经济，提高政府执政能力和行政
效率，并大幅度降低腐败现象的发生率，才能让更多的南非人，特别
是年轻人看到希望。以立法的形式规定最低工资标准只能保障最低的
生存需求，发展经济并提高国民受教育程度才是南非的出路所在。

　　表 7 - 19 呈现的是按出生地划分的员工月收入层次分布情况。

表 7 - 19　　　　　　**按出生地划分的员工月收入层次分布**　　（单位：兰特，%）

农村或城市[③]	1000—2000	2001—2600	2601—3500	3501—7450	7451 及以上
农村	26.55	21.45	23.64	16.00	12.36
城市	20.32	13.94	14.34	23.11	28.29
总计	23.57	17.87	19.20	19.39	19.96

注：N = 526。

———————————

① Stats SA, General Household Survey 2018, May 28, 2019, pp. 18 - 19.

② Ibid., p. ix.

③ 农村通常指以乡/镇、村行政区划为主，主要从事农业生产的人口聚居区。城市
通常指行政区划在村、乡/镇行政级别以上，属于县、市、府、省、邦等，有大量从事非
农生产的人口聚居区。

　　从总计数据观察可见，属于最低收入层次的员工数量是最多的，占比约为23.6%。从2001—2600兰特/月这个层次开始，层次越高，人数越多，但上升趋势缓慢，各层次间差距不明显。

　　从出生地的维度观察可见，若以3500兰特/月的收入作为分界点，界点以上来自农村地区的员工数量占比约为28.4%，而同区间内来自城市地区的员工数量占比约为51.4%，二者之间相差23个百分点。

　　由上述数据描述可见，来自城市地区的员工收入要明显高于来自农村地区的员工收入。但是，这样的观测结果并不能用来证明企业在支付员工工资的时候存在地域上的倾向问题。出生在城市地区的员工，可能是因为地域上的优势，拥有更多企业求职的机会，进而拥有更多的工作经验和技能。也有可能是因为拥有更多受教育的机会。

　　此外，我们还是应该看到，有约48.6%的出生在城市的员工月收入在3500兰特以下，而且属于1000—2000兰特/月收入层次的人数占比也超过了两成（约20.3%）。

　　表7-20呈现的是企业中管理人员与非管理人员的月收入层次分布情况。

表7-20　　　　　　管理人员与非管理人员的月收入层次分布　　（单位：兰特，%）

是否是管理人员	1000—2000	2001—2600	2601—3500	3501—7450	7451及以上
管理人员	15.31	10.20	6.12	17.35	51.02
非管理人员	25.48	19.52	21.90	20.00	13.10
总计	23.55	17.76	18.92	19.50	20.27

　　注：$N=518$。

　　从总计的数据观察可见，月收入在1000—2000兰特这一层次的员工数量是最多的，占比约为23.6%。

　　从管理人员的维度观察可见，有超过五成（约51%）的管理人员月收入在7451兰特及以上。而月收入超过3500兰特的人数占比接近七成（约68.4%）。

从非管理人员的维度观察可见，月收入在1000—2000兰特这一层次的员工数量最多，占比约为25.5%。而月收入在7451兰特及以上这一层次的员工数量最少，占比仅约13.1%。

此外，除了7451兰特及以上这一收入层次，管理人员在其他各层次区间的人数占比均小于非管理人员的占比。

由上述数据描述可见，企业中管理人员的月收入水平要明显高于非管理人员的月收入水平。不过这也符合企业经营管理的基本规则。中国自古便有"千军易得，一将难求"的说法。好的管理者对于企业而言是至关重要的。在我们调研走访的过程中，不少的企业主或管理者就曾经提到过管理人才，特别是南非本地的管理人才缺乏的问题。

表7-21呈现的是企业员工家庭的年收入状况。

表7-21	家庭年收入状况	（单位：兰特，%）
家庭年收入①	频数	百分比
2000—10000	50	21.83
10001—28800	43	18.78
28801—72000	45	19.65
72001—231900	47	20.52
231901及以上	44	19.21
总计	229	100.00

社会被客观或者主观地划分为不同的阶层是一种普遍存在的现象。各种复杂的因素交织在一起，就会把人划入大小不一、高低不同的阶层之中。将社会分层违背了人人平等的基本原则，但却是客观存

---

① 年收入是指2018年家庭各项收入的合计。包括农业生产的纯收入，个体经营或开办私营企业的利润收入，出租和出卖财物所得的收入，所有家庭成员的工资性收入，存款利息与投资金融产品的收入，政府、国际组织与NGO的各种补助和援助收入，养老金收入，社会保障，他人的经济支持等全部收入。

在的现实。对客观存在的现实进行科学的分析，其实有利于缓和阶层矛盾，找到协调各阶层利益的途径，从而促进社会的和谐和稳定。

决定阶层划分的要素有很多，比如职业、收入、财富、声望、关系、权力等。而在收入中，除了个人收入外，家庭年收入也是经常会被使用到的一个。有时候，家庭年收入常常会被用来判定一个家庭的经济状况，并使用富裕、中产或者贫困来予以标记，这其实也是社会分层的模式之一。

南非的贫富分化非常严重，所以，中产阶级的规模相对比较小。而事实上南非中产阶级的规模到底有多大，谁也无法给出完美的答案，因为判断标准的差异性会导致判断的结果相去甚远。所以，在分析这张表所呈现的数据时，我们只做描述，不会根据其中的数据给出具体的判断。

从总计数据来看，在我们调研的所有在南中资企业员工中，仅有229人选择了回答这一问题，占比约为36.6%，由此可见这一问题的私密程度。

从我们所划定的五个收入层次的数据来看，属于各个层次的人数基本相当，差距并不明显。

第五节　家庭地位和耐用消费品

本节将利用调研所采集的数据资料分析在南中资企业员工对于自己家庭社会经济地位的判断，以及家庭中拥有的耐用消费品的情况。

关于家庭地位的调查是要求企业员工对自己当前和进入企业之初家庭社会经济地位的变化情况做出一个主观的判断。主要考察的是，员工在企业的工作是否会对其家庭的社会经济地位产生影响。当然，这样操作的缺点就是，答案是主观的。而在回答主观性较强的问题时，人们并不总是如实回答问题。如果以另一种方式提问，他们的回答可能就会有所不同。

关于家庭耐用消费品的问题，还是为了考察员工的家庭经济状况。同时根据耐用消费品的原产国分布情况分析中资企业在南非的发展状况。

表7-22 呈现的是企业员工对于当前和进入企业时的家庭社会经济地位的自评状况。

表7-22 　　　　当前和进入企业时的家庭社会经济地位自评 　　（单位：人）

时间点	样本量	均值	标准差	最小值	最大值
当前	607	4.96	2.32	1	10
进入企业时	594	4.92	2.36	1	10

从表中数据观察可见，有总共607位员工对家庭当前所处的社会经济地位做出了评价。最高值为10，最低值为1，说明有人认为目前自己家庭的社会经济地位非常高，有人则认为非常低。均值为4.96，说明这些员工认为自己家庭当前的经济状况处在社会中层偏下的位置。标准差为2.32，说明我们所采集到的此项数据集的离散程度较低，意味着绝大部分的员工所选择的数值离均值较近。

此外，有总共594位员工对自己进入企业之初的家庭社会经济地位做出了评价。最高值为10，最低值为1，说明有人认为自己进入企业之初家庭的社会经济地位非常高，有人则认为非常低。均值为4.92，说明这些员工认为自己在进入企业之初时，家庭经济状况处在社会中层偏下的位置。标准差为2.36，说明我们所采集到的此项数据集的离散程度较低，意味着绝大部分的员工所选择的数值离均值较近。

对比两组数据可见，当前的均值比进入企业时的均值高出0.04，而标准差则降低了0.04。这说明，员工进入企业工作后，家庭的社会经济地位有了少许的提升，但并不明显。由此可见，在南中资企业在提升员工家庭社会经济地位方面所起到的作用是极其有限的。

表7-23 呈现的是按受教育程度划分的企业员工家庭中耐用消费品的拥有率。

表7-23　　　　按受教育程度划分的家庭耐用消费品拥有率　　　（单位：%）

	汽车	电视	摩托车	手机	冰箱
未受过教育	32.26	50.00	25.81	74.07	40.74
小学学历	8.00	58.67	4.00	78.67	72.00
中学或专科学历	27.19	73.41	7.44	79.48	76.97
本科及以上学历	80.77	96.15	5.77	96.15	96.15
总计	29.64	72.46	7.80	80.56	76.39

注：$N = 614$。

从统计的数据来看，在所有供选择的耐用消费品中，手机的拥有率是最高的，超过了八成（约80.6%）。此外，还有两项的拥有率超过了七成，分别是冰箱（约76.4%）和电视（约72.5%）。汽车的拥有率接近三成（约29.6%）。

从受教育程度的维度观察，在未接受过教育的员工群体中，手机的拥有率最高，超过了七成（约74.1%）。其次是电视的拥有率，达到了五成。接下来则是冰箱（约40.7%）、汽车（约32.3%）和摩托车（约25.8%）。

在接受过小学教育的员工群体中，手机的拥有率是最高的，接近八成（约78.7%）。其次是冰箱的拥有率，超过七成（72%）。电视的拥有率也比较高，接近六成（58.7%）。汽车和摩托车的拥有率非常低，分别为8%和4%。

在接受过中学或专科学历教育的员工群体中，手机的拥有率依然是最高的，接近八成（约79.5%）。此外，还有两项的拥有率超过了七成，分别是冰箱（约77%）和电视（约73.4%）。接下来则是汽车（约27.2%）和摩托车（约7.4%）。

在接受过本科及以上学历教育的员工群体中，手机、电视和冰箱的拥有率最高，均约96.2%。其次，汽车的拥有率超过了八成（约80.8%）。摩托车的拥有率非常低，约5.8%。

综合上述数据描述可见，无论接受过何种程度的教育，手机、冰箱和电视是企业员工家庭中最常见的三样耐用消费品。而且，随着受教育程度的提升，拥有率也呈现出上升的趋势。汽车和摩托车不是每个家庭都必需的耐用消费品，但对于接受过本科及以上学历教育的群体而言是非常重要的交通工具。摩托车在未接受过教育的群体中更受欢迎，其拥有率也远超其他三个群体。

表 7-24 呈现的是按出生地划分的企业员工家庭中耐用消费品的拥有率。

表 7-24　　　　　　　　按出生地划分的家庭耐用消费品拥有率　　　　（单位：%）

	汽车	电视	摩托车	手机	冰箱
农村	20.69	68.04	5.92	77.60	71.20
城市	39.33	77.26	10.37	83.67	81.88
总计	29.73	72.52	8.06	80.55	76.38

注：$N = 619$。

从总计的数据可见，在所有供选择的耐用消费品中，手机的拥有率是最高的，超过了八成（约 80.6%）。此外，还有两项的拥有率超过了七成，分别是冰箱（约 76.4%）和电视（约 72.5%）。汽车的拥有率接近三成（约 29.7%）。

从出生地的维度观察可见，在出生地为农村的员工群体中，手机的拥有率最高，接近八成（77.6%）。其次则是冰箱的拥有率，超过了七成（71.2%）。电视的拥有率也不低，接近七成（约 68%）。接下来则是汽车（约 20.7%）和摩托车（约 5.9%）。

在出生地为城市的员工群体中，依然是手机的拥有率最高，超过了八成（约 83.7%）。冰箱的拥有率也超过了八成（约 81.9%）。电视的拥有率接近八成（约 77.3%）。汽车的拥有率接近四成（约 39.3%）。摩托车拥有率较低（约 10.4%）。

综合上述数据描述可见，无论出生地是农村还是城市，手机、冰箱和电视是企业员工家庭中最常见的三样耐用消费品。但是相比之下，出生在城市的员工家庭中五种耐用消费品的拥有率均高于出生在农村的员工家庭。这进一步说明，相对于出生在农村的员工家庭而言，出生在城市的员工家庭的收入水平要更高一些。

表 7 - 25 呈现的是按月收入划分的企业员工家庭中耐用消费品的拥有率。

表 7 - 25　　　　　　按月收入划分的家庭耐用消费品拥有率　　（单位：兰特，%）

	汽车	电视	摩托车	手机	冰箱
1000—2000	13.01	61.48	5.65	70.97	59.84
2001—2600	11.70	50.54	4.26	76.09	61.29
2601—3500	13.86	76.24	8.91	78.22	77.00
3501—7450	27.45	79.21	5.88	83.33	83.33
7451 及以上	75.24	89.42	9.52	93.33	97.14
总计	28.19	71.40	6.84	80.15	75.48

注：$N = 525$。

从总计的数据可见，在所有供选择的耐用消费品中，手机的拥有率是最高的，超过了八成（约 80.2%）。此外，还有两项的拥有率超过了七成，分别是冰箱（约 75.5%）和电视（71.4%）。汽车的拥有率接近三成（约 28.2%）。

从月收入的维度观察可见，除了 7451 兰特/月及以上这一员工群体，在其余四个收入层次的员工群体中，手机、冰箱和电视的拥有率均排在前三位，且均超过了五成。汽车的拥有率较低，即便是在收入较高的 3501—7450 兰特/月的员工群体中，其拥有率也没有超过三成（约 27.5%）。摩托车的拥有率非常低，均为超过一成。

但是，在收入层次为 7451 兰特/月及以上这一员工群体中，冰箱和手机的拥有率均在九成以上，分别约为 97.1% 和 93.3%。电视的拥有率则接近九成，约为 89.4%。汽车的拥有率稍低，但也超过了七成，约为 75.2%。摩托车的拥有率接近一成（约 9.5%）

综合上述数据描述可见，无论是哪个收入层次的员工群体，手机、冰箱和电视都是企业员工家庭中最常见的三样耐用消费品。而且，随着收入水平的上涨，拥有率也基本呈现出上升的趋势。汽车和摩托车不是每个家庭都必需的耐用消费品，但对于收入层次为7451兰特/月及以上这一员工群体而言是比较重要的交通工具，3/4 的家庭拥有汽车。

图 7 - 2 呈现的是员工家庭拥有轿车/吉普车/面包车的原产国百分比分布情况。

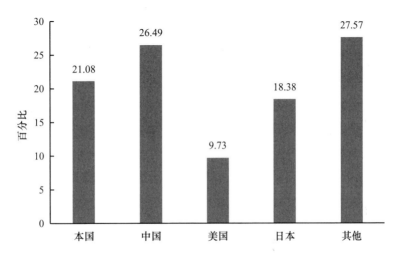

图 7 - 2　家庭拥有轿车/吉普车/面包车的原产国
百分比分布（多选题）（N = 185）

从单一国家的维度观察，在拥有轿车/吉普车/面包车的员工家庭中，原产自中国的汽车占比是最大的，约为 26.5% 。其次为本国，占比约为 21.1% 。日本汽车的占比约为 18.4% ，美国汽车则约为 9.7% 。

此外，除了上述提及的国家，南非国内还出售其他一些国家生产的汽车，总占比约为 27.6% 。

南非的汽车工业起步于殖民时期，在新南非建立前，英国、美国、日本、德国、意大利等国家的汽车企业就已经进入了南非市场。

新南非建立以后，南非的现代汽车工业开始起步。从那时起，南非出口的汽车在世界汽车市场中的份额得到了不断的提升。

目前，南非已位居世界汽车工业大国行列，是全球汽车及零部件制造和进出口主要国家之一。宝马、戴姆莱－克莱斯勒、大众、丰田、福特等跨国公司均在南建立生产基地。2008 年，南非内阁出台"汽车生产规划"，力争在 2020 年前使南非汽车产量翻番至 120 万台。①

根据 focus2move 网站刊登的文章数据显示，截至 2019 年 8 月，南非汽车市场份额排名前三的品牌是丰田（22.7%）、大众（15.3%）和福特（9.9%），分别来自日本、德国和美国。长城旗下子品牌哈弗从 2018 年的第 40 位攀升到了 2019 年的第 16 位，市场份额为 1.9%。长城排名第 21 位，市场份额为 0.4%。长安排名第 30 位，市场份额为 0.1%。而同期车企的排名中，位列前三的丰田集团、大众集团和雷诺日产联盟。排名前十的车企中没有中国汽车企业入围。②

由此可见，相比于早已进入南非市场落地生根的国外汽车制造企业和品牌，中国汽车企业（包括一汽、北汽、长城、长安、江铃等）在南非的汽车市场份额中所占的比重并不大。

但是图中数据显示，在南中资企业员工中中国品牌汽车的拥有率最高，有可能是因为员工在中资企业工作的缘故，对中资企业的认可度影响到了这部分员工对汽车品牌的选择。如果这种假设成立的话，随着在南中资企业数量的不断增长，以及企业规模的不断扩大，中国企业及品牌在南非的影响力也会与日俱增，对于身处南非的中国汽车企业而言，无疑是一个利好的消息。

此外，在约 29.7% 的原产自其他国家的汽车中，应该有很大一部

---

① 《对外投资合作国别（地区）指南——南非》，商务部，2018 年版，第 21 页。
② focus2move, South Africa August. Suzuki shines（+46.3%）while the market declines 5%, Sept 5, 2019, https://focus2move.com/south-africa-auto-sales/, Sept 6, 2019.

分来自德国，比如奔驰、宝马和大众。在我们调研的过程中，这些品牌的汽车比较常见。

还有一点要关注的是占比约19.8%的本国产汽车。根据南非华人网的报道，南非也有一些本土的汽车品牌，比如Birkin、Advanced Automotive Design、Bailey Edwards等。[①] 但是综合多方数据查询的情况显示，这些品牌的市场知名度并不高，占有率也很低。所以，有近两成的员工选择了这一选项，可能是在原产国的概念上产生了混淆。

图7-3呈现的是在南中资企业员工家庭中所拥有的彩色或黑白电视的原产国百分比分布情况。

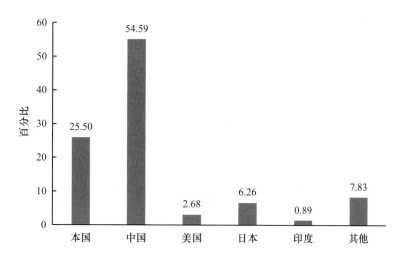

图7-3 家庭拥有彩色或黑白电视的原产国
百分比分布（多选题）（N=447）

从图中数据观察可见，在中资企业员工家庭中，原产国为中国的电视机的占比超过了五成（约54.6%）。其次为产自本国的电视机，

---

① 《南非和非洲本土的八大汽车品牌，您知道几个？》（2016年1月29日），2019年8月20日，南非华人网（http://www.nanfei8.com/news/caijingxinwen/2016-01-29/26322.html）。

占比约为 25.5%。产自日本、美国和印度的电视机占比分别约为 6.3%、2.7% 和 0.9%。还有产自其他国家的电视机，合计占比约为 7.8%。

根据群智咨询数据显示，2018 年全球彩电出货总量达 2.398 亿台，相较 2017 年增长 4.3%。具体到每个品牌上，可以看到三星在出货量上依旧处于霸主地位，虽同比有所下滑但仍牢牢占据第一的位置；LG 则继续保持第二。而三、四名的国产品牌 TCL 与海信都有着不同程度的增长，主要原因是大力拓展国际市场，使得整体出货量大涨。自 2014 至 2018 年，中国彩电厂商的份额占比增长了 9%，硬生生从韩国两大厂手中抢到了第一，中国电视品牌成为了全球出货量第一的品牌。[①]

在南非电视市场，海信是极具知名度的中国品牌。海信集团于 1996 年进入南非市场，2013 年与中非发展基金（CADF）共同出资 3.5 亿兰特，在亚特兰蒂斯工业区，建设了海信南非工业园，进行电冰箱、电视机等家电的生产。海信以南非为根据地，生产的电视和冰箱产品已销往南部非洲共同体国家的赞比亚、博茨瓦纳、纳米比亚、毛里求斯和莫桑比克等 10 余个国家。海信冰箱在南非的市场占有率于 2017 年和 2018 年蝉联第一，电视机市场占有量已连续三年保持第一。[②]

由此可见，约 55.8% 的在南中资企业员工家庭中拥有中国品牌电视这一现象其实不足为奇。全球出货量排名第二的韩国电视机品牌没有出现在图中，应该是被包括在了"其他"这个选项中。此外，有约 25.7% 的员工选择了"本国"这一选项，应该也是对于原产国的

---

① 《国产电视崛起！2018 全球彩电出货排名出炉　中国品牌世界第一！》（2019 年 2 月 15 日），2019 年 8 月 20 日，搜狐网（http://www.sohu.com/a/294858890_127694）。

② 《一次尴尬的断电事件　却不慎暴露了海信在南非的实力》（2019 年 3 月 22 日），2019 年 8 月 20 日，环球网（http://tech.huanqiu.com/elec/2019-03/14592858.html）。

理解有误，因为南非本地的电视机市场几乎已被国外品牌所垄断，本土品牌难见踪影。

图7－4呈现的是在南中资企业员工家庭中拥有滑板车/摩托车/轻便摩托车的原产国百分比分布情况。

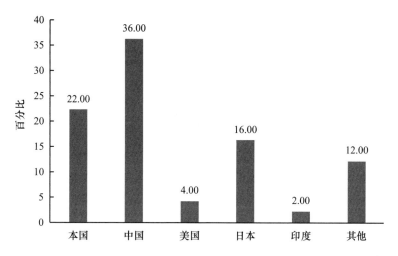

图7－4　家庭拥有滑板车/摩托车/轻便摩托车的原产国
百分比分布（多选题）（$N=50$）

从图中数据观察可见，原产自中国的滑板车/摩托车/轻便摩托车占比最大，为36%。排在第二、三位的原产国是南非和日本，占比分别约为22%和16%。占比最小的是印度，为2%。

南非的公共交通系统不是很发达，正规的出租车也很少而且价格不菲，主要客户群体是外国人。在上班一族中，有能力或者能力还可以的人一般会选择自己买车（即便是分期付款的方式），能力不到的人则多会选择那种招手即停的"黑巴"，但安全性不高。按理来说，南非的道路基础设施条件相对比较好，经济实惠又方便的摩托车与目前大多数南非民众的经济能力是比较匹配的。但是在我们的调研过程中发现，南非摩托车的市场规模比较有限，在街上很少看到摩托车的踪影，这也是为什么只有50个有效样本数据的原因所在。不过，高端摩托车存在一定的市场，比较受高收入人群的欢迎。我们在开普敦调研时就曾在高速路上碰到过一个非常庞大的摩托车队。司机师傅告诉我们，当地有不少的摩托车俱乐部，周末的时候就会组织会员去骑行度假。

图 7 - 5 呈现的是在南中资企业员工的家庭中拥有移动电话的原产国百分比分布情况。

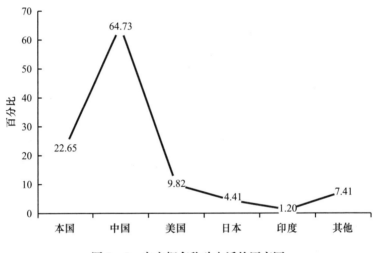

图 7 - 5　家庭拥有移动电话的原产国

百分比分布（多选题）（N = 499）

从表中数据观察可见，原产国为中国的移动电话占比最高，约为 64.7% 。其次为南非本国产的移动电话，约为 22.7% 。而来自美国、日本、印度或其他国家的移动电话占比较低，均未超过一成。

国际数据公司（IDC）日前发布了 2018 年非洲手机出货量报告。报告显示，2018 年，来自中国深圳的传音（Transsion）手机以近一半的市场份额居于非洲整体手机市场榜首。华为位列该榜单第三，其智能手机同比增长率达到 47.9% 。另外，传音、三星和华为分别占据了 34.3% 、22.6% 和 9.9% 的智能手机市场份额。然而，在销售额方面，三星以 36.9% 的市场份额领先智能手机市场，其次是传音

（20.2%）和华为（12.4%）。①

据南非两大最受欢迎的移动网络运营商 MTN 和 Vodacom 进行的一项民意调查显示，主要考虑支付能力和手机功能，海信 U961 是南非使用最为广泛的手机。在线服务 QuotesAdvisor.com 解释称，南非人在购买智能手机时会考虑价格、功能和 4G 套餐，这三方面造就了海信在南非成为最受欢迎的手机，而全球畅销的手机品牌，虽然高端设备提供了最先进的技术，但是这在南非并不奏效。② 据 mybroadband 消息，华为首席技术官阿克拉姆·穆罕默德（Akhram Mohamed）在约翰内斯堡的一场媒体活动上表示，华为在南非和全球市场的份额都在持续增长中。与去年同期相比，2019 年上半年华为手机在全球的出货量增加了 24%，其中很大一部分销量来自海外市场；在南非，售价在 100 美元以上的智能手机市场份额，华为目前占 37.9%。"我们远远领先于苹果，并进一步拉近与三星的差距，"穆罕默德表示，"这表明我们的产品在当地市场受到消费者的喜爱和信任。"③

在我们实地调研走访的过程中，无论是做企业问卷调研还是雇员问卷调研时，确实看到很多受访者所使用的手机是华为、海信或者中兴。这说明中国的手机品牌的确受到了南非民众的认可和欢迎，这自然也是让我们感到非常高兴和自豪的现象。

图 7-6 呈现的是在南中资企业员工家庭中拥有冰箱的原产国百分比分布情况。

---

① 陈兴华：《2018 年非洲手机市场：传音占比近一半，华为增长 47.9%》（2019 年 3 月 18 日），2019 年 8 月 21 日，观察者网（https://www.guancha.cn/ChanJing/2019_03_18_494047.shtml）。

② 张阳：《低价、全功能　海信成南非最受欢迎智能手机品牌》，（2019 年 7 月 25 日），2019 年 8 月 21 日，环球网（http://tech.huanqiu.com/it/2019-07/15196134.html）。

③ 沧海：《华为南非 CTO：我们销量远超苹果，并拉近与三星的差距》（2019 年 8 月 19 号），2019 年 8 月 21 日，IT 之家（https://www.ithome.com/0/439/917.htm）。

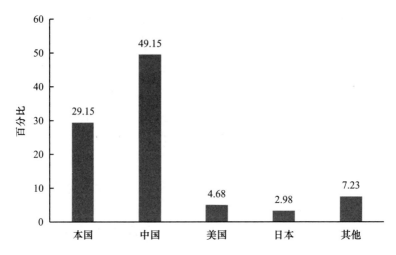

图 7 - 6 家庭拥有冰箱的原产国百分比分布
（多选题）（*N* = 470）

从表中数据观察可见，原产国为中国的冰箱占比最高，约为
49.2%。其次为南非本国产的冰箱，约为 29.2%。而来自美国、日
本或其他国家的冰箱占比较低，均未超过一成。

由此可见，在南非的冰箱市场，中国品牌已经占据了领头羊的
位置。

目前在南非做得最成功的家电企业非海信莫属。1996 年海信作
为中国"走出去"的第一批企业进入南非。2013 年，海信和中非基
金共同投资 3000 万美元兴建了海信南非工业园。2017 年 6 月 6 日海
信南非公司实现电视机、冰箱累计产量均突破 100 万台。① 同年，海
信在南非冰箱销售额市场的占有率成功登顶，成为南非市场名副其
实的家电第一品牌。如今，海信已在南非开普敦设总部，并在约翰

① 《海信南非公司电视机、冰箱产量双破百万》，中华人民共和国驻开普敦总领馆，
2017 年 6 月 7 日，2019 年 8 月 22 日，https：//www.mfa.gov.cn/ce/cgct/chn/gdxw/
t1468537.htm。

内斯堡、德班有设有分部，销售产品线包括电视、冰箱、冷柜、手机等品类，覆盖南非18家全国大型连锁店旗下的5112家分店。而海信在南非的工业园区，年产能达到100万台彩电和50万台冰箱的生产水平。①

---

① 尧遥：《中国家电企业的"非洲情缘"》（2019年6月28日），2019年8月22日，央广网（http：//www.cnr.cn/chanjing/gundong/20190628/t20190628_ 524667895. shtml）。

第 八 章

交往与态度

　　40年改革开放，40年春华秋实。随着中国对外开放的程度日益加深，越来越多的中国企业走出国门登上了世界的舞台。截至2017年底，中国企业投资就已经覆盖全球80%的国家和地区。事实上，"降低门槛"的"引进来"战略，与"一带一路"倡议所倡导的"走出去"相结合，也已经构成了我国新时期扩大对外开放的两个支柱。可以说，中国企业大踏步"走出去"，在推动自身发展的同时，也给投资地人民带来多重红利。

　　在本章中，将详细探讨南非中资企业本地员工的社会交往与社会距离以及员工对企业的综合评价两个部分内容。

　　在社会交往方面，我们将以员工个人为单位，根据员工性别以及是否为管理人员，衡量员工在企业内外所拥有的中国朋友数量。

　　在社会距离方面，分别设立了对于美国人、中国人、印度人和日本人的交往亲疏距离，从最亲密到最疏远，共设八个衡量尺度，从而分析中资企业员工与中美印日四国的社会距离分布情况。

　　最后，在企业评价方面，我们根据员工的族群、宗教信仰以及是否为企业管理人员调查了员工对企业是否尊重其宗教信仰风俗习惯、员工对企业作息时间的态度以及对中外员工晋升制度是否一致的评价，从而获取员工与企业之间关系的分析结果。

第一节　社会交往与社会距离

一　社会交往

社会交往对在南非中资企业工作的本地员工影响重大,在一定程度上也可体现出中资企业本地员工在南非的工作和生活质量。

基于在南非的中资企业中收集到的 600 多份样本中,我们分别计算出了不同性别人群在本企业内拥有的中国朋友数量差异,如表 8-1 所示。

表 8-1　　　　　　　　　不同性别的人群在本企业内拥有的

中国朋友数量差异　　　　　　　（单位:个）

性别	样本量	均值	标准差	最小值	最大值
男	300	9.02	79.53	0	996
女	307	6.85	58.99	0	852

从表 8-1 中,我们可以看到在 607 个样本员工中,男性员工平均在企业内拥有中国朋友 9 个,女性员工平均拥有中国朋友 7 个,男性员工和女性员工的样本量大致相同,均为 300 人左右。但由于男性员工样本标准差和最大值都高于女性员工样本,我们可以分析出有一部分男性员工在企业内拥有的中国朋友数量极多,而一部分男性员工的中国朋友数量极少,从而使平均企业内朋友数量高于女性员工。而对于女性员工样本来说,平均拥有 7 个中国朋友,其标准差和最大值都低于男性员工样本,不难看出女性员工所拥有的企业内中国朋友数量个体相较于男性员工差异较小。

鉴于企业的性质,在调查企业内中国朋友数量时,我们又从管理人员和非管理人员的维度统计分析了管理人员和非管理人员在本企业拥有的中国朋友数量,如表 8-2 所示。

表 8 - 2　　　　管理人员与非管理人员在本企业拥有的中国朋友数量差异

（单位：个）

是否管理人员	样本量	均值	标准差	最小值	最大值
管理人员	116	14.91	91.25	0	952
非管理人员	480	5.30	59.83	0	996

从表 8 - 2 数据观察可见，在 116 个管理人员样本中，平均拥有 15 个本企业内的中国朋友，最多拥有 952 个。而在 480 个非管理人员样本中，平均拥有约 5.3 个本企业内中国朋友，最多拥有 996 个。管理人员和非管理人员样本的标准差均非常高，差异较大。而在非管理人员样本量远高于管理人员样本量且非管理人员的最大值也高于管理人员最大值的基础上，非管理人员的平均企业内中国朋友数比管理人员的少了近 10 个。据此我们可以分析出，管理人员这一因素对于结交企业内中国朋友起到了一定的影响作用。

此次调研，我们调查统计了不同性别、是否管理人员的员工样本在企业外拥有中国朋友的数量，以期更全面地探讨中资企业员工在南非的社会交往情况。

首先，我们依然从不同性别这一维度，统计并计算了中资企业员工在企业外的中国朋友数量情况，如表 8 - 3 所示。

表 8 - 3　　　　按性别划分的员工在企业外拥有的中国朋友数量差异

（单位：个）

性别	样本量	均值	标准差	最小值	最大值
男	299	8.24	69.08	0	963
女	305	3.69	34.94	0	523

从表 8 - 3 数据观察可见，在 299 份男性员工样本中，平均拥有约 8.2 个企业外中国朋友，最多的拥有 963 个，最少的拥有 0 个。而在 305 份女性员工样本中，平均拥有企业外中国朋友约 3.7 个，比男

性员工平均少约 4.5 个，最多拥有 523 个，最少拥有 0 个。通过对比我们发现，两组数据的标准差均较大，男性员工样本的标准差约为 69.1，女性员工样本的标准差约为 34.9，相比之下男性员工样本的数据浮动较大，证明男性员工样本拥有的企业外中国朋友数量的个体差异与女性员工样本相比要较大一些。

其次，我们又从是否为管理人员这一维度统计了中资企业员工的企业外拥有中国朋友数量的情况，如表 8-4 所示。

表 8-4　　管理人员与非管理人员在企业外拥有的中国朋友数量差异

（单位：个）

是否管理人员	样本量	均值	标准差	最小值	最大值
管理人员	118	10.08	66.98	0	665
非管理人员	476	3.94	45.88	0	963

从表 8-4 数据观察可见，在 118 个管理人员样本中，平均拥有约 10.1 个企业外中国朋友，最多拥有 665 个。而在 476 个非管理人员样本中，平均拥有 4 个企业外中国朋友，比管理人员样本少了约 6.1 个，最多拥有 963 个。纵观两组数据的标准差，不难发现管理人员样本的标准差高于非管理人员样本，而最大值却低于非管理人员样本。我们可以推断参与调查的管理人员的企业外中国朋友数量的个体差异较大，而非管理人员虽然平均拥有数量较少，但在最大值高于管理人员的情况下标准差却相对较为平稳，也就是说非管理人员所拥有的企业外中国朋友数量的个体差异较小，人均实际拥有朋友的数量较管理人员更为均衡。

通过以上四个表格，我们从性别以及是否是管理人员的角度出发，分析比较性别差异、是否为管理人员这两种因素对员工拥有企业内外中国朋友数量的影响。从表 8-1 和表 8-3 我们可以看到，在总体样本数量浮动不大的情况下，所有参与调查的员工所拥有的企业内中国朋友数量均高于企业外朋友数量。从性别差异上来看，男性员工样本所拥有的企业内、企业外中国朋友数量均高于女性员工所拥有的数量,同时也需注意到男性员工样本的标准差也均高于女性员工,说明在参与调查的男性员工中存在一定的中国朋友数量极多或者极少的情况。相反,女性员工的朋友数量则相对平均。另外,从表8-2和表8-4我们可以看到,在管理人员样本数量明显比非管理人员样本数量少的情况下,参与调查的管理人员的企业内和企业外的中国朋友数量均高于非管理人员,我们可以推断,造成这一现象的主要原因很可能是由于管理人员身处管理岗位,从而有更多的人脉和资源来扩展其交际圈。同时也需注意到,管理人员样本的标准差也都高于非管理人员,所以在管理人员样本中,朋友数量的个体差异也较非管理人员样本显著。

二 社会距离

社会距离体现的是个体之间、群体之间、个体与群体之间因亲近或疏远程度不同表现的不同空间距离。作为理解社群融合和社群隔离的重要指标,我们在调查中设置了八个由亲近到疏远的人际关系选项以及四个国家选项,分别为:"成为伴侣""成为朋友""成为邻居""成为同事""成为点头之交""生活在同一城市""拒绝来我们国家"以及"以上均不";"美国""中国""日本""印度"。我们通过这些指标来研究中资企业员工对于在南非所遇到的四个代表性国家人群的交往态度及亲疏距离,如图8-1所示。

从图8-1我们可以看到,中资企业员工对于不同国家的人群持有不同的社会距离。在对美国人的社会距离所持态度中,超过一半的受访员工选择愿意与美国人"成为伴侣",有接近两成的受访者愿意与美国人"成为朋友"。愿意与美国人成为邻居和同事的受访者皆为5%左右,有约2%的受访者愿与美国人"成为点头之交"。有约1.9%的受访员工愿与美国人"生活在同一个城市"。只有不到一成的受访者选择拒绝美国人来到南非。值得注意的是,在对美国人的社会距离上,仍有约11.4%的受访者没有选择上述任何一个项目。

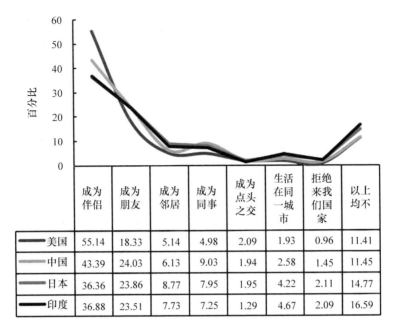

	成为伴侣	成为朋友	成为邻居	成为同事	成为点头之交	生活在同一城市	拒绝来我们国家	以上均不
美国	55.14	18.33	5.14	4.98	2.09	1.93	0.96	11.41
中国	43.39	24.03	6.13	9.03	1.94	2.58	1.45	11.45
日本	36.36	23.86	8.77	7.95	1.95	4.22	2.11	14.77
印度	36.88	23.51	7.73	7.25	1.29	4.67	2.09	16.59

图 8 - 1　与美中日印四国的社会距离分布

　　在对中国人的社会距离所持态度中，结果与美国接近。超过四成受访员工选择愿与其"成为伴侣"。愿意与中国人成为邻居和同事的受访者分别约为 6.1% 和 9%，其次是"成为同事"，仅占一成。在较疏远的社会距离选项中，只有少数员工选择愿意与中国人居住在同一城市以及"拒绝来我们国家"。对以上七个项目均没有选择的员工占约 11.5%。

　　在对日本人的社会距离调查中，我们可以看到超过三成受访员工表示愿意接纳其为伴侣，约两成的员工表示可以"成为朋友"，其他交往程度的选择人数均不到一成。对以上七个项目均不选的则占比约 14.8%。

　　最后，与日本类似，在对印度人的社会距离上，约有三成受访员工选择了愿意与其"成为伴侣"。选择愿意与印度人"成为朋友"的占比约为二成。其他交往程度的选择人数均不到一成。对以上七个项目均不选的则占比约 16.6%。

　　横向来看，在接纳对方成为伴侣这一最亲密的社会距离尺度上，中资企业员工对美国人和中国人的接纳程度最高，对日本人和印度人的接纳程度最低。大部分的受访者对美、中、印、日四国人的态度都表示愿意与其成为朋友。

总的来说，在较为亲密的前四档社会距离选项中，受访员工对以上四国的接纳态度均超过七成，对中国及美国均超过八成。以此说明，南非中企员工对以上四国好感度均较高，四个国家对南非皆具有一定影响力，美国与中国的影响力相对较高。

第二节　企业评价

员工对企业的评价往往能从员工的实际感受去考察企业对待员工的尊重与否以及员工在企业内的工作生活状况。另外，由于调研对象为在南非的中资企业，而南非又是一个多种族多宗教的国家，企业对南非的风俗习惯和宗教信仰的态度从某种程度上也影响着企业在南非的发展。所以在本节中，我们将从不同族群、不同信教群众、是否为管理人员的维度去调研探讨员工认为的企业对南非风俗习惯和宗教信仰尊重与否，以及员工对企业制定的工作作息以及晋升制度是否满意，借以呈现在南中资企业全面的企业评价。

一　风俗习惯

首先，调研探讨的是从不同族群的维度来看，本企业是否尊重本地的风俗习惯，调查结果如表8-5所示。

表8-5　　　　按族群划分的是否同意"本企业尊重本地风俗习惯"

（单位：%）

族群	完全不同意	不同意	一般	基本同意	完全同意
祖鲁人	7.03	19.53	32.03	21.09	20.31
科萨人	5.81	13.95	29.07	25.58	25.58

续表

族群	完全不同意	不同意	一般	基本同意	完全同意
阿非利卡人	9.76	9.76	17.07	36.59	26.83
其他	6.69	16.28	32.56	23.55	20.93
总计	6.84	16.19	30.88	24.21	21.87

注：$N=599$。

在表 8 – 5 中我们可以看到，作为南非最大族群的祖鲁族，有两成左右的员工完全同意本企业尊重南非风俗习惯，基本同意也有两成左右。有三成受访祖鲁族选择了较为中立的选项，不同意和完全不同意的员工较少，但也超过两成。科萨族为南非第二大族群，情况与祖鲁族较为相似，选择同意的约有一半人，三成左右保持中立，不到两成选择了不同意。阿非利卡人是南非的白人族群，受教育程度较高，选择同意的受访员工超过了六成，选择中立约三成，有约两成数员工认为企业没有尊重南非风俗习惯。总的来说，在不同族群的眼中，企业对南非风俗习惯的尊重得到了绝大多数员工的认可，仅有约两成员工不认可中企尊重其风俗习惯。

其次，我们又从不同信教群众的维度调查了员工是否同意企业尊重本地风俗习惯。结果如表8–6所示。

表 8 – 6　　　　　　　　按宗教信仰划分的是否同意

"本企业尊重本地风俗习惯"　　　　　（单位：%）

宗教信仰	完全不同意	不同意	一般	基本同意	完全同意
新教	21.05	18.42	26.32	21.05	13.16
天主教	6.63	16.87	36.14	22.29	18.07
伊斯兰教	0.00	5.88	47.06	29.41	17.65
印度教	0.00	9.09	27.27	45.45	18.18
其他	6.60	15.51	26.73	25.08	26.07
不信仰任何宗教	1.69	18.64	37.29	23.73	18.64
总计	6.73	15.99	30.98	24.41	21.89

注：$N=594$。

从表8-6数据观察可见，当地的主流教派新教选择同意的约为34.2%，不同意的约为39.5%，选择不同意的新教受访员工占到了约40%，远远高于其他教派，持中立态度的约三成。南非的第二大教派天主教选择不同意的也超过了20%，仅次于新教徒，但选择同意的天主教徒超过了四成。

出乎意料的是，印度教和伊斯兰教群众是唯一没有选择"完全不同意"的信教群体。伊斯兰教有约37%的受访员工选择了"同意"，接近一半的人持中立态度，仅有约5.9%选择了"不同意"。印度教选择同意的受访员工多达约63.6%，有约27.3%的人持中立态度，有约9.1%的人则选择了"不同意"。

最后，我们又从是否是管理人员的维度调查了此项议题，如表8-7所示。

表8-7　　　　　　　管理人员与非管理人员是否同意
"本企业尊重本地风俗习惯"　　　（单位：%）

是否是管理人员	完全不同意	不同意	一般	基本同意	完全同意
管理人员	5.98	11.11	18.80	32.48	31.62
非管理人员	7.20	16.87	34.57	21.81	19.55
总计	6.97	15.75	31.51	23.88	21.89

注：$N = 603$。

从表8-7中我们可以看到，不论管理人员与否，针对该企业对南非风俗习惯的态度大致相同。仅有两成左右持不同意态度。管理人员表示赞同的比例达到64%左右，18.8%的人持中立态度。非管理人员中，四成左右的员工表示中立，接近40%的员工持同意本企业尊重本地风俗习惯。

综合来看，不论管理人员与否，数据的趋势并没有大相径庭，反而有一定的相似性，可见本地中资企业对南非风俗习惯的态度总体上是得到大部分员工认可的。

二　宗教信仰

关于企业是否尊重员工宗教信仰这一议题，我们也从族群、信教群众以及是否管理人员这三个维度进行了调研。

从表8－8中我们可以看到，南非最大的两个族群祖鲁族和科萨族选择同意的都基本达到半数，选择不同意的均低于两成，持中立态度者均为三成左右。受教育水平较高的南非白人族群：阿非利卡人选择同意的接近七成，选择不同意或持中立态度者皆低于两成。其他族群对于是否同意"本企业尊重我的宗教信仰"这一观点与祖鲁族大致相似。

表8－8　　　　按族群划分的是否同意"本企业尊重我的宗教信仰"

（单位：%）

族群	完全不同意	不同意	一般	基本同意	完全同意
祖鲁人	5.43	13.18	33.33	27.91	20.16
科萨人	5.81	4.65	31.40	26.74	31.40
阿非利卡人	4.76	11.90	14.29	35.71	33.33
其他	4.94	19.19	25.29	28.20	22.38
总计	5.16	15.31	27.12	28.45	23.96

注：$N = 601$。

总的来说，仅有较少受访员工认为企业没有尊重其宗教信仰，绝大多数人都持中立态度或赞同态度。

从不同信教群众的维度出发，我们看到表8－9反映出了不同信教群众对于此项议题的态度。

表8－9　　　　按宗教信仰划分的是否同意"本企业尊重我的宗教信仰"

（单位：%）

宗教信仰	完全不同意	不同意	一般	基本同意	完全同意
新教	10.53	18.42	23.68	26.32	21.05
天主教	3.64	10.91	32.12	33.94	19.39

续表

宗教信仰	完全不同意	不同意	一般	基本同意	完全同意
伊斯兰教	0.00	12.50	18.75	50.00	18.75
印度教	0.00	9.09	27.27	45.45	18.18
其他	5.56	16.01	23.86	26.14	28.43
不信仰任何宗教	0.00	22.41	34.48	22.41	20.69
总计	4.55	15.15	27.10	28.96	24.24

注：$N = 594$。

当地的主流教派新教选择同意的约为 47.4%，不同意的约为28.9%，选择不同意的新教受访员工约占到了三成左右，高于其他教派，持中立态度的约两成。南非的第二大教派天主教选择同意的约为53.3%，超过了一半，选择不同意的约为 14.5%，持中立态度者约占三成左右。

作为南非相对小众的宗教派别，印度教和伊斯兰教群众是唯一没有选择完全不同意的信教群体。伊斯兰教有约 68.8% 的受访员工选择了同意，接近两成的人持中立态度，有一成左右的受访员工选择了不同意。印度教选择同意的受访员工多达约 63.6%，有约 27.3% 的人持中立态度，仅有约 9.1% 的人则选择了不同意。

最后，从是否管理人员的维度来看，表 8 – 10 显示出，不论受访者是不是管理人员，总体来看对待此议题的态度均无较大差异。

表 8 – 10　　　　　管理人员与非管理人员是否同意
"本企业尊重我的宗教信仰"　　　　　（单位：%）

是否是管理人员	完全不同意	不同意	一般	基本同意	完全同意
管理人员	5.17	7.76	17.24	36.21	33.62
非管理人员	5.12	16.19	30.12	26.64	21.93
总计	5.13	14.57	27.65	28.48	24.17

注：$N = 604$。

仅有不到 6% 的受访员工持不同意的态度，不到三成表示中立，超过六成员工认为企业尊重其宗教信仰。综上，是否管理人员这一变量对于这一议题的影响并不大，我们可以认为企业关于尊重员工宗教信仰方面的行为与态度也是得到员工较正面的评价的。

三 工作作息

调查员工对企业评价的另一个重要衡量标准便是员工是否喜欢自己所在企业要求的工作作息制度。

首先，我们依然从不同族群的维度调查了不同族群员工对于该企业的工作作息满意与否，如表8-11所示。

表8-11　　按族群划分的是否同意"喜欢本企业工作时间作息"

（单位：%）

族群	完全不同意	不同意	一般	基本同意	完全同意
祖鲁人	6.35	14.29	27.78	30.16	21.43
科萨人	3.53	11.76	25.88	29.41	29.41
阿非利卡人	7.32	12.20	14.63	39.02	26.83
其他	6.59	18.91	26.07	27.79	20.63
总计	6.16	16.47	25.62	29.28	22.46

注：$N = 601$。

从表8-11我们可以看到，不喜欢本企业工作作息的员工仍是少数，南非三大族群持不同意观点者均为20%左右。持同意态度最多的是阿非利卡人，占比约66%。南非最大的两个黑人族群对于"喜欢本企业工作时间作息"的态度大致相同，只是持否定态度的祖鲁族员工较科萨族多了近5%。

我们有理由推断，可能是祖鲁族的某些民族传统与该企业的工作时间产生了一定的冲突而造成的，但同时却在绝大多数祖鲁族员工可以接受的范围内，因为有过半数的祖鲁族员工选择了同意本企业的工作时间作息。

表8-12反映的是不同宗教信仰的员工对本企业工作时间作息的态度。

表 8 - 12　　　　　　　　按宗教信仰划分的是否同意
"喜欢本企业工作时间作息"　　　　　　　（单位：%）

宗教信仰	完全不同意	不同意	一般	基本同意	完全同意
新教	10.26	23.08	25.64	28.21	12.82
天主教	11.59	14.02	31.10	28.05	15.24
伊斯兰教	0.00	18.75	31.25	25.00	25.00
印度教	0.00	9.09	9.09	63.64	18.18
其他	1.96	17.32	22.88	30.39	27.45
不信仰任何宗教	6.90	12.07	31.03	24.14	25.86
总计	5.56	16.16	26.09	29.46	22.73

注：$N=594$。

据表 8 - 12，除新教和天主教外，只有极少数的员工认为完全不喜欢本企业的工作作息。有约 33.3% 的新教员工选择不同意，有约 25.6% 的天主教员工选择不同意，由于新教和天主教同属于基督教，极有可能有着相似的宗教活动时间，从而有理由推测是宗教活动时间与该企业的工作作息产生了一定冲突而导致这一部分员工不喜欢本企业的工作作息。结合之前关于风俗习惯以及宗教信仰的数据，关于新教徒对企业评价的影响因素有待进行更深入的调查研究。总体看来，仍有过半数的员工对本企业的工作时间作息表示认可。

最后考虑的是管理人员与否这一因素对于员工是否喜欢本企业工作时间作息的影响，如表 8 - 13 所示。

表 8 - 13　　　　　　　管理人员与非管理人员是否同意
"喜欢本企业工作时间作息"　　　　　　　（单位：%）

是否是管理人员	完全不同意	不同意	一般	基本同意	完全同意
管理人员	3.33	10.00	21.67	35.00	30.00
非管理人员	7.01	18.14	27.01	27.01	20.82
总计	6.28	16.53	25.95	28.60	22.64

注：$N=605$。

从表 8 - 13 数据观察可见，约九成管理人员并不反对所在企业的工作作息，并且有超过六成员工表示较喜欢本企业的工作时间作息。并且纵向比较来看，是否是管理人员这一因素对于此议题的数据结果有一定影响，作为管理人员来说，可能其本身就参与了工作作息制度制定，也可能身处管理岗位对于该工作作息已经非常适应，所以同意喜欢本企业工作时间作息较多。非管理人员较管理人员持不同意观点者较多，据推断，可能与其身处一线岗位的工作性质有关。

综合以上三个维度的调查结果，发现员工的宗教信仰是影响员工对企业工作作息制度评价的重要因素。尤其信仰新教的员工针对不同的议题所持的态度变化较为显著，这一点值得企业注意，以期更好地进行生产经营管理，同时也需要在今后的调查中保持关注。

四　晋升制度

晋升制度是调动员工积极性，提升员工个人素质和能力的重要机制，而一个企业的晋升制度是否公平公正，也反过来影响着员工工作的积极性，进而关系到整个企业的生产和运作的效率及质量。我们仍然从不同族群、不同宗教信仰以及是管理人员与否三个维度来调查员工对于所在企业的中外员工晋升制度是否一致的态度，与之前调研的企业对于南非风俗习惯、宗教信仰的尊重与否以及企业工作作息时间一起，以呈现较为全面的员工对于企业的评价。

在表 8 - 14 中，具体体现了按族群划分的是否同意"中外员工晋升制度一致"。

表 8 - 14　　　　按族群划分的是否同意"中外员工晋升制度一致"　（单位：%）

族群	完全不同意	不同意	一般	基本同意	完全同意
祖鲁人	15.83	24.17	37.50	15.00	7.50
科萨人	10.47	23.26	24.42	22.09	19.77
阿非利卡人	10.00	20.00	30.00	25.00	15.00

续表

族群	完全不同意	不同意	一般	基本同意	完全同意
其他	15.43	27.00	27.89	18.40	11.28
总计	14.41	25.39	29.50	18.70	12.01

注：$N = 583$。

据表 8 - 14 数据观察可见，大多数的受访员工对此项议题持同意或者中立的态度。其中，祖鲁人的人数占比约为 60%，科萨人的占比约为 66.3%，阿非利卡人的占比最高，约为 70%。

但值得注意的是，不同族群的员工对于此项议题的不认可度均达到或者超过了三成，这或许可以在一定程度上反映出员工对于在南中资企业在雇员晋升制度建设方面存在着不满情绪。不过，根据我们实地调研走访的情况来看，绝大多数的受访企业是有相应的晋升制度和渠道存在的，也有从现有员工中提拔人才的意愿，但现实情况却往往令人无奈。员工自身存在的问题也不应被忽视，比如受教育的程度、敬业精神、劳动技能水平等。

表 8 - 15 反映的是有着不同宗教信仰的员工对于中外员工晋升制度是否一致这一议题的态度。

表 8 - 15　　　按宗教信仰划分的是否同意"中外员工晋升制度一致"（单位：%）

宗教信仰	完全不同意	不同意	一般	基本同意	完全同意
新教	16.22	13.51	37.84	24.32	8.11
天主教	18.87	20.13	32.08	20.13	8.81
伊斯兰教	6.67	6.67	46.67	20.00	20.00
印度教	9.09	45.45	27.27	18.18	0.00
其他	12.84	29.05	24.32	18.58	15.20
不信仰任何宗教	12.07	22.41	39.66	13.79	12.07
总计	14.41	24.65	29.51	18.92	12.50

注：$N = 576$。

据表 8-15 数据观察可见,大多数的受访员工对此项议题持同意或者中立的态度。其中,信仰新教的员工人数占比约为 70.3%,信仰天主教的占比约为 61%,信仰伊斯兰教的占比约为 86.7%,信仰其他宗教的占比约为 58.1%,而没有任何宗教信仰的占比约为 65.5%。虽然仅有不到五成的信仰印度教的员工选择了同意或者保持中立态度,但根据表 2-14 中的数据可以得知,在我们此次调研的员工中,信仰印度教的员工人数只占到受访员工总数的 1.8%,人数极少。因此,我们也不必对这一结果感到诧异。

总的来说,大多数的员工对于中外员工在获得晋升方面是否平等这一议题还是持有正面态度的。当然,企业也应该不断完善内部晋升制度和渠道的建设,这对于企业和员工个人而言都是有益的。

最后,管理人员与非管理人员针对此项议题的调查结果如表 8-16 所示。

表 8-16　　　　　　　　管理人员与非管理人员是否同意
"中外员工晋升制度一致"　　　　(单位:%)

是否是管理人员	完全不同意	不同意	一般	基本同意	完全同意
管理人员	11.71	18.02	31.53	19.82	18.92
非管理人员	14.32	27.58	29.05	18.32	10.74
总计	13.82	25.77	29.52	18.60	12.29

注:$N = 586$。

管理人员与非管理人员的两组数据差异相对较大。由于管理人员事实上更接近企业制度的制定,有约 38.7% 的管理人员认为中外员工晋升制度一致,这一点上,高于非管理人员的约 29.1%。另外约 29.7% 的管理人员不同意中外员工晋升制度一致,有约 41.9% 的非管理人员不认为中外员工晋升制度一致。持中立态度的两者人数占比大致相当。

　　综合三个维度的数据我们发现，族群因素和管理人员与否对于中资企业中外员工晋升制度的评价影响并不显著。对该议题下的企业评价影响相对比较显著的因素是宗教信仰，而信仰印度教的员工数据较为突出，且员工的具体态度也较信仰其他宗教的员工有着显著的不同。

第 九 章

媒体与文化消费

第一节 互联网和新媒体

南非的民间组织 Qwerty 2017 年的调查报告显示，南非的城市居民为66%，其中的52%通过一定的途径使用互联网。[①] 在南非的网民中，大约有1500万人，即人口的27%，使用网络社交平台，其中约1300万人仅通过移动设备访问互联网。而2016年一个涵盖了40个国家的手机普及和使用调查显示，南非的智能手机普及率为37%。[②] 另据 We Are Social[③] 和 Hootsuite[④] 2018 年发布的报告《2018 全球数字报告》，有条件上网的南非人口为5700万人，占人口的66%，其中网民的数量为3000万人，占人口数量的54%。活跃的社交媒体用户为1800万人，占总人口的32%；手机用户3800万人，使用手机访问社交媒体的活跃用户为1600万人，这一数字相对上一年增长了23%，占总人口的28%。[⑤]

[①] Qwerty, Digital Statistics in South Africa 2017, p. 5.

[②] Abdur Rahman Alfa Shaban with WE, South Africa Leads Adult Smartphone Use on the Continent, Jun 1, 2016 https：//www. africanews. com/2016/06/01/south-africa-leads-adult-smartphone-use-on-the-continent/, Aug 2, 2019.

[③] 一家以社交媒体为发展导向的创意广告公司。

[④] 一个社交媒体管理平台。

[⑤] Lungelo Matangira, Nearly 60% of South Africans Now Have Access To the Internet, Feb 5, 2018, https：//ewn. co. za/2018/02/05/nearly-60-of-south-africans-now-have-access-to-the-internet, Aug 2, 2019.

在南非的网民当中，最常用的社交平台是 Facebook 和 YouTube。随着 YouTube 用户的增加，越来越多的民众开始依赖 YouTube 获取视频。针对这一趋势，在品牌营销和传播过程中，相关企业应该更多考虑使用视频传播的途径，通过简明生动的小视频传递相关信息。Qwerty 的报告显示，南非有近 30% 的人使用商务社交网络。这表明，无论是在寻找新工作、寻找潜在雇主，甚至是在网络销售的销售过程中，LinkedIn 都是一个不容忽视的网络平台。Qwerty 的报告还显示，超过 30% 的南非人注册了 Facebook Messenger 的账号，[①] 也大量使用 Facebook 的包括定制图片、赞助广告和聊天机器人服务。对于品牌推广来说，这也是一个不能忽视的重要途径。这表明，互联网媒体和技术的发展，正在改变南非民众的工作方式和工作条件。但限于网民数量占人口的比例，以及移动网的普及率，使南非民众整体上还是主要通过电视获取信息。普华永道（PricewaterhouseCoopers）发布的《2012—2016 年南非娱乐和媒体展望》（*South African Entertainment and Media Outlook 2012 – 2016*）指出："到 2016 年，南非付费电视家庭将增长到惊人的 590 万，订阅电视的普及率达到了 81.4%。"[②] 这一数据表明，当前在南非，电视占据传播媒体的首要位置。但这一部分受众的社会层次大多不高。

根据调查结果可见，电视是南非企业员工了解中国的最主要途径。超过五成（约 51.2%）的受访员工选择本国电视作为近一年内了解中国的信息渠道，大幅超过其他渠道的占比。（见图 9 – 1）虽然南非的移动网络覆盖率，特别是城市地区的覆盖率很高，而且手机的普及率也不低，但电视依然占据了第一名的位置，这或许与南非较高的网络使用资费以及通讯基础设施资源的建设和分布不均（城乡之间）存在一定的关联性。

---

① 电脑桌面的聊天客户端，主要功能为聊天、接收通知并从电脑桌面上阅读新鲜事。

② PwC, South African Entertainment and Media Outlook 2012 – 2016, Sep 27, 2012, https://www.balancingact-africa.com/news/broadcast-en/26017/massive-pay-tv-growth-for-south-africa-to-continue-says-pwc-report, Aug. 2, 2019.

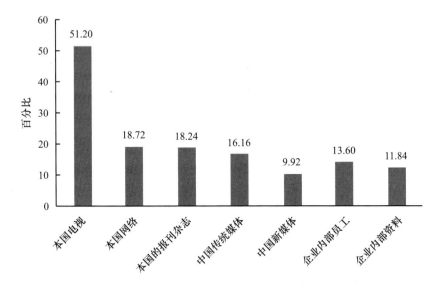

图9-1 近一年内员工了解中国信息的渠道分布（多选题）（N＝625）

此外，本国网络、本国报刊杂志以及中国传统媒体也是受访员工了解中国的比较重要的渠道选择，占比分别约为18.7%、18.2%和16.2%。但在所有选项中，通过中国新媒体了解中国的比例居于最低的位置，占比仅约为一成。

同时，在调查中，约13.6%的受访者表示会通过企业内部员工来了解中国。这一比例相对较小，这也反映出中方员工与南非员工之间的交流不够通畅和深入的问题。同时，在调查中，约11.8%的受访者表示会通过企业内部资料了解中国。这一比例仍然相对较小。

本项调查数据同时还揭示了我们在对外宣传和介绍中国方面或许仍然存在着不少需要继续努力的地方，比如更加积极地拓展移动互联网的利用空间，又比如进一步加强企业内部中南双方员工的互动，建构更加积极、活跃、和谐的中外员工关系。

通过对不同性别的员工了解中国信息的渠道进行对比可以看到，在南非本国电视、本国网络和本国报刊杂志这三个选项中的性别差异性并不明显。（见图9-2）在通过本国电视了解中国的员工中，女性占比约为 51.9%，男性约为 50.5%；在通过本国网络的途径中，女性约为 19.3%，男性约为 18.1%；在通过本国报刊杂志的途径中，女性约为 17.7%，男性约为 18.8%。

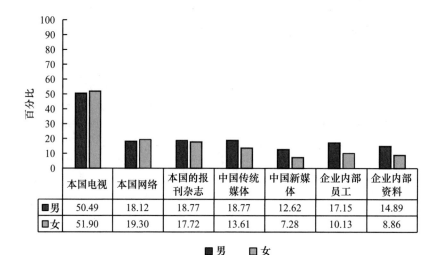

	本国电视	本国网络	本国的报刊杂志	中国传统媒体	中国新媒体	企业内部员工	企业内部资料
■男	50.49	18.12	18.77	18.77	12.62	17.15	14.89
□女	51.90	19.30	17.72	13.61	7.28	10.13	8.86

■ 男   □ 女

图 9 - 2　按性别划分的近一年内员工了解中国信息的
渠道分布（多选题）（N = 625）

但在通过余下四个途径了解中国的员工中，男女的占比呈现出一定的性别差异性。其中，男性占比均高于女性，且差距均在五个百分点以上。这表明，男性员工在通过非本国渠道了解中国的积极性方面要略高于女性员工。

从整体上来看，源自中国方面的信息传播渠道要弱于南非本国的渠道，这其中既包括中国的媒体传播渠道，也包括了企业自身的信息传播渠道。企业走出国门之后，在从事正常的生产经营活动的同时，其实也在无形中承担起了对外宣传的相关职能。由此看来，在南中资企业对于外宣职能的承担意识或许还应继续加强，承担能力或许还应继续提升。

图 9 - 3 呈现了不同年龄段员工近一年来了解中国信息的渠道分布情况。

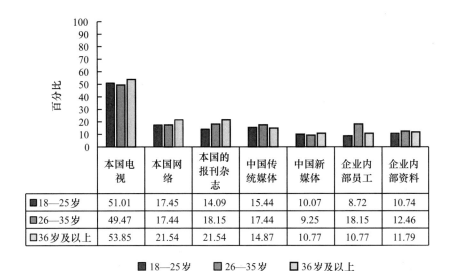

图 9 - 3　按年龄组划分的近一年内员工了解中国信息的
渠道分布（多选题）（N = 625）

　　从整体情况来看，本国电视依然是在南中资企业员工近一年来了
解中国信息的最重要的渠道。在三个不同的年龄段中，36 岁及以上
的员工人数占比最高，约为 53.9%。18—25 岁和 26—35 岁两个年龄
段的人数占比紧随其后，但差距较小。

　　在使用本国网络作为了解中国信息的渠道方面，36 岁及以上的
员工人数占比依然最高，约为 21.5%。而 18—25 岁和 26—35 岁两个
年龄段的人数占比基本持平。截止到 2019 年初，南非的移动网络普
及率已达到 100%，受网速或资费等相关因素的影响，实际使用移动
设备上网的人数大约占总人口的 60% 左右。但三个年龄段的员工利
用网络了解中国信息的人数平均占比只有约 18.8%，这或许说明我
们对南非网络传媒领域的关注和投入还需进一步加强。

　　在使用本国报刊杂志作为了解中国信息的渠道方面，36 岁以上
的员工人数占比还是最高的，约为 21.5%，其次则分别为 26—35 岁
年龄段的约 18.2% 和 18—25 岁年龄段的约 14.1%。但在使用中国传
统媒体作为了解中国信息的渠道方面，36 岁及以上年龄段的员工人

数占比最低，约为 14.9%，其次则分别为 26—35 岁年龄段的约 17.4% 和 18—25 岁年龄段的约 15.4%。以上两组数据的对比表明，中国传统媒体对南非民众，尤其对 36 岁及以上年龄段这一社会中坚力量人群的吸引力和影响力都相对较低。

在使用中国新媒体作为了解中国信息的渠道方面，一方面是不同年龄段的差距不明显，另一方面是整体较低。18—25 岁、26—35 岁和 36 岁及以上年龄段，员工人数占比分别约为 10.1%，9.3% 和 10.8%。

在通过企业内部员工了解中国方面，26—35 岁的员工人数占比最高，约为 18.2%，属于企业内部人际交往相对比较活跃的群体。而 18—25 岁和 36 岁以上年龄段的员工人数占比相对较低，分别约为 8.7% 和 10.8%。

在通过企业内部资料了解中国方面，不同年龄段的差距相对不明显，三个年龄段分别约为 10.7%、12.5% 和 11.8%。但问题在于选择这一途径的员工人数占比整体较低，仅约为 11.7%。

综上所述，在南中资企业员工无论处于任何一个年龄段，选择通过中国传媒或企业内部渠道了解中国的人数占比整体偏低。企业应该对此有所重视，并采取一定的有效措施加以改善，毕竟员工加深对中国的认知和理解，有助于增强其对中国企业乃至中国国家形象的认同，进而有助于优化中资企业在南非的营商环境，并为深化中南双方合作创造更为有利的环境。

按照不同的受教育程度进行划分，不同员工了解中国信息的渠道存在明显的偏差，体现了不同受教育程度人群对于所接受的信息和选择信息获取渠道方面的偏好。（见图 9-4）

在通过本国电视了解中国信息的员工中，接受过小学学历教育的员工人数占比最高，约为 57.3%。而未接受过教育的员工人数占比最低，约为 42.4%。接受过中学或专科学历和接受过本科及以上学历的人数占比则分别约为 51.1% 和 50%。

在通过本地网络了解中国信息的员工中，接受过本科及以上教育的员工人数占比最高，约为 36.5%。而接受过中学或专科教育的员

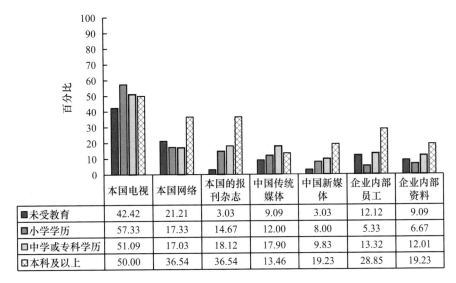

	本国电视	本国网络	本国的报刊杂志	中国传统媒体	中国新媒体	企业内部员工	企业内部资料
■未受教育	42.42	21.21	3.03	9.09	3.03	12.12	9.09
■小学学历	57.33	17.33	14.67	12.00	8.00	5.33	6.67
▢中学或专科学历	51.09	17.03	18.12	17.90	9.83	13.32	12.01
▨本科及以上	50.00	36.54	36.54	13.46	19.23	28.85	19.23

■未受教育　　■小学学历　　▢中学或专科学历　　▨本科及以上

**图 9 - 4　按受教育程度划分的近一年内员工了解中国信息的
渠道分布（多选题）（N = 618）**

工人数占比最低，约为 17%。未接受过教育和接受过小学教育的人
数占比则分别约为 21.2% 和 17.3%。

在通过阅读报刊杂志了解中国信息的员工中，调查结果反映出一
个基本的常识，即文化程度越低，阅读的兴趣和能力越低。相应的，
通过这一渠道了解中国的员工，也是受教育程度越低，占比越低，在
未受教育、小学、中学或专科和本科及以上的员工中，人数占比分别
约为 3%、14.7%、18.1% 和 36.5%。

在通过中国传统媒体了解中国信息的渠道方面，调查结果显示，
接受过中学或专科学历教育的员工人数占比居于最高的位置，约为
17.9%。而未受过教育的员工人数占比最低，约为 9.1%。接受过小
学教育和接受过本科及以上教育的员工人数占比则分别约为 12%
和 13.5%。

在通过中国新媒体了解中国信息的渠道方面，未受教育、小学、
中学或专科和本科及以上的员工中，人数占比分别约为 3%、8%、

9.8%和19.2%。

在通过企业内部员工作为了解中国信息的渠道方面，接受过小学教育的员工人数占比最低，约为5.3%。而接受过本科及以上教育的员工人数占比最高，约为28.9%。未受教育和接受过中学或专科教育的员工人数占比则分别约为12.1%和13.3%。

在通过企业内部资料作为了解中国信息的渠道方面，接受过小学教育的员工人数占比最低，约为6.7%。而接受过本科及以上教育的员工人数占比最高，约为19.2%。未受教育和接受过中学或专科教育的员工人数占比则分别约为9.1%和12%。

从调查数据的整体分布情况来看，无论有关中国的信息是来自南非国内媒体渠道、中国媒体渠道或者企业内部渠道，学历可以被看作是影响信息接收度的一大因素。总体而言，学历越高的员工越会采取主动的姿态来获取有关中国的信息。

此外，在南中资企业员工了解中国信息的渠道主要为本国媒体，包括电视、网络和报刊杂志。其中，电视是最为重要的渠道来源。相对而言，来自中国的媒体以及在南中资企业内部对于中国相关信息的传播要稍显逊色一些。如前所述，若在南中资企业的员工能够不断加深对中国的认知和理解，必将有助于增强其对中国企业乃至中国国家形象的认同，进而助力优化中资企业在南营商环境，并为深化中南双方合作创造更为有利的环境。

按不同的月收入来分析近一年内员工了解中国信息的渠道（见图9-5），则首先要对南非民众的收入和消费情况做一个基本了解。

南非统计局2019年8月公布的数据显示，获取每人每月维持生命的最低能量需要花费561兰特；2019年南非收入贫困线的下限是每人810兰特/月，上限是每人1227兰特/月。① 近年来，南非的失业

---

① 乔颖：《在南非"穷人"都当不起了 经济萧条 穷人只会越来越穷》，《中非新闻报》2019年8月9日，2019年8月10日，http://nanfei8.com/news/caijingxinwen/2019-08-09/63947.html。

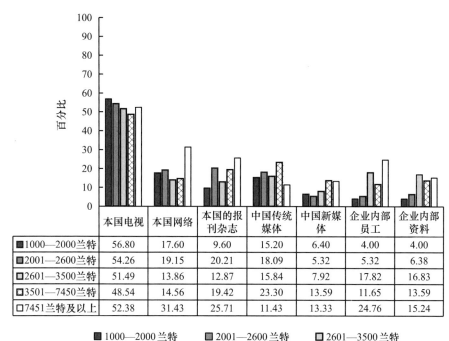

	本国电视	本国网络	本国的报刊杂志	中国传统媒体	中国新媒体	企业内部员工	企业内部资料
■1000—2000兰特	56.80	17.60	9.60	15.20	6.40	4.00	4.00
■2001—2600兰特	54.26	19.15	20.21	18.09	5.32	5.32	6.38
□2601—3500兰特	51.49	13.86	12.87	15.84	7.92	17.82	16.83
▨3501—7450兰特	48.54	14.56	19.42	23.30	13.59	11.65	13.59
□7451兰特及以上	52.38	31.43	25.71	11.43	13.33	24.76	15.24

■1000—2000兰特　　■2001—2600兰特　　□2601—3500兰特

▨3501—7450兰特　　□7451兰特及以上

图9-5　按月收入划分的近一年内员工了解中国信息的

渠道分布（多选题）（N＝528）

率高达 27.6%，尽管一些人幸运地找到了工作，但他们的工资却不足以维持生计。招聘平台 Giraffe 分析了近 100 万中等技能劳动人员的最新研究结果显示，上班族中 29% 的月收入低于全国的最低工资标准 3500 兰特/月。2018 年南非的平均工资是 6400 兰特/月，而过上有尊严的生活则需至少 6570 兰特/月的工资收入，全国 70% 劳动人口的收入低于这个数字。① 在我们的调查中，结合南非的经济、消费和南非员工的月收入水平，划分了 5 个收入层次，分别为 1000—2000 兰

---

① 乔颖：《南非人的平均工资是 6400 兰特　上班族表示不够维系生活》，《中非新闻报》2019 年 6 月 26 日，2019 年 8 月 10 日，http：//www.nanfei8.com/news/nanfei/2019-06-26/63599.html。

特/月、2001—2600 兰特/月、2601—3500 兰特/月、3501—7450 兰特/月和 7451 兰特/月及以上。

按不同的月收入来分析，员工中从本国电视上得到与中国相关信息的人数占比最大的是 1000—2000 兰特/月收入的员工群体，约为56.8%。而占比最低的，是 3501—7450 兰特/月的收入群体，约为48.5%。次高是 2001—2600 兰特/月的收入群体，约为 54.3%；第三位是收入 7451 兰特/月及以上的群体，约为 52.4%，第四位是收入为2601—3500 兰特/月的收入群体，占比约为 51.5%。

从本国网络得到中国信息的员工中，占比最大的是 7451 兰特/月及以上的收入群体，约为 31.4%。其次是 2001—2600 兰特/月的收入群体，占比约为 19.2%。此外，1000—2000 兰特/月的收入群体，占比约为 17.6%；3501—7450 兰特/月的收入群体，占比约为 14.6%；2601—3500 兰特/月的收入群体，占比约为 13.9%。

从本国报刊杂志获取中国信息的员工中，同样是 7451 兰特/月及以上的收入群体，占比最高约为 25.7%。其次是 2001—2600 兰特/月的收入群体，占比约为 20.2%。接下去，是 3501—7450 兰特/月的收入群体，占比约为 19.4%。再接下去是 2601—3500 兰特/月的收入群体，占比约为 12.9%。排在最后的是 1000—2000 兰特/月的收入群体，占比约为 9.6%。

在通过中国传统媒体了解中国的员工中，人数占比最高的是3501—7450 兰特/月的收入群体，占比约为 23.3%。紧随其后的是2001—2600 兰特/月的收入群体，占比约为 18.1%。排在第三位的是2601—3500 兰特/月的收入群体，占比约为 15.8%。1000—2000 兰特/月的收入群体居于倒数第二，占比约为 15.2%。7451 兰特/月及以上的收入群体排名最后，占比约为 11.4%。

在通过中国新媒体了解中国信息的员工中，3501—7450 兰特/月的收入群体占比最大，占比约为 13.6%。紧随其后的是 7451 兰特/月及以上的收入群体，占比约为 13.3%。其余三个收入段员工群体的人数占比均低于 10%。

　　在通过企业内部员工渠道获取中国信息的员工中，排在第一位的
是7451兰特/月以上的收入群体，占比约为24.8%。接下来的收入群
体则依次是2601—3500兰特/月（约17.8%）、3501—7450兰特/月
（约11.7%）、2001—2600兰特/月（约5.3%）和1000—2000兰特/
月（4%）。

　　在通过企业内部资料渠道获取中国信息的员工中，2601—3500
兰特/月这一居于收入中间位置的群体占比最高，约为16.8%。紧随
其后的是7451兰特/月及以上的收入群体，占比约为15.2%。排在第
三位的是3501—7450兰特/月的收入群体，占比约为13.6%。2001—
2600兰特/月的收入群体居于倒数第二，占比约为6.4%。1000—
2000兰特/月的收入群体排名最后，占比为4%。

　　从调查数据的整体分布情况来看，收入的高低会对员工选择信息
渠道的来源产生一定程度上的影响。基本的情况是，员工收入越高，
选择信息来源的渠道会越丰富。而高收入群体中表现出来的多渠道选
择倾向也间接表明其对于获取中国信息的主观意愿应该要更为强烈。

　　此外，南非本国的媒体渠道，包括电视、网络和报刊杂志，仍然
是中资企业本地员工获取与中国相关信息的主要来源。其中，电视的
占比依然处于最高位。此外，这三条不同渠道中的相关数据并未呈现
出收入与获取信息的人数占比之间存在着某种规律性的变化趋势。

　　相对而言，来自中国媒体和企业内部的信息渠道依然显得逊色了
一些。要想创造更好的在南营商环境，乃至更好地推进中南合作，我
们的媒体以及在南中资企业仍需付出更多的努力。

第二节　文化消费

　　从南非员工获取中国相关新闻的途径和内容情况看（见表9-1），
近一半的员工回复了通过南非媒体获取相关信息。这表明，南非本地
媒体在员工中的影响力较为明显。从内容上看，"本国学生前往中国

留学的新闻"留给员工的印象最为深刻，约57.2%的被调查对象选择了这一选项；居于第二位的是"中国援助本国修建道路、桥梁、医院和学校的新闻"，约占总样本数量的51.4%。居于较低位置的是"中国大使馆对本国的捐赠新闻"，收回的调查问卷中，只有约44.5%选择了这一选项。居于倒数第二位的是"中国艺术演出的新闻"，约占总样本数的46%。以上数据表明南非员工对中国有一定的向往，对于前往中国生活学习较为关心；对中国给予的实际支持也印象深刻。

表9-1　　　　　　　近一年内员工是否从南非媒体收看
中国相关新闻的状况　　　　　　（单位：%）

有关中国的新闻	样本量	是	否
中国大使馆对本国的捐赠新闻	598	44.48	55.52
中国援助本国修建道路、桥梁、医院和学校的新闻	594	51.35	48.65
本国学生前往中国留学的新闻	596	57.21	42.79
中国艺术演出的新闻	591	46.02	53.98

从员工观看不同国家的电影/电视剧的频率分布来看，美国电影/电视剧得到了南非员工最大的认可（见表9-2）。其中，选择"很频繁"的比例约为34.2%，"经常"的比例约22.3%，以上两项相加，经常观看美国电影/电视剧的员工占到了调查样本的一半以上，约为56.5%；从对美国电影/电视剧负面的态度来看，选择"从不"选项的为比例约为13.7%，选择"很少"的比例为2.6%，两项相加约为16.3%。与此相对，对华语电影/电视剧的肯定性态度位列美国电影/电视剧之后，选择"很频繁"的比例为10.8%，"经常"的比例约12.4%，两项相加，经常观看华语电影/电视剧的员工占到了调查样本约23.2%；从负面态度来看，南非员工对华语电影/电视剧选择"从不"选项的比例约为22.8%，选择"很少"的比例约为12.4%，两项相加约为35.2%。从这一对比中，可以看到在南非员工的文化消费中，

中国的影视作品的竞争力明显低于美国的影视作品。但相对日本、韩国和印度的电影/电视剧而言，中国影视作品却具有明显的优势。在肯定性的选项中，仅有印度的影视作品超过了20%；从否定性的选项来看，从不观看这三个国家的影视作品的样本比例都超过了35%，其中韩国的甚至接近一半，达到了约47.7%。但从文化的类型来看，中日韩均属东方文明，基本的价值理念趋于相同，南非员工对日韩影视作品认可度不高，值得我们加以重视，其内在原因很有可能是南非员工因为在中资企业工作，才对华语电影/电视剧产生了较高的兴趣。

表9-2　　　　　员工观看不同国家的电影/电视剧的频率分布　　（单位：%）

频率	华语电影/电视剧	日本电影/电视剧	韩国电影/电视剧	印度电影/电视剧	美国电影/电视剧
从不	22.75	37.58	47.70	37.28	13.66
很少	12.44	9.31	7.38	9.89	2.60
有时	41.57	32.52	30.16	32.09	27.32
经常	12.44	12.75	9.51	10.70	22.28
很频繁	10.80	7.84	5.25	10.05	34.15

注：$N=611$。

与影视作品类似，也是美国的音乐得到了南非员工最大的认可（见表9-3）。其中选择"非常喜欢"的比例约为32.7%，选择"喜欢"的比例约31.9%，以上两项相加，喜欢美国音乐的员工占到了调查样本的一大半以上，约为64.6%；从对美国音乐的负面态度来看，选择"非常不喜欢"的样本为比例约为5.2%，选择"不喜欢"的比例约为14.6%，两项相加约为19.8%。与此相对，对华语音乐的肯定性态度位列美国音乐之后，其中选择"非常喜欢"的比例约为11%，选择"喜欢"的比例约15.3%，以上两项相加，喜欢华语音乐的员工约占调查样本的26.3%。从对华语音乐的负面态度来看，选择"非常不喜欢"选项的比例约为19.8%，选择"不喜欢"的比例约为28.1%，两项相加约为47.9%。持负面态度的员工接近总数的一半。从与美国的对比中，可以看到华语音乐在南非员工的文化消费中，其竞争力明显较低。但相对日本、韩国和印度而言，华语音乐与影视作品一样，具有明显的优势。在肯定性的选项中，选择"非常喜欢"日本、韩国和印度音乐的比例都不到5%；从否定性的选项来看，"非常不喜欢"这三个国家音乐的样本比例都超过了20%，选择"不喜欢"的比例也都在40%左右。但与影视作品相同，华语音乐的文化背景也是东方文明，音乐的旋律节奏尽管有所不同，但大体上是一致的。因此，南非员工对华语音乐的认同，同样是因为在中资企业工作，耳濡目染之后才对华语音乐产生了较高的兴趣。

表9-3　　　　　　　　员工对不同国家音乐喜爱程度的频率分布　　　（单位：%）

喜欢程度	华语音乐 N = 595	日本音乐 N = 584	韩国音乐 N = 584	印度音乐 N = 594	美国音乐 N = 618
非常喜欢	10.92	3.60	4.28	4.71	32.69
喜欢	15.29	7.71	6.51	11.28	31.88
一般	25.88	22.95	25.68	24.07	15.70
不喜欢	28.07	41.44	39.90	38.05	14.56
非常不喜欢	19.83	24.32	23.63	21.89	5.18

这里，还需要注意员工对印度影视作品的否定性态度占比最高的问题。在南非的种族隔离时期，通常将人群分为四个种族和级别，分为：白人、黑人、印度人和有色人种。历史上，包括印度裔在内的亚裔人口整体居于南非社会地位的底层。在近年南非官方的族群统计中，包括印度裔在内的亚裔人口，为136万人，占总人口的2.5%。[①]因此，在认识南非员工选择文化产品的过程中，还需要注意这一历史问题的影响。

---

① 宋方灿：《数据称南非总人口近5500万　艾滋病患达619万》（2015年7月24日），2019年8月11日，中国新闻网（http://www.chinanews.com/gj/2015/07 - 24/7424338.shtml）。

第 十 章

中资企业员工对中国品牌、企业社会
责任的认知及大国影响力评价

本章将针对南非中资企业员工对于中国品牌、企业社会责任的认知情况及其对世界主要大国在南非影响力的评价进行分析和讨论。

第一节　中国品牌

在"消费为王"的时代，一个国家产品品牌的知名度、影响力，几乎可以等同于国家的软实力。他国普通民众对中国品牌的认知，可以在一定程度上等同于这些民众对中国国家形象的认知。

从我们的调查中可以看到，南非员工对中国品牌的认知状况处于相对较低的状态（见图10-1）。调查结果显示，约42.9%的男性员工知道本企业以外的其他中国产品品牌；女性约为32.7%。其余的约为57.1%和67.3%，都选择了"否"的选项。这表明一大半的员工不知道本企业品牌以外的其他中国品牌。相应地也表明，中国及其产品在南非普通民众中的知名度、影响力都亟须提升。

按不同的受教育程度对员工进行分类，对员工认知中国产品品牌的状况进行分析（见图10-2），可以看到受过较高教育的员工，对其他中国产品品牌的认知度处于占比最高的状态，约为78.4%；其次是未受教育的员工，为28%；再次是受过中学或专科教育的员工，约为37.8%；最低是受过小学教育的员工，为12.5%。

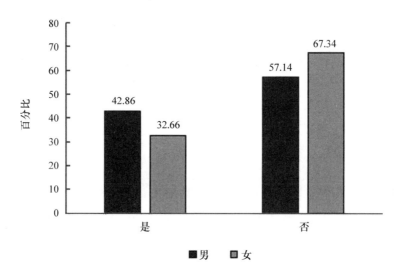

图10-1 按性别划分的员工对本企业外的中国产品品牌的认知状况（N=591）

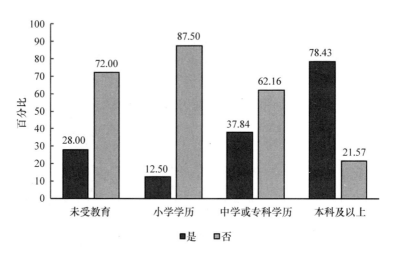

图10-2 按受教育程度划分的员工对本企业外的中国产品品牌的认知状况（N=584）

从员工的层级来看，管理人员对中国其他品牌的认知度，要高于非管理人员（见图 10 – 3）。管理人员约为 62.1% 知道本企业外的中国产品品牌，非管理人员约为 37.9%。结合之前的分析，在提升中国品牌知名度的问题上，需要有针对性地在非管理人员和普通民众中做出努力。

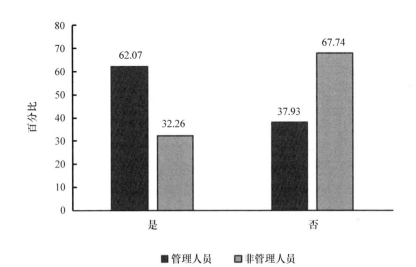

图 10 – 3 管理人员与非管理人员对本企业外的
中国产品品牌的认知状况（N = 581）

在我们的调查中，网络是员工认知中国品牌的主要途径，37.7% 的员工表示通过网络认知中国品牌。再按上网频率来看（见表 10 – 1），上网频率最高、一天上网几个小时网的员工对中国品牌的认知度最高，占比约为 46.4%，之后逐步递减至 15%。但一年只有几次上网经历的员工，对中国品牌认知的占比又出现了回升，约为 41.7%。几乎不上网的员工有 20% 知道中国品牌；从不上网的员工中，有约 16.7% 知道中国品牌。这说明，除了网络之外，员工们还有其他的途径认知中国品牌。在推广中国品牌的过程中，网络是不可忽视的途径，但却不是唯一的途径。其他诸如电视、平面媒体和传统媒体也是应该积极关注的途径。

表 10 – 1　　　　　　　　按上网频率划分的员工对本企业外的
中国产品品牌的认知状况　　　　（单位：%）

上网频率	是	否
一天几个小时	46.39	53.61
一天半小时到一小时	43.64	56.36
一天至少一次	35.90	64.10
一周至少一次	22.22	77.78
一个月至少一次	15.00	85.00
一年几次	41.67	58.33
几乎不	20.00	80.00
从不	16.67	83.33
总计	37.69	62.31

注：$N = 581$。

从按上网频率来分析员工对中国品牌的认知（见表 10 – 2），上网频率居于第二的员工，即一天上网半小时到一小时的员工，对华为留有印象的比例约为 22.4%。一天至少一次的员工中，有约 14.5% 对华为留有印象。对小米留有印象的，都是上网频率最高的员工，但总数较少，仅约占 0.7%。在从不上网的员工中，有约 4.8% 知道华为，约 1.6% 知道海信。

表 10 – 2　　　　按上网频率划分的员工印象最深的中国企业分布　　　　（单位：%）

上网频率	未回答	哈弗	海信	华为	小米	其他
一天几个小时	54.28	1.32	2.63	19.41	0.66	21.71
一天半小时到一小时	56.90	1.72	0.00	22.41	0.00	18.97
一天至少一次	66.27	2.41	1.20	14.46	0.00	15.66
一周至少一次	78.72	0.00	0.00	10.64	0.00	10.64
一个月至少一次	86.36	0.00	0.00	0.00	0.00	13.64

续表

上网频率	未回答	哈弗	海信	华为	小米	其他
一年几次	66.67	0.00	0.00	20.00	0.00	13.33
几乎不	81.82	0.00	0.00	0.00	0.00	18.18
从不	84.13	0.00	1.59	4.76	0.00	9.52
总计	63.52	1.14	1.63	15.47	0.33	17.92

注：$N = 614$。

　　从对具体的中国品牌的认知来看，男性员工和女性员工之间存在细微的差距。华为在男性员工中，具有最高的知名度，有约16.8%的被调查对象表示对华为的印象最为深刻；其次是家电品牌海信，约2.6%的员工选择了该选项；再次是汽车品牌哈弗，约1.6%的员工留下了印象；最后是手机品牌小米，有约0.3%的员工表示留有印象（见图10-4）。

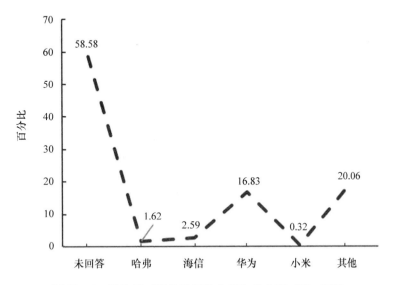

图10-4　男性员工印象最深的中国企业分布（$N = 309$）

华为在女性员工当中，也是最具知名度的中国品牌。有约13.9%的人表示对华为的印象最为深刻。其次是家电品牌海信、汽车品牌哈弗和手机品牌小米，均有约0.6%员工选择了该选项（见图10-5）。

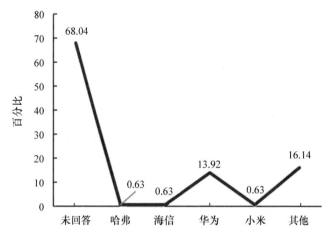

图10-5　女性员工印象最深的中国企业分布（N=316）

第二节　企业社会责任

南非员工最希望中资企业在本地开展援助的类型分布情况为：教育援助，约占63.5%；培训项目，约占50.1%；卫生援助，约占49%；基础设施援助，约占19.8%；直接捐钱，约占19.2%；文体交流活动，约占13%；文化体育设施，约占12.8%；修建寺院，以及社会服务设施，均约占11.5%；公益慈善捐赠，约占11.4%；水利设施，约占10.4%。（见图10-6）

从图中数据观察可见，南非本地员工最为关注的前三项企业援助措施为教育、培训和卫生，这三项又恰恰与他们日常的生产生活有着最为密切的关联。

从国家层面来看，教育决定着一个国家和民族的未来；从个人层

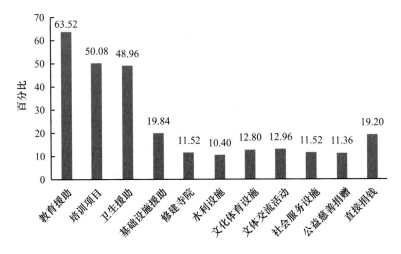

图 10-6　员工最希望本企业在本地开展的
援助类型分布（多选题）（$N = 625$）

面来看，教育有助于个人获取知识，进而激发个人潜能，促进个人发展，帮助改变命运。虽然南非政府在提高国民受教育程度方面一直在努力，且南非人口的受教育比例也一直在不断提升，但就整体而言，中高层次的教育普及率还有较大的提升空间。因此，南非本地员工最关心中资企业对于本地教育事业的援助也就不足为奇了。当然，如果从另一个角度进行思考，有超过六成的员工已经意识到了教育的重要性，这本身就是一个好现象。

在整体教育水平提升不可一蹴而就的前提下，切实提升本地劳动力的劳动技能水平却是非常现实，且可操作性非常强的一个选择。这也提醒我们的企业，在南非开展生产经营活动的同时，也应该关注如何更好地"授人以渔"。

南非的整体医疗卫生水平其实并不算低，早在1967年便成功完成了世界首例心脏移植手术。但就整体情况而言，受历史、政治、经济、社会等诸多因素的综合影响，南非社会贫富差距极大且贫困人口众多，这也导致了南非医疗资源的分配和利用存在巨大的差异性。因此，希望得到中资企业卫生援助的员工人数占比接近五成也就不难理解。而在我们的实际调研走访过程中，企业通常都会适时地为当地提供形式多样的援助，但真正能提供卫生援助的却非常少见。个中原因我们并没有去深究，但或许可以作为后续的调查研究方向之一。

从员工对企业在本地开展援助项目类型的认知来分析，员工对修建寺院认可度最低，为23.5%；最高为"以钱或实物形式进行公益慈善捐赠"，约37.2%的样本选择了该项目（见表10-3）。从这一数据可以看到，员工都较为务实；同时，对基础设施建设的重要性认识存在可以提升的空间。这一方面是中国的强项，另一方面也对地区的发展具有重要意义。

表10-3　　　员工对企业在本地开展援助项目类型的认知状况　　（单位：%）

援助项目类别	有	没有	不清楚	总计
教育援助	36.76	44.14	19.10	100.00
培训项目	34.14	45.89	19.97	100.00
卫生援助	32.47	46.69	20.84	100.00
基础设施援助	28.66	48.47	22.87	100.00
修建寺院	23.50	49.43	27.07	100.00
水利设施	28.18	47.67	24.15	100.00
电力设施	27.77	45.59	26.65	100.00
文化体育设施	31.19	44.86	23.95	100.00
文体交流活动	29.21	47.67	23.11	100.00
社会服务设施	28.89	45.59	25.52	100.00
以钱或实物形式进行公益慈善捐赠	37.18	38.62	24.20	100.00

注：$N = 623$。

第三节　大国影响力评价

在对员工进行的哪个国家在非洲的影响力最大的调查中（见表10-4），中国的影响力得到了员工最大的肯定。员工中的约

73.5%认为中国在非洲的影响最大；紧随其后的是美国，约16.8%的员工认为美国在非洲的影响力最大；再次是日本，约为3.7%；又次是英国，约为2.2%；复次是法国，约2%；最后是欧盟，仅有约0.8%的员工认为其在非洲的影响力最大。

表10-4 按性别划分的员工认为哪个国家在非洲的影响力最大

（单位：%）

性别	中国	日本	美国	法国	英国	欧盟	其他
男	73.04	3.75	16.38	1.71	2.73	0.68	1.71
女	73.93	3.63	17.16	2.31	1.65	0.99	0.33
总计	73.49	3.69	16.78	2.01	2.18	0.84	1.01

注：$N = 596$。

从不同的年龄分组来看（见表10-5），26—35岁的员工中，有约81.6%认为中国的影响力最大；18—25岁的最少，约为59.9%。这一结构与对美国的看法存在一定差异，在选择美国是非洲影响力最大国家的员工中，18—25岁的占比最高，约为25.2%。因此中国在非洲传播和形象塑造，要有针对性地向18—25岁的年轻人倾斜，加强更适合年轻人口味的传播方式。

表10-5 按年龄组划分的员工认为哪个国家
在非洲的影响力最大 （单位：%）

年龄组	中国	日本	美国	法国	英国	欧盟	其他
18—25岁	59.86	6.80	25.17	1.36	4.08	2.04	0.68
26—35岁	81.61	2.30	10.73	3.07	0.77	0.77	0.77
36岁及以上	72.87	3.19	18.62	1.06	2.66	0.00	1.60
总计	73.49	3.69	16.78	2.01	2.18	0.84	1.01

注：$N = 596$。

从接受教育程度的角度划分（见表10-6），中学或专科学历的员工中认为中国在非洲的影响力最大的比例最高，约为75.6%；而认为美国在非洲的影响力最大的员工中，本科及以上学历的员工占比最大，约为25.5%。这一差别表明，在对非的传播中，受教育程度较高的员工，也应该成为我们进一步争取的对象。

表10-6　　　　　　　　按受教育程度划分的员工认为哪个国家
在非洲的影响力最大　　　　　　　（单位：%）

受教育程度	中国	日本	美国	法国	英国	欧盟	其他
未受过教育	63.64	9.09	18.18	6.06	0.00	3.03	0.00
小学学历	67.61	2.82	19.72	4.23	2.82	0.00	2.82
中学或专科学历	75.63	3.91	15.17	1.61	2.30	0.46	0.92
本科及以上学历	68.63	0.00	25.49	0.00	1.96	3.92	0.00
总计	73.39	3.73	16.78	2.03	2.20	0.85	1.02

注：$N = 590$。

从族群的角度划分（见表10-7），祖鲁人员工中认为中国在非洲的影响力最大的比例最高，约为72.1%；而认为美国在非洲的影响力最大的员工中，阿非利卡人员工占比最大，为25%。这一差别表明，在对非的传播中，阿非利卡人员工应该成为我们进一步争取的对象。

表10-7　　　　　按族群划分的员工认为哪个国家在非洲的影响力最大

（单位：%）

族群	中国	日本	美国	法国	英国	欧盟	其他
祖鲁人	72.13	3.28	19.67	3.28	1.64	0.00	0.00
科萨人	71.43	5.95	16.67	3.57	2.38	0.00	0.00
阿非利卡人	67.50	5.00	25.00	2.50	0.00	0.00	0.00
其他	75.45	2.99	14.97	1.20	2.10	1.50	1.80
总计	73.62	3.62	16.90	2.07	1.90	0.86	1.03

注：$N = 580$。

从在本企业工作时间划分（见表10－8），工作六年及以上的员工中认为中国是在非洲影响力最大国家的比例最高，都超过了80%；而认为美国在非洲的影响力最大的员工中，工作一年的和四年的员工占比最大，都超过了20%。这一差别表明，中国对非洲影响力的提高，要经历一个逐步深入的过程。这也与美国作为传统强国，已经对部分员工产生了深刻的印象有关。

表10－8 按在本企业工作时长划分的员工认为哪个国家
在非洲的影响力最大 （单位：%）

工作时长	中国	日本	美国	法国	英国	欧盟	其他
少于一年	61.90	5.95	22.62	3.57	3.57	2.38	0.00
一年	69.83	5.17	18.97	1.72	1.72	0.86	1.72
两年	78.20	0.75	15.79	1.50	1.50	1.50	0.75
三年	76.47	4.71	10.59	3.53	3.53	0.00	1.18
四年	67.39	4.35	21.74	2.17	2.17	0.00	2.17
五年	77.27	0.00	13.64	4.55	4.55	0.00	0.00
六年	81.82	9.09	9.09	0.00	0.00	0.00	0.00
六年以上	80.72	2.41	14.46	0.00	1.20	0.00	1.20
总计	73.60	3.72	16.58	2.03	2.20	0.85	1.02

注：$N = 591$。

我们已经知道，在员工获取中国相关信息的过程中，网络只是重要，而非唯一的途径。因此在对中国在非洲影响力的认识中，有无电脑，对员工的影响不大（见图10－7）；同样地，有无电脑对美国的认识也没有明显的差别。

在接受我们调研的所有员工中，有55人曾经有过在其他国家的外资企业工作的经历。图10－8呈现的就是这部分员工对于不同国家在非影响力的认知情况。

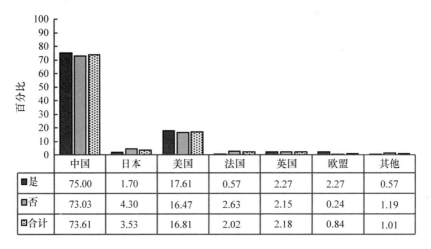

图 10 – 7　按工作中是否使用电脑划分的员工认为
哪个国家在非洲的影响力最大（$N = 595$）

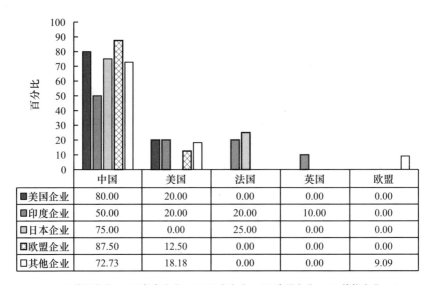

图 10 – 8　按去过其他国家外资企业工作划分的员工认为
哪个国家在非洲的影响力最大（多选题）（$N = 55$）

从数据的整体分布情况可见，中国是这部分员工心目中在非影响力最大的国家，平均占比约为 73.1%。其中，在曾经有过欧盟企业工作经历的员工中，有 87.5% 的人持有此观点，占比最高。而在曾经有过印度企业工作经历的员工中，有 50% 的人持有此观点，占比最小。此外，数据还显示，美国是这部分员工心目中认为在非影响力仅次于中国的国家，但人数占比远低于中国。

虽然较小的样本基数会对数据的可信度带来影响，但因为这部分员工曾经拥有不同国家外资企业的工作经历，所以他们的选择在某种程度上依然具有一定的参考价值。

我们已经知道，在员工获取中国相关信息的过程中，网络只是重要，而非唯一的途径。因此在对中国在非洲的影响力的认识中，家庭是否联网，对员工认识的影响也不突出。而且调查还显示出，联网的家庭中，认为中国影响力最大的比例反而比没有联网的要低。但在认为美国是影响力最大国家的员工中，联网的比例要明显高于没有联网的员工（见图 10 - 9）。其中的原因主要是，美国的网站和互联网企业在南非拥有更多用户和影响力。从中我们可以看到，提升中国在非的影响力，要重视网络平台的推广和建设。

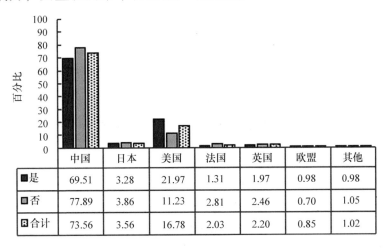

	中国	日本	美国	法国	英国	欧盟	其他
■是	69.51	3.28	21.97	1.31	1.97	0.98	0.98
▨否	77.89	3.86	11.23	2.81	2.46	0.70	1.05
▨合计	73.56	3.56	16.78	2.03	2.20	0.85	1.02

图 10 - 9　按家庭是否联网划分的员工认为
哪个国家在非洲的影响力最大（N = 590）

拥有智能手机并接入移动互联网, 则可以方便地获取信息。但正如之前的分析, 电视才是员工获取中国相关信息的主要途径。因此拥有手机, 反而对员工认同中国的认识产生了负面影响 (见图 10 - 10)。调查数据显示, 认为中国是在非影响最大国家的员工中, 没有手机的占比, 反而要高于拥有手机的占比。这也进一步验证了之前提出的观点, 提升中国的在非影响力, 要重视网络平台的推广和建设, 尤其是移动互联网平台和运用的推广和建设, 但也不能忽视其他传统的传播途径。

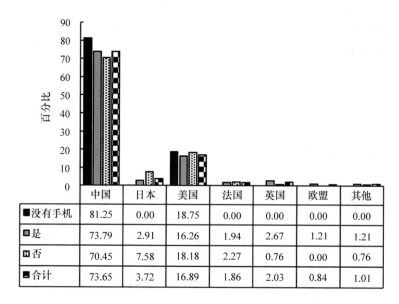

	中国	日本	美国	法国	英国	欧盟	其他
■没有手机	81.25	0.00	18.75	0.00	0.00	0.00	0.00
▣是	73.79	2.91	16.26	1.94	2.67	1.21	1.21
▣否	70.45	7.58	18.18	2.27	0.76	0.00	0.76
■合计	73.65	3.72	16.89	1.86	2.03	0.84	1.01

图 10 - 10　按手机是否联网划分的员工认为哪个国家在非洲的影响力最大 (N = 592)

进一步观察员工对中美两国在非洲地区影响力的评价则会发现 (见表 10 - 9), 尽管员工认为中国在非洲的影响力要大于美国, 但中国在这一点上的领先程度, 却远远低于员工认为中国是本地最具有影响力国家的比例 (认为中国在非洲影响力排名第一的员工约占 73.5%, 认为美国影响最大的只是约 16.7%, 中国领先 56.8%)。谁是非洲第一的评价，相对具有更多的主观性和盖然性，但在本地的影响则相对客观和具体。这一调查结果，其实给了我们一个警示，尽管中国在非洲的影响力得到了极大的提升，但仍然要保持冷静谨慎的态度，应将工作进行得更加具体深入，对可能出现的挑战与问题要有全面的认识和准备。

表 10 - 9　　　　　员工对中美在本地区的影响力评价的差异　　　　（单位：%）

国家	负面远多于正面	负面为主	正面为主	正面远多于负面
中国 N = 562	14. 23	11. 39	49. 47	24. 91
美国 N = 541	15. 16	24. 77	40. 11	19. 96

具体来看，对中国在本地的影响力持否定性意见的选项中，对中国影响力做负面评价的选项，即"负面远多于正面"和"负面为主"的占比分别约为 14.2% 和 11.4%；与此相对，美国分别约为 15.2% 和 24.8%，对中国持否定性意见的员工的占比，中国要低于美国 13.4%。反过来说，就是中国得到了更多的肯定。从肯定性的意见来看，对中美都持"正面为主"观点员工的比例，分别约为 49.5% 和 40.1%，对中国的肯定要高 9.4%；持"正面远多于负面"观点的，分别约为 24.9% 和 20%，对中国的肯定要高 4.9%。

从员工关于南非未来发展需要借鉴哪个国家的观点，可以进一步深入分析中国在南非的影响力。

调查结果显示，约 60.5% 的员工认为要借鉴中国；约 21.6% 认为要借鉴美国；认为要借鉴日本和印度的相对较少，分别约为 5.8% 和 3.1%。同时，约有 9.1% 的员工选择了"不清楚"的选项（见图 10 - 11）。

这一调查结果固然可喜，但同样具有一定的主观性和盖然性。我们仍然要保持冷静谨慎的态度应对可能出现的挑战与问题。

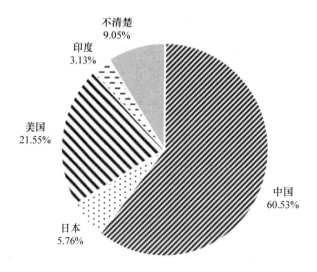

图 10 - 11 员工认为南非未来发展需要借鉴的
国家分布 （*N* = 608）

对于哪一个国家才是为南非提供外援最多国家的问题，60% 以上的员工都选择了中国（见表 10 - 10）。但从受教育程度进一步分析，则会发现，其中的高学历部分，即本科及以上学历员工，认为中国是南非最大外援国的比例约为 60.8%，相对其他几个受教育程度而言，是最低的。这也就是说，在南非的高端人群中，对中国援助的认可度相比其他群体要低。员工中认为美国是南非最大外援国的占比约为 17.1%。有趣的是，在选择日本是最大外援国的员工中，未受过教育和小学学历的占比最高，分别约为 9.1% 和 8%。这似乎表明，对日本持认同态度的，更多是层次较低的员工。

表 10 - 10　　　　　　按受教育程度划分的员工认为的为
南非提供外援最多的国家分布　　　　（单位：%）

最高学历	中国	美国	日本	印度	其他
未受过教育	66.67	12.12	9.09	0.00	12.12
小学学历	64.00	17.33	8.00	0.00	10.67

续表

最高学历	中国	美国	日本	印度	其他
中学或专科学历	67.63	17.52	2.88	1.55	10.42
本科及以上学历	60.78	15.69	3.92	1.96	17.65
总计	66.56	17.05	3.93	1.31	11.15

注：$N=610$。

　　进一步从员工层级的角度深入分析，哪一个国家才是为南非提供外援最多国家的问题，则会发现一个矛盾的现象。管理层的员工中，有约70.6%认为中国是最大外援国，高于非管理人员。而对美国的认识正好相反，非管理人员中，有17.9%的人认为美国才是最大的外援国，占比高于管理人员的约13.5%（见图10-12）。这说明，在管理层中，中国的影响力相对较大，也说明中国对南非高阶人群的影响力要相对突出一些。

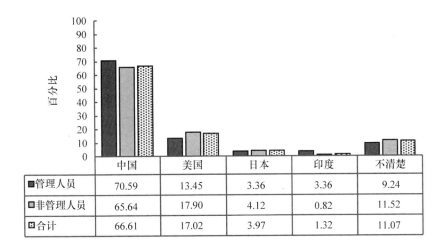

	中国	美国	日本	印度	不清楚
■管理人员	70.59	13.45	3.36	3.36	9.24
□非管理人员	65.64	17.90	4.12	0.82	11.52
▣合计	66.61	17.02	3.97	1.32	11.07

图10-12　管理人员与非管理人员认为的为南非
提供外援最多的国家分布（$N=605$）

在工作中是否使用电脑，一方面大致体现了员工的层级，使用电脑的一般是层级相对较高的员工；另一方面则体现了这部分员工具备通过网络的途径获取信息的条件。但在之前的分析中，我们已经知道尽管网络是员工获取信息的重要途径，但并非唯一的途径。因此在对中国在非洲影响力的认识中，有无电脑，对员工认识的影响不大；同样地，有无电脑对美国的认识也没有明显的差别（见图 10－13）。有趣的是，用电脑的员工中，有约 71% 认为中国是南非最大的外援国，占比最高；而对美国的认识中，则是不用电脑的员工中有约 19.4% 认为美国是南非最大的外援国，占比最高。这一调查结果，实际上验证了上一个分析的真实性，即管理层对中国的认可度更高。

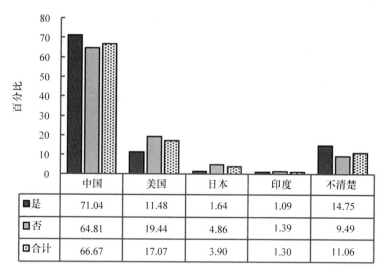

	中国	美国	日本	印度	不清楚
■是	71.04	11.48	1.64	1.09	14.75
■否	64.81	19.44	4.86	1.39	9.49
▣合计	66.67	17.07	3.90	1.30	11.06

图 10－13　按工作是否使用电脑划分的员工认为的
为南非提供外援最多的国家分布（N＝615）

针对曾经有过其他国家外资企业工作经历的员工，我们还调查了他们关于"为南非提供外援最多的国家分布"情况的认知。（见表 10－11）

表 10 - 11　　　　　　按去过哪个国家外资企业工作划分的员工认为的
为南非提供外援最多的国家分布（多选题）　　（单位：%）

去过的其他外资企业	中国	美国	日本	印度	不清楚
美国企业	78.57	0.00	0.00	0.00	21.43
印度企业	70.00	10.00	0.00	10.00	10.00
日本企业	50.00	25.00	25.00	0.00	0.00
欧盟企业	87.50	0.00	0.00	12.50	0.00
其他企业	59.09	9.09	4.55	9.09	18.18

注：$N = 54$。

从数据的整体分布情况可见，中国是为南非提供最多外援的国家，平均占比约为69%。其中，在曾经有过欧盟企业工作经历的员工中，有87.5%的人持有此观点，占比最高；曾经有过美国企业工作经历的员工人数占比次之，约为78.6%；而曾经有过日本企业工作经历的员工人数占比最少，为50%。虽然也有员工选择了美国、日本和印度，但其人数占比相对较小。

本题所采集的样本数量同样较少，也因此同样存在数据可信度降低的情况。但正因为这部分员工拥有不同国家外资企业的工作经历，所以他们的选择在某种程度上依然具有一定的参考价值。

我们已经知道网络只是员工获取中国相关信息重要的重要途径，而非唯一的途径。因此，在员工对中国是南非最大外援国的认识当中，家庭是否联网，对员工认识的影响不大。但调查还是显示出（见图 10 - 14），联网的家庭中，认为中国是最大外援国的比例要高于没有联网的员工，二者分别约为71%和62.3%。这是我们看到的网络对塑造中国形象起到正面作用的第一个证据。这也说明了网络传播的重要性。但在认为美国是最大外援国的员工中，联网的比例要低于没有联网的比例。

在对以手机是否联网划分的员工群体进行分析的过程中，得出的结果与是否接入互联网基本一致（见图 10 - 15）。这也进一步佐证了之前提出的分析，在网络的传播中，对中国是南非最大外援国的宣传较多或给普通基层员工留下的印象较深。

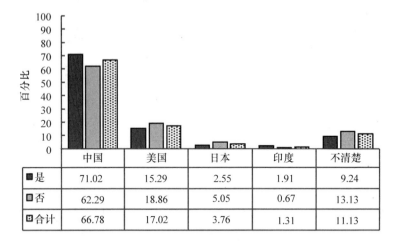

	中国	美国	日本	印度	不清楚
■是	71.02	15.29	2.55	1.91	9.24
□否	62.29	18.86	5.05	0.67	13.13
▥合计	66.78	17.02	3.76	1.31	11.13

图 10 – 14　按家庭是否联网划分的员工认为的
为南非提供外援最多的国家分布（N = 611）

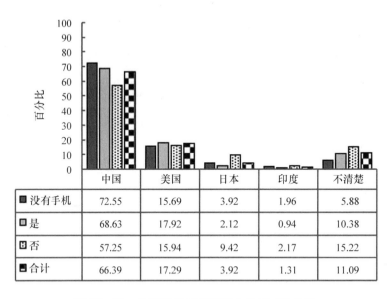

	中国	美国	日本	印度	不清楚
■没有手机	72.55	15.69	3.92	1.96	5.88
□是	68.63	17.92	2.12	0.94	10.38
▥否	57.25	15.94	9.42	2.17	15.22
▦合计	66.39	17.29	3.92	1.31	11.09

图 10 – 15　按手机是否联网划分的员工认为的
为南非提供外援最多的国家分布（N = 613）

参考文献

专著：

宋微：《被搅动的战略底端——冷战后美国对撒哈拉以南非洲政策及
　效果评估（1990—2016）》，中国商务出版社 2018 年版。

孙红旗：《土地问题与南非政治经济》，中央编译出版社 2011 年版。

王琳璞、毛锡龙、张屹：《南非教育战略研究》，浙江教育出版社
　2014 年版。

杨立华：《列国志——南非》，社会科学文献出版社 2010 年版。

郑家馨：《南非史》，北京大学出版社 2010 年版。

郑家馨：《南非通史》，上海社会科学院出版社 2018 年版。

Charles H. Feinstein, *An Economic History of South Africa*：*Conquest*, *dis-
　crimination and development*, Cambridge：Cambridge University Press,
　2005.

Deborah Brautigam, *The Dragon's Gift*：*The Real Story of China in Africa*,
　New York：Oxford University Press, 2009.

Iris Berger, *South Africa in World History*, New York：Oxford University
　Press, 2009.

Jeremy Seekings and Nicoli Nattrass, *Policy*, *Politics and Poverty in South
　Africa*, New York：Palgrave Macmillan, 2015.

Lungisile Ntsebeza, *Democracy Compromised*：*Chiefs and the Politics of the
　Land in South Africa*, Boston：Brill, 2005.

Nancy L. Clark and William H. Worger, *South Africa*：*The Rise and Fall of Apartheid*，New York：Routledge，2013.

Olayiwola Abegunrin，*Africa in Global Politics in the Twenty-First Century*：*A Pan-African Perspective*，New York：Palgrave Macmillan，2009.

Stephen M. Magu，*Great Powers and US Foreign Policy towards Africa*，Switzerland：Palgrave Macmillan，2019.

Timothy J. Stapleton，*A military history of South Africa*：*from the Dutch-Khoi Wars to the End of Apartheid*，California：Praeger，2010.

编著：

刘明志主编：《南非金融制度》，中国金融出版社 2018 年版。

骞芳莉主编：《中国电子商务报告（2018）》，中国商务出版社 2019 年版。

Jessica Piombo and Lia Nijzink（eds.），*Electoral Politics in South Africa*：*Assessing the First Democratic Decade*，New York：Palgrave Macmillan，2005.

Maximilian Mayer（eds.），*Rethinking the Silk Road*：*China's Belt and Road Initiative and Emerging Eurasian Relations*，New York：Palgrave Macmillan，2018.

Wenhua Shan，Kimmo Nuotio and Kangle Zhang（eds.），*Normative Readings of the Belt and Road Initiative*：*Road to New Paradigms*，New York：Palgrave Macmillan，2018.

期刊、报纸：

蔡淳：《南非多措并举应对失业难题》，《经济日报》2019 年 5 月 17 日第 1 版。

杜华斌：《南非期待深度参与"一带一路"建设》，《科技日报》2019 年 4 月 25 日第 2 版。

《2019 年第一季度南非吸引外资由负转正》，《中国贸易报》2019 年 7 月 4 日第 A4 版。

贺文萍:《非洲大陆自贸区协议签署:非洲一体化进程的里程碑》,《21 世纪经济报道》2019 年 7 月 9 日第 4 版。

红枫:《全球最大艾滋病感染国家任重道远》,《中国科学报》2016 年 7 月 11 日第 3 版。

杨之桄:《南非第五次全国大选评析》,《国际研究参考》2014 年第 6 期。

报告:

孙辕、Kartik Jayaram、Omid Kassiri:《龙狮共舞——中非经济合作现状如何,未来又将如何发展?》,麦肯锡,2017 年 6 月。

中国互联网络信息中心(CNNIC):《中国互联网络发展状况统计报告》,2019 年 2 月。

Alison Gillwald, Onkokame Mothobi and Broc Rademan, *The State of ICT in South Africa*, Research ICT Africa, July 2018.

Deloitte, *Missing Pieces Report*: *The* 2018 *Board Diversity Census of Women and Minorities on Fortune* 500 *Boards*, Alliance for Board Diversity, Jan 16, 2019.

Stats SA, *General Household Survey* 2018, May 28, 2019.

政府出版物:

中国驻南非大使馆经济商务参赞处:《对外投资合作国别(地区)指南——南非》,北京:商务部,2018 年版。

Republic of South Africa, *Basic Conditions of Employment Act*, 1997, Cape Town:Office of the President, Dec 5, 1997.

互联网资料:

蔡淳:《年轻人失业率达 53% 发展经济是南非新政府当务之急》(2019 年 5 月 30 日),2019 年 8 月 6 日,中国经济网(http://intl. ce. cn/sjjj/qy/201905/30/t20190530_ 32218331. shtml)。

蔡淳：《南非期待中国传授"就业经"》（2019 年 8 月 10 日），2019
年 8 月 12 日，中国经济网（http：//www. ce. cn/xwzx/gnsz/gdxw/
201908/10/t20190810_ 32869558. shtml）。

沧海：《华为南非 CTO：我们销量远超苹果，并拉近与三星的差距》
（2019 年 8 月 19 号），2019 年 8 月 21 日，IT 之家（https：//
www. ithome. com/0/439/917. htm）。

陈兴华：《2018 年非洲手机市场：传音占比近一半，华为增长 47.9%》
（2019 年 3 月 18 日），2019 年 8 月 21 日，观察者网（https：//
www. guancha. cn/ChanJing/2019_ 03_ 18_ 494047. shtml）。

陈颖群：《报告：中国大陆突破职场天花板的女性比率高于亚洲平均
水平》，《中国日报》2019 年 3 月 7 日，2019 年 8 月 4 日，中文网
（https：//cn. chinadaily. com. cn/a/201903/07/WS5c811b0ea3101056
8bdce33b. html）。

高原：《南非犯罪率居高不下》（2018 年 9 月 12 日），2019 年 8 月 13
日，新华网（http：//www. xinhuanet. com/world/2018 – 09/12/c_
1123418810. htm）。

高原：《南非谋杀率飙升 危险程度如"战区"》（2018 年 9 月 12
日），2019 年 8 月 14 日，搜狐网（https：//www. sohu. com/a/253
472444_ 201960）。

谷智轩：《南非推动宪法改革：无偿征收白人的土地，还给黑人》
（2018 年 8 月 1 日），2019 年 8 月 2 日，观察者网（https：//
www. guancha. cn/internation/2018_ 08_ 01_ 466538. shtml）。

谷智轩：《CNN 评价南非民主制度：实行了 25 年，仍是全球最不平等
国家》（2019 年 5 月 7 日），2019 年 8 月 17 日，观察者网（https：//
www. guancha. cn/internation/2019_ 05_ 07_ 500650. shtml）。

郭超凯：《教育部：高等教育毛入学率达 48.1% 将进入高等教育
普及化阶段》（2019 年 2 月 26 日），2019 年 8 月 15 日，中新网
（http：//www. chinanews. com/sh/2019/02 – 26/8765168. shtml）。

荆晶：《南非公布刺激计划提振经济》（2018 年 9 月 22 日），2019 年

8月12日，新华网（http：//www. xinhuanet. com/world/2018 – 09/
22/c_ 1123469819. htm）。

荆晶：《南非今年第二季度失业率达29％》（2019年7月31日），
2019年8月6日，新华网（http：//www. xinhuanet. com/world/2019 –
07/31/c_ 1124817878. htm）。

荆晶：《南非第二季度经济增长3.1％》（2019年9月4日），2019年
9月5日，新华网（http：//www. xinhuanet. com/world/2019 – 09/
04/c_ 1124958734. htm）。

荆晶、赵熙：《详讯：南非执政党非国大赢得大选》（2019年5月12
日），2019年8月11日，新华网（http：//www. xinhuanet. com/
world/2019 – 05/12/c_ 1124481863. htm？ agt = 15438）。

李志伟：《非洲寻求破解青年就业难题》（2018年4月26日），2019
年8月5日，人民网（http：//ydyl. people. com. cn/n1/2018/0426/
c411837 – 29951091. html）。

刘畅：《南非通货膨胀加剧　达到七年来最高水平》（2016年3月30
日），2019年8月4日，人民网（http：//world. people. com. cn/n1/
2016/0330/c1002 – 28238065. html）。

刘畅：《南非政府正式公布最低工资标准》（2017年2月9日），2019
年8月17日，人民网（http：//world. people. com. cn/n1/2017/
0209/c1002 – 29070333. html）。

刘畅：《南非通过最低工资标准　可线上申请最低工资豁免权》（2018
年5月31日），2019年8月17日，人民网（http：//world. people.
com. cn/n1/2018/0531/c1002 – 30024399. html）。

陆文：《从土改到反腐——南非部长纵论"拉马福萨新政"》（2018
年9月4日），2019年8月2日，财新网（http：//international.
caixin. com/2018 – 09 – 04/101322103. html）。

陆致远：《南非曝大案　企业行贿执法官员获暴利》，《中国纪检监察
报》2019年2月18日，2019年8月12日，http：//www. jjjcb. cn/
content/2019 – 02/18/content_ 74108. htm。

乔颖：《南非人的平均工资是 6400 兰特　上班族表示不够维系生活》，《中非新闻报》2019 年 6 月 26 日，2019 年 8 月 10 日，http：//www. nanfei8. com/news/nanfei/2019 – 06 – 26/63599. html。

乔颖：《在南非"穷人"都当不起了　经济萧条　穷人只会越来越穷》，《中非新闻报》2019 年 8 月 9 日，2019 年 8 月 10 日，http：//nanfei8. com/news/caijingxinwen/2019 – 08 – 09/63947. html。

任笑元：《商务部：2018 年服务业占 GDP 比重过半，服务贸易发展面临新机遇》（2019 年 5 月 22 日），2019 年 8 月 1 日，北青网（http：//news. ynet. com/2019/05/22/1840390t70. html）。

宋方灿：《数据称南非总人口近 5500 万　艾滋病患达 619 万》（2015 年 7 月 24 日），2019 年 8 月 11 日，中国新闻网（http：//www. chinanews. com/gj/2015/07 – 24/7424338. shtml）。

宋方灿：《南非成立首个华人枪械协会　华人拿枪自保》（2016 年 8 月 28 日），2019 年 8 月 14 日，中国新闻网（http：//www. chinanews. com/hr/2016/08 – 28/7986327. shtml）。

宋方灿：《南非艾滋病病毒感染者达 710 万　治疗项目世界最大》（2017 年 12 月 2 日），2019 年 8 月 15 日，中国新闻网（http：//www. chinanews. com/gj/2017/12 – 02/8390663. shtml）。

万宇：《南非大选完成投票　南非总统拉马福萨：这是全新的开始》（2019 年 5 月 8 日），2019 年 8 月 11 日，人民网（http：//world. people. com. cn/n1/2019/0509/c1002 – 31074814. html）。

王磊：《驻南非大使林松添出席〈在南非中资企业履行社会责任报告〉发布会》（2018 年 12 月 3 日），2019 年 8 月 15 日，人民网（https：//www. focac. org/chn/zfgx/zzjw/t1618426. htm）。

王琳：《南非执政党新主席首次演讲：承诺彻底改革经济》（2017 年 12 月 22 日），2019 年 8 月 4 日，第一财经网（https：//www. yicai. com/news/5385587. html）。

王曦：《〈在南非中资企业履行社会责任的报告〉发布》（2018 年 11 月 30 日），2019 年 8 月 15 日，中国新闻网（http：//www.

chinanews. com/cj/2018/11 – 30/8688896. shtml）。

王曦：《南非发布财政预算报告　2019 年 GDP 增长有望达 1.5%》（2019 年 2 月 21 日），2019 年 8 月 13 日，中新网（http：//www. chinanews. com/gj/2019/02 – 21/8760275. shtml）。

王曦：《南非总统发表国情咨文　重点关注七大优先事项》（2019 年 6 月 21 日），2019 年 8 月 5 日，中国新闻网（http：//www. chinanews. com/gj/2019/06 – 21/8870847. shtml）。

魏修柏、杨立华：《中国企业公共外交的现状、特点与模式：基于企业案例的研究》（2018 年 3 月 23 日），2019 年 8 月 18 日，中国网（http：//news. china. com. cn/world/2018 – 03/23/content_ 50741590_ 0. htm）。

尧遥：《中国家电企业的"非洲情缘"》（2019 年 6 月 28 日），2019 年 8 月 22 日，央广网（http：//www. cnr. cn/chanjing/gundong/20190628/t20190628_ 524667895. shtml）。

张阳：《低价、全功能　海信成南非最受欢迎智能手机品牌》（2019 年 7 月 25 日），2019 年 8 月 21 日，环球网（http：//tech. huanqiu. com/it/2019 – 07/15196134. html）。

赵挪亚：《南非排外骚乱已致 5 死：有华商店铺被洗劫，我领馆发提醒》（2019 年 9 月 4 日），2019 年 9 月 5 日，观察者网（https：//www. guancha. cn/internation/2019_ 09_ 04_ 516471. shtml）。

Abdur Rahman Alfa Shaban with WE, "South Africa Leads Adult Smartphone Use on theContinent", Jun 1, 2016, https：//www. africanews. com/2016/06/01/south-africa-leads-adult-smartphone-use-on-the-continent/, Aug 2, 2019.

Amy Mackinnon, "For Africa, Chinese-Built Internet Is Better Than No Internet at All", *Foreign Policy*, 2019 – 3 – 19, https：//foreignpolicy. com/2019/03/19/for-africa-chinese-built-internet-is-better-than-no-internet-at-all/, Aug 1, 2019.

Andrew Lipsman, "Global Ecommerce 2019", eMarketer, Jun 27, 2019, https：//www. emarketer. com/content/global-ecommerce – 2019, Aug 7, 2019.

focus2move, "South Africa August. Suzuki Shines （ +46. 3%） While the Market Declines 5%", Sept 5, 2019, https：//focus2move. com/south-africa-auto-sales/, Sept 6, 2019.

Lungelo Matangira, "Nearly 60% of South Africans Now Have Access to the Internet", Feb 5, 2018, https：//ewn. co. za/2018/02/05/nearly-60-of-south-africans-now-have-access-to-the-internet, Aug 2, 2019.

PwC, "South African Entertainment and Media Outlook 2012 – 2016", Sep 27, 2012, https：//www. balancingact-africa. com/news/broadcast-en/26017/massive-pay-tv-growth-for-south-africa-to-continue-says-pwc-report, Aug 2, 2019.

Qwerty, "Digital Statistics in South Africa 2017", 2017, p. 5.

Stats SA, "Key findings：P0307-Marriages and Divorces, 2017", Feb 28, 2019, http：//www. statssa. gov. za/? page _ id = 1856&PPN = P0307&SCH = 7650, Aug 6, 2019.

Stats SA, "Youth Graduate Unemployment Rate Increases in Q1：2019", May 15, 2019, http：//www. statssa. gov. za/? p = 12121, Aug 5, 2019.

Trading Economics, "South Africa Average Monthly Gross Wage", https：//tradingeconomics. com/south-africa/wages, Aug 17, 2019.

Trading Economics, "South Africa-Credit Rating", https：//tradingeconomics. com/south-africa/rating, Aug 7, 2019.

UNAIDS, https：//www. unaids. org/en/regionscountries/countries/southafrica, Aug 15, 2019.

World Bank, "Rural population （% of total population）", https：//data. worldbank. org/indicator/SP. RUR. TOTL. ZS? end = 2018&locations = ZA&start = 1994&type = points&view = chart, Aug 6, 2019.

后　记

从项目启动及至结稿出版，历时两年。撰此后记，以作纪念，以表感恩。

能得此机会参与云南大学"企聚丝路：海外中国企业高质量发展调查"项目，深感荣幸。自担任南非调研组组长一职以来更是诚惶诚恐，唯恐有负重托。殚精竭虑，方得始终。

回首南非调研之旅，感慨良多。有际遇南非的兴奋，也有挥别南非的不舍；有被热情接待的欣喜，也有被婉言谢绝的无奈；有起早贪黑的疲惫，也有忙里偷闲的惬意；有富裕阶层的奢华，也有底层民众的挣扎；有沿途美景的赏心悦目，也有贫民区里的胆战心惊……

一切的一切，历历在目，恍如昨日。

本书分工为：赵冬负责总设计，撰写第二章、第三章和第七章，并负责全书的统稿和修订；刘军负责撰写第一章；孙利珍负责撰写第四章和第五章；朱力轲负责撰写第六章和第八章；舒源负责撰写第九章和第十章。

衷心感谢中国驻南非大使馆林松添大使对调研工作的关心和支持。衷心感谢大使馆余勇公参、教育组王道余组长以及经商处梁兆山一秘，中国驻约堡总领馆郭斌副总领事及闫莉娅领事，中国驻开普敦总领馆领事部王义晗主任，南非中国经贸协会韦冬泽秘书长，南部非洲上海工商联谊总会姒海及李林国两位会长，以及接受调研的所有在南中资企业在我们赴南非实地调研期间所给予的大力支持和无私帮助，使得调研任务得以顺利完成。

衷心感谢中国社会科学院西亚非洲所李新烽教授、李智彪教授、安春英教授和詹世明教授在调研问卷的拟定阶段所给予的宝贵意见和建议，使得问卷实现了质的飞跃。

当然，还有许许多多一直在关心、支持和帮助我们的人，在此一并表示最诚挚的谢意。

唯愿此书能为国家推进"一带一路"倡议贡献一点绵薄之力，能为诸多已经或即将"走出去"的中资企业提供一点参考意见。

虽竭尽所能，但毕竟能力有限。本书难免存有诸多不足之处，敬请各位专家学者批评指正。不胜感激。

赵　冬

2020 年 8 月于海口